# 中国建筑业发展年度报告
# (2021)

中国建筑业协会　组织编写

中国建筑工业出版社

图书在版编目（CIP）数据

中国建筑业发展年度报告. 2021 / 中国建筑业协会组织编写. — 北京：中国建筑工业出版社，2022.11
ISBN 978-7-112-28073-5

Ⅰ.①中… Ⅱ.①中… Ⅲ.①建筑业－产业发展－研究报告－中国－2021 Ⅳ.①F426.9

中国版本图书馆CIP数据核字（2022）第200972号

本书从我国建筑业的产业地位、建筑业企业的基本情况等9个方面，对我国建筑业2021年的发展状况进行了分析排序。从建筑业增加值、营业收入等6个方面，进行了最近10年区域发展状况的分析。总结出建筑业高质量发展、建筑业企业转型升级等8个方面的23类问题并进行了研讨。最后总结了2021年建筑业行业发展大事记。

本书对于全面了解我国建筑业的发展状况，开展与建筑业发展相关的学术研究，具有重要的借鉴价值。可供广大高等院校、科研机构从事建筑业发展相关教学、科研工作的人员、政府部门和建筑业企业的相关人员阅读参考。

责任编辑：张 磊 高 悦 万 李 赵晓菲
责任校对：孙 莹

## 中国建筑业发展年度报告（2021）

中国建筑业协会 组织编写

\*

中国建筑工业出版社出版、发行（北京海淀三里河路9号）
各地新华书店、建筑书店经销
北京红光制版公司制版
北京圣夫亚美印刷有限公司印刷

\*

开本：787毫米×960毫米 1/16 印张：11 字数：213千字
2022年11月第一版 2022年11月第一次印刷
定价：**55.00**元
ISBN 978-7-112-28073-5
（40245）

**版权所有 翻印必究**
如有印装质量问题，可寄本社图书出版中心退换
（邮政编码100037）

## 编委会

主任委员：齐　骥
副主任委员：刘锦章　徐　建
委　　　员：王　宏　孟庆禹　王要武　刘伊生
　　　　　　李惠民　尤　完　柯善北

## 编写组

主　　　编：刘锦章　王要武
副　主　编：赵　峰　于　涛　陈石玮　金　玲
参　　　编：潘法兴　李雪菊　王承玮　高　波
　　　　　　石　卫　李　康　赵晓莉　安　静
　　　　　　冯凯伦　王　硕

# 序

由中国建筑业协会统筹谋划、中国建筑业协会建筑业高质量发展研究院组织编写的《中国建筑业发展年度报告（2021）》与读者见面了。在不到一年的时间里，本报告编委会统筹谋划、精心组织，全体参编人员集思广益、反复推敲，付出了极大的努力。我向为本报告的成功出版作出贡献的同志们表示由衷的感谢。

建筑业是我国国民经济的支柱产业。改革开放以来，我国建筑业经历了产业规模从小到大、建造能力由弱变强的快速发展过程，对经济社会发展、城乡建设和民生改善提供了有力支撑。但也应当看到，我国建筑业仍然大而不强，生产方式依旧比较粗放，大量消耗、大量排放的建造方式尚未根本扭转，与高质量发展要求相比还有很大差距。立足新发展阶段，为全面贯彻新发展理念，推动我国城乡建设绿色发展和高质量发展，我国建筑业肩负着转变城乡建设发展方式、建设高品质绿色建筑、实现工程建设全过程绿色建造、以新型建筑工业化带动建筑业全面转型升级、打造具有国际竞争力的"中国建造"品牌的历史责任。面对新的发展形势和任务，需要通过对我国建筑业发展的全方位分析，系统总结建筑业改革发展经验；需要全面厘清建筑业的发展现状，以此查找、发现建筑业发展中亟待解决的问题，研判、分析建筑业发展的趋势和动向。从这个意义而言，本报告的编写出版具有重要的理论意义和应用价值。

《中国建筑业发展年度报告（2021）》基于详实的数据，从全国、省级区划、区域三个层面，对建筑业的发展状况进行了多角度的深入分析，综述了建筑业年度热点问题的主要学术观点，记述了建筑业发展的年度大事，对于全面了解我国建筑业的发展状况，把握我国建筑业的发展趋势，引领我国建筑业未来的发展方向，具有很高的参考价值。年度报告每年出版一部，对于系统梳理我国建筑业的发展脉络、总结我国以及各地区建筑业的发展经验具有重要作用。

期待本报告能够得到广大读者的关注和欢迎，也希望读者在分享本报告研究成果的同时，也对其中存在的不足提出中肯的批评和建议，以利于编写人员认真采纳与研究，使下一个年度报告更趋完美，让读者更加受益。希望中国建筑业协会建筑业高质量发展研究院和本报告的编写者们，能够持之以恒地跟踪我国建筑业的发展动态，长期不懈地关注建筑业发展的热点问题，逐步形成年度序列性的建筑业发展的研究成果，引领我国建筑业的发展方向，为打造"中国建造"品牌，提升我国建筑业企业的核心竞争力、实现建筑业的高质量发展作出更大的贡献。

2022 年 11 月

# 前　言

为了客观、全面地反映中国建筑业的发展状况，打造"中国建造"品牌，提升中国建筑业企业的核心竞争力，中国建筑业协会拟从 2021 年开始，每年编制一本反映上一年度中国建筑业发展状况的分析研究报告——《中国建筑业发展年度报告》。本报告即为该研究报告的 2021 年度版。

本报告共分 5 章：

第 1 章从建筑业的产业地位、建筑业企业基本情况、建筑业总产值及其构成、签订合同和承包工程完成情况、建筑业企业资产情况、建筑业企业负债及所有者权益、建筑业企业收入、建筑业企业实现利税情况、房屋建筑建设情况 9 个方面，对我国建筑业 2021 年的发展状况进行了分析。

第 2 章从建筑业的产业地位、建筑业企业基本情况、建筑业总产值及其构成、签订合同和承包工程完成情况、建筑业企业资产情况、建筑业企业负债及所有者权益、建筑业企业收入、建筑业企业实现利税情况、房屋建筑建设情况 9 个方面，对各地区建筑业 2021 年的发展状况进行了分析，并进行了各地区建筑业主要指标的比较分析和建筑业百强城市排序分析。

第 3 章分别针对常规分类的六大区域、八大经济区域和三大地带，从建筑业增加值、营业收入、建筑业总产值、本年新签合同额、资产总额合计、利润总额合计 6 个方面，对最近 10 年区域发展状况进行了分析。

第 4 章根据政府官方网站发文、行业主流媒体、相关报纸杂志发表的有关建筑业发展的学术论文，总结出建筑业高质量发展、建筑业企业转型升级、智能建造与建筑工业化、工程总承包、PPP 模式、全过程咨询、建筑产业工人队伍培育、"双碳"目标下建筑业绿色发展研究 8 个方面的 23 类突出问题和热点问题进行研讨。

第 5 章总结了 2021 年建筑业行业发展大事记。

本报告所涉及的全国性统计数据，均未包括香港、澳门特别行政区和台湾省数据。

本报告是系统分析中国建筑业发展状况的系列著作，对于全面了解中国建筑业的发展状况、开展与建筑业发展相关的学术研究，具有重要的借鉴价值。可供广大高等院校、科研机构从事建筑业发展相关教学、科研工作的人员、政府部门和建筑业企业的相关人员阅读参考。

本报告在制定编写方案、收集相关数据和书稿编写及审稿的过程中，得到了中国建筑业协会领导的大力指导和热情帮助，得到了有关行业专家、中国建筑业协会相关分支机构的积极支持和密切配合；在编辑出版的过程中，得到了中国建筑工业出版社的大力支持，在此表示衷心的感谢。

本报告由刘锦章、王要武主编并统稿，参加各章编写的主要人员有：王要武、赵峰、于涛、高波、赵晓莉（第1章）；王要武、赵峰、陈石玮、潘法兴、安静（第2章）；王要武、金玲、王承玮、冯凯伦、王硕（第3章）；于涛、李雪菊、石卫、李康（第4章）；金玲、陈石玮（第5章）。

限于时间和水平，本报告错漏之处在所难免，敬请广大读者批评指正。

本报告编委会<br>
2022年10月

# 目 录

**第1章 我国建筑业发展状况分析** ............................................. 1
  1.1 建筑业的产业地位 ......................................................... 1
    1.1.1 建筑业增加值及其占国内生产总值的比重 ............... 1
    1.1.2 国内生产总值指数与建筑业增加值指数的关系曲线 ...... 1
  1.2 建筑业企业基本情况 ..................................................... 2
    1.2.1 企业单位数 ........................................................ 2
    1.2.2 从业人员数 ........................................................ 3
    1.2.3 按总产值计算的劳动生产率 .................................. 3
  1.3 建筑业总产值及其构成 ................................................. 4
    1.3.1 建筑业总产值及其增长情况 .................................. 4
    1.3.2 建筑业总产值构成 .............................................. 4
    1.3.3 建筑业总产值的行业构成 ..................................... 6
  1.4 签订合同和承包工程完成情况 ....................................... 8
    1.4.1 签订合同情况 .................................................... 8
    1.4.2 承包工程完成情况 .............................................. 9
  1.5 建筑业企业资产情况 ................................................... 12
    1.5.1 资产总计 .......................................................... 12
    1.5.2 资产的构成 ...................................................... 12
  1.6 建筑业企业负债及所有者权益 ..................................... 14
    1.6.1 负债合计及其构成 ............................................ 14
    1.6.2 所有者权益与实收资本 ...................................... 16
  1.7 建筑业企业收入 .......................................................... 17
    1.7.1 营业收入 .......................................................... 17
    1.7.2 主营业务收入 ................................................... 18
  1.8 建筑业企业实现利税情况 ............................................ 18
    1.8.1 利税总额 .......................................................... 18
    1.8.2 利润总额 .......................................................... 18

    1.8.3　税金总额 ········································································· 19
    1.8.4　主营业务利润 ·································································· 19
    1.8.5　产值利税率和产值利润率 ················································· 20
  1.9　房屋建筑建设情况 ······································································ 21
    1.9.1　房屋建筑施工面积 ··························································· 21
    1.9.2　房屋建筑竣工面积 ··························································· 21
    1.9.3　房屋建筑竣工率 ······························································ 22

# 第2章　各地区建筑业发展状况分析 ···················································· 23
  2.1　建筑业的产业地位 ······································································ 23
    2.1.1　建筑业增加值情况 ··························································· 23
    2.1.2　建筑业增加值占地区生产总值的比重 ································· 23
  2.2　建筑业企业基本情况 ··································································· 24
    2.2.1　企业单位数 ····································································· 24
    2.2.2　从业人员数 ····································································· 25
    2.2.3　按总产值计算的劳动生产率 ··············································· 26
  2.3　建筑业总产值及其构成 ································································ 27
    2.3.1　建筑业总产值 ·································································· 27
    2.3.2　建筑业总产值构成 ··························································· 28
    2.3.3　建筑业总产值的行业构成 ·················································· 31
    2.3.4　在外省完成的产值及外向度 ··············································· 36
  2.4　签订合同和承包工程完成情况 ······················································ 37
    2.4.1　签订合同情况 ·································································· 37
    2.4.2　承包工程完成情况 ··························································· 39
  2.5　建筑业企业资产情况 ··································································· 44
    2.5.1　资产总计 ········································································ 44
    2.5.2　资产的构成 ····································································· 45
  2.6　建筑业企业负债及所有者权益 ······················································ 48
    2.6.1　负债合计及其构成 ··························································· 48
    2.6.2　所有者权益与实收资本 ····················································· 51
  2.7　建筑业企业收入 ········································································· 53
    2.7.1　营业收入 ········································································ 53
    2.7.2　营业收入的构成 ······························································· 55
  2.8　建筑业企业实现利税情况 ····························································· 57
    2.8.1　利税总额 ········································································ 57

    2.8.2 利税总额的构成 ················································ 58
    2.8.3 主营业务利润 ·················································· 60
  2.9 房屋建筑建设情况 ···················································· 61
    2.9.1 房屋建筑施工面积 ·············································· 61
    2.9.2 房屋建筑竣工面积 ·············································· 62
  2.10 各地区建筑业主要指标比较分析 ······································ 64
    2.10.1 各地区建筑业主要指标位次排序分析 ···························· 64
    2.10.2 各地区建筑业主要指标比重排序分析 ···························· 65
  2.11 建筑业百强城市排序与分析 ·········································· 67
    2.11.1 建筑业百强城市的排序 ········································ 67
    2.11.2 建筑业百强城市的分析 ········································ 71

第3章 建筑业区域发展状况分析 ············································ 75
  3.1 常规分类的六大区域建筑业发展状况分析 ································ 75
    3.1.1 常规分类六大区域的构成 ······································· 75
    3.1.2 建筑业增加值 ················································· 75
    3.1.3 营业收入 ···················································· 76
    3.1.4 建筑业总产值 ················································· 77
    3.1.5 本年新签合同额 ··············································· 79
    3.1.6 资产总额合计 ················································· 80
    3.1.7 利润总额合计 ················································· 81
    3.1.8 2021年常规分类的六大区域建筑业主要指标排序分析 ············· 82
  3.2 八大经济区域的建筑业发展状况分析 ···································· 83
    3.2.1 八大经济区域的构成 ··········································· 83
    3.2.2 建筑业增加值 ················································· 83
    3.2.3 营业收入 ···················································· 85
    3.2.4 建筑业总产值 ················································· 86
    3.2.5 本年新签合同额 ··············································· 88
    3.2.6 资产总额合计 ················································· 89
    3.2.7 利润总额合计 ················································· 91
    3.2.8 2021年八大经济区域建筑业主要指标排序分析 ···················· 92
  3.3 三大地带建筑业发展状况分析 ········································· 93
    3.3.1 三大地带的构成 ··············································· 93
    3.3.2 建筑业增加值 ················································· 93
    3.3.3 营业收入 ···················································· 94

####   3.3.4 建筑业总产值 ······ 95
####   3.3.5 本年新签合同额 ······ 96
####   3.3.6 资产总额合计 ······ 97
####   3.3.7 利润总额合计 ······ 98
####   3.3.8 2021年三大地带建筑业主要指标排序分析 ······ 98

## 第4章 建筑业发展热点问题研究 ······ 100
### 4.1 建筑业高质量发展 ······ 100
####   4.1.1 建筑业高质量发展的挑战与路径研究 ······ 100
####   4.1.2 建筑业高质量发展的评价标准 ······ 102
####   4.1.3 建筑业高质量发展的政策驱动 ······ 103
### 4.2 建筑业企业转型升级 ······ 105
####   4.2.1 建筑业企业面临的机遇和挑战 ······ 105
####   4.2.2 建筑业企业转型升级的主要方向 ······ 106
####   4.2.3 建筑业企业转型升级的关键路径 ······ 108
### 4.3 智能建造与建筑工业化 ······ 109
####   4.3.1 智能建造的底层逻辑与核心框架研究 ······ 109
####   4.3.2 建筑工业化协同发展 ······ 111
####   4.3.3 新型建筑工业化的核心理念 ······ 113
### 4.4 工程总承包 ······ 114
####   4.4.1 工程总承包模式在我国的应用前景与核心挑战 ······ 114
####   4.4.2 工程总承包效能提升路径 ······ 116
####   4.4.3 工程总承包卓越管理模式 ······ 119
### 4.5 PPP模式 ······ 122
####   4.5.1 PPP模式在我国的应用前景与核心挑战 ······ 122
####   4.5.2 PPP模式的效能提升路径 ······ 124
####   4.5.3 PPP模式中的治理问题 ······ 128
### 4.6 全过程咨询 ······ 130
####   4.6.1 全过程咨询在我国建筑业的应用前景与发展状况 ······ 130
####   4.6.2 全过程咨询的模式研究 ······ 132
####   4.6.3 全过程咨询的绩效评价 ······ 135
### 4.7 建筑产业工人队伍培育 ······ 136
####   4.7.1 建筑业劳动力现状与发展趋势 ······ 136
####   4.7.2 建筑业产业工人的核心技能与素质 ······ 138
####   4.7.3 建筑业产业工人队伍培育方式 ······ 140

4.8 "双碳"目标下建筑业绿色发展研究…………………………………… 142
    4.8.1 "双碳"目标下建筑业的机遇与挑战 …………………………… 142
    4.8.2 "双碳"目标下绿色建造技术研究 ……………………………… 145

# 第5章 建筑业行业发展大事记…………………………………… 149

# 第1章 我国建筑业发展状况分析

2021年,在以习近平同志为核心的党中央坚强领导下,我国建筑业弘扬伟大建党精神,全力以赴建设疫情防控设施,扎实推进保障性住房建设,积极参与城市更新行动,加快推动建筑产业转型升级,发展质量和效益不断提高,实现了"十四五"良好开局。

## 1.1 建筑业的产业地位

### 1.1.1 建筑业增加值及其占国内生产总值的比重

近10年中,我国建筑业增加值持续保持增长态势,2021年达到80138.5亿元,是2012年的2.17倍,年平均增速9.00%。建筑业增加值占国内生产总值的比例始终保持在6.85%以上。2021年为7.01%,连续四年超过7%（参见图1-1）,建筑业国民经济支柱产业的地位稳固。

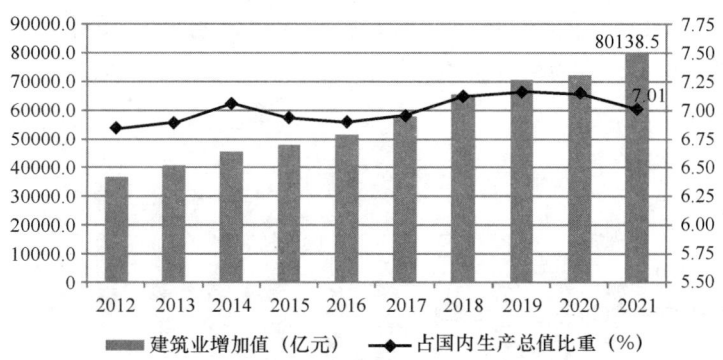

图1-1  2012—2021年建筑业增加值及其占国内生产总值的比重情况
资料来源：国家统计局《2022中国统计年鉴》

### 1.1.2 国内生产总值指数与建筑业增加值指数的关系曲线

2012—2021年,国内生产总值指数和建筑业增加值指数的关系曲线如图1-2所示。从图中可以看出,10年中,前5年建筑业增加值指数均高于国内生产总值指数，后 5 年除 2021 年外，其他年份均低于国内生产总值指数，2021 年低 6.0 个百分点。

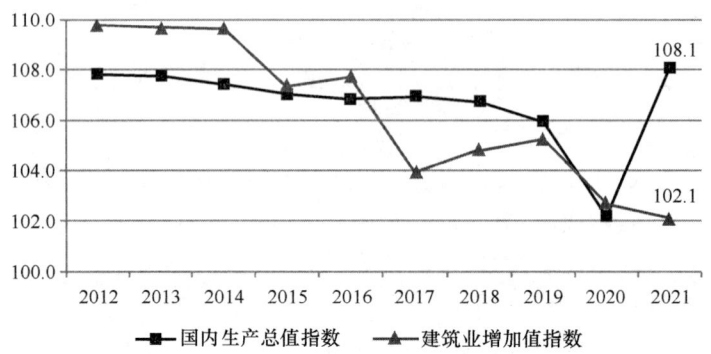

图 1-2　2012—2021 年国内生产总值指数和建筑业增加值指数的关系曲线

资料来源：国家统计局《2022 中国统计年鉴》

## 1.2　建筑业企业基本情况

### 1.2.1　企业单位数

2012—2021 年，除 2015 年外，我国建筑业企业单位数总体呈上升趋势，平均增长速度为 6.14％。2021 年，全国共有建筑业企业 128746 个，是 2012 年的 1.71 倍，比上年增加 12024 个，增速为 10.30％，比上年降低了 2.14 个百分点（参见图 1-3）。

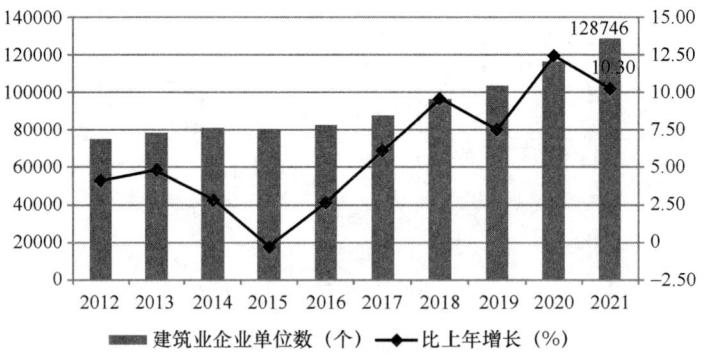

图 1-3　2012—2021 年建筑业企业单位数及其增长情况

资料来源：国家统计局《国家数据》

## 1.2.2 从业人员数

2012—2021 年,我国建筑业企业从业人员数波动中缓慢上升,平均增长速度为 2.40%。2021 年,建筑业从业人数为 5282.94 万人,是 2012 年的 1.24 倍,比上年减少 60.1 万人,减少 1.57%(参见图 1-4)。

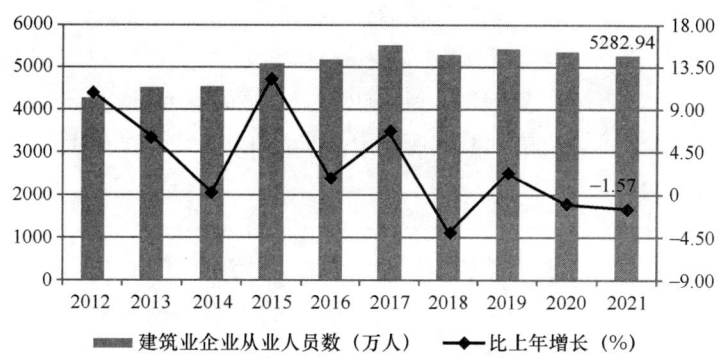

图 1-4　2012—2021 年建筑业企业从业人员数及其增长情况

资料来源:国家统计局《国家数据》

## 1.2.3 按总产值计算的劳动生产率

2012—2021 年,我国建筑业企业按总产值计算的劳动生产率,除 2014 年出现小幅下降外,总体呈逐年上升趋势,平均增长速度为 5.33%。2021 年,我国建筑业企业按总产值计算的劳动生产率达 473193 元/人,是 2012 年的 1.60 倍,比上年增加了 23224 元/人,增长了 11.89%(参见图 1-5)。

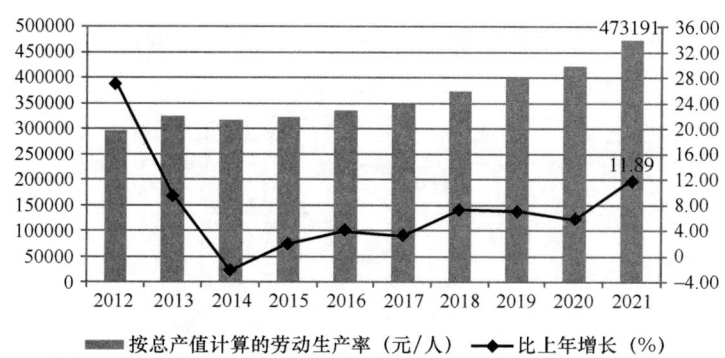

图 1-5　2012—2021 年建筑业企业按总产值计算的劳动生产率及其增长情况

资料来源:国家统计局《国家数据》

## 1.3 建筑业总产值及其构成

### 1.3.1 建筑业总产值及其增长情况

近10年间，随着我国建筑业企业生产和经营规模的不断扩大，建筑业总产值持续增长。2012—2021年，我国建筑业企业建筑业总产值的平均增长速度为8.80%。2021年，建筑业总产值达到293079.31亿元，比上年增长11.04%，是2012年的2.14倍。建筑业总产值增速比上年提高了4.80个百分点（参见图1-6）。

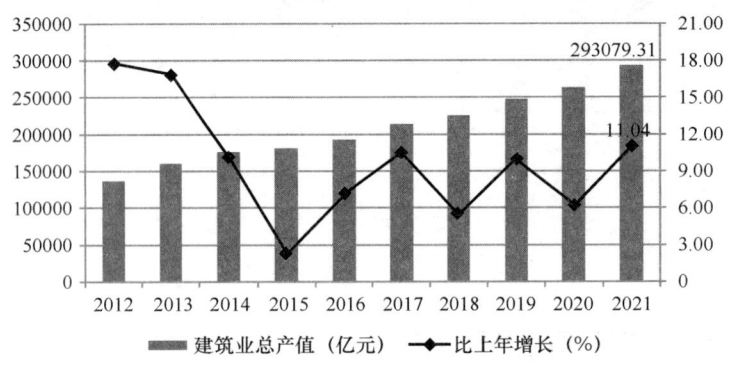

图1-6　2012—2021年建筑业总产值及其增长情况

资料来源：国家统计局《国家数据》

### 1.3.2 建筑业总产值构成

从构成看，建筑业总产值包括建筑工程产值、安装工程产值和其他产值。2012—2021年，这3种类型的产值占建筑业总产值的比重情况，如图1-7所示。

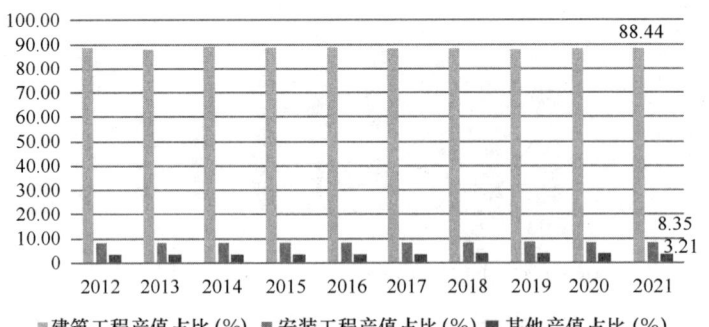

图1-7　2012—2021年全国建筑业总产值中不同类型产值情况

资料来源：国家统计局《国家数据》《2022中国统计年鉴》

2021年，建筑工程产值、安装工程产值和其他产值占建筑业总产值的比重分别为88.44%、8.35%和3.21%。

2012—2021年，我国建筑业企业建筑工程产值的平均增长速度为8.76%。2021年，建筑工程产值达到259205.39亿元，比上年增长11.38%，是2012年的2.13倍。建筑工程产值增速比上年提高了1.95个百分点，增速连续两年保持增长（参见图1-8）。

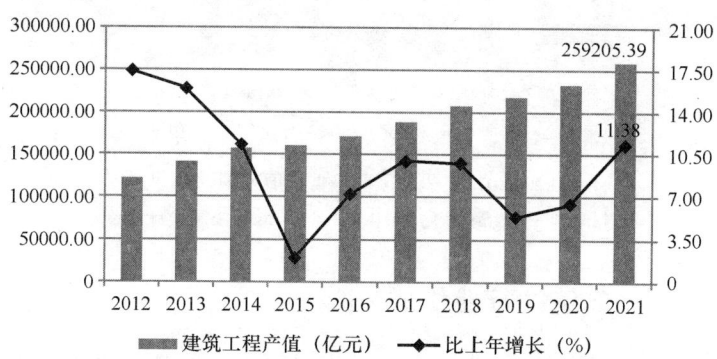

图1-8　2012—2021年建筑工程产值及其增长情况
资料来源：国家统计局《国家数据》《2022中国统计年鉴》

2012—2021年，我国建筑业企业安装工程产值的平均增长速度为8.95%。2021年，安装工程产值达到24478.82亿元，比上年增长10.86%，是2012年的2.16倍。安装工程产值增速比上年增加了7.46个百分点，在连续3年下降后出现回升（参见图1-9）。

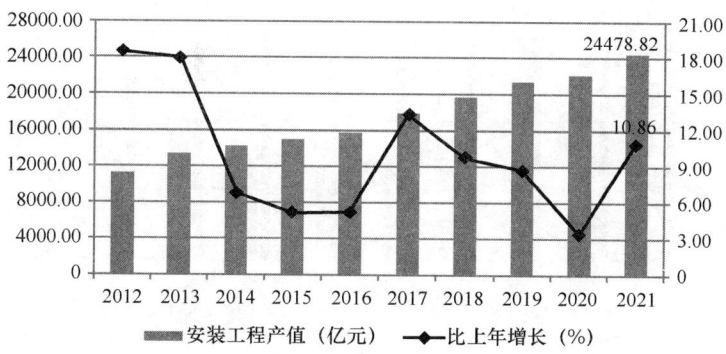

图1-9　2012—2021年安装工程产值及其增长情况
资料来源：国家统计局《国家数据》《2022中国统计年鉴》

2012—2021年，我国建筑业企业其他产值的平均增长速度为9.41%。2021年，其他产值达到9395.10亿元，比上年增长2.68%，是2012年的2.75倍。其他产值增速比上年降低了 5.87 个百分点，增速在反弹后再次下降（参见图 1-10）。

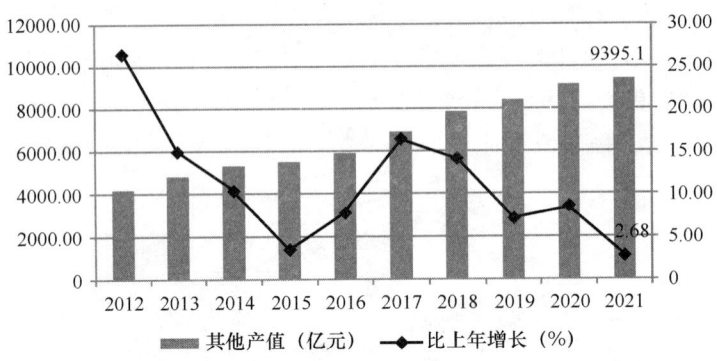

图 1-10　2012—2021 年其他产值及其增长情况
资料来源：国家统计局《国家数据》《2022 中国统计年鉴》

### 1.3.3　建筑业总产值的行业构成

建筑业可细分为房屋建筑业、土木工程建筑业、建筑安装业、建筑装饰装修和其他建筑业 4 个子行业。2012—2021 年，这 4 个子行业完成的建筑业总产值占建筑业总产值的比重情况，如图 1-11 所示。2021 年，房屋建筑业、土木工程建筑业、建筑安装业、建筑装饰装修和其他建筑业完成的建筑业总产值占建筑业总产值的比重，分别为 61.39%、28.53%、5.19% 和 4.89%，分别比上年提高了 0.07、降低了 0.03、降低了 0.13、提高了 0.10 个百分点。

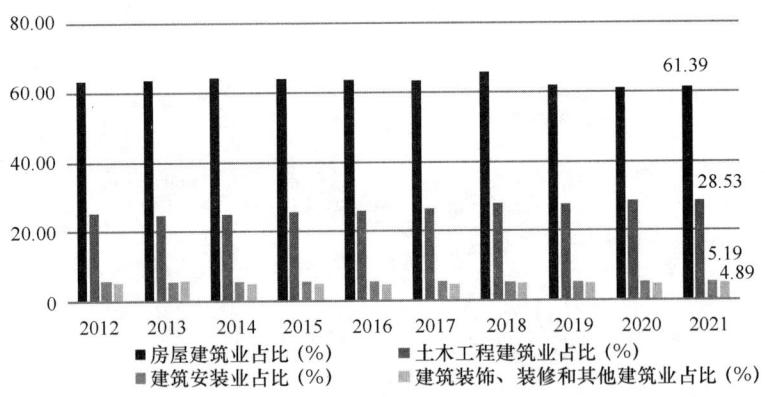

图 1-11　2012—2021 年全国建筑业总产值中不同行业完成产值情况
资料来源：国家统计局《国家数据》《2022 中国统计年鉴》

2012—2021 年，我国房屋建筑业建筑业总产值的平均增长速度为 8.39%。2021 年，房屋建筑业建筑业总产值达到 179934.35 亿元，比上年增长 11.15%，是 2012 年的 2.07 倍。房屋建筑业建筑业总产值增速比上年提高了 6.17 个百分点，增速连续两年增长（参见图 1-12）。

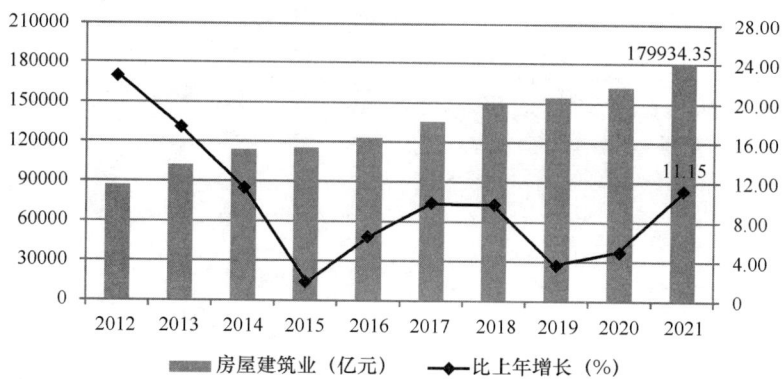

图 1-12　2012—2021 年房屋建筑业建筑业总产值及其增长情况
资料来源：国家统计局《国家数据》《2022 中国统计年鉴》

2012—2021 年，我国土木工程建筑业建筑业总产值的平均增长速度为 10.23%。2021 年，土木工程建筑业建筑业总产值达到 83602.65 亿元，比上年增长 10.93%，是 2012 年的 2.40 倍。土木工程建筑业建筑业总产值增速比上年提高了 1.08 个百分点，增速连续两年增长（参见图 1-13）。

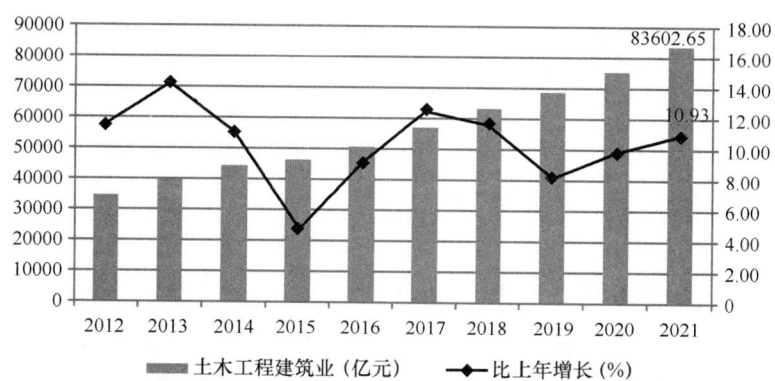

图 1-13　2012—2021 年土木工程建筑业建筑业总产值及其增长情况
资料来源：国家统计局《国家数据》《2022 中国统计年鉴》

2012—2021 年，我国建筑安装业建筑业总产值的平均增长速度为 7.31%。2021 年，建筑安装业建筑业总产值达到 15217.18 亿元，比上年增长 8.25%，是 2012 年的 1.89 倍。建筑安装业建筑业总产值增速比上年增长了 2.86 个百分点（参见图 1-14）。

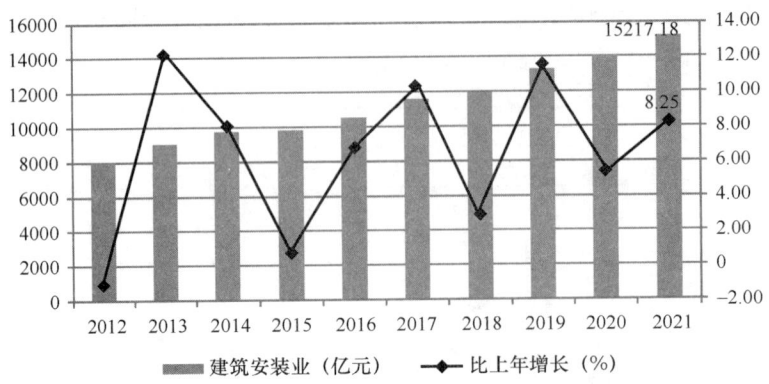

图1-14 2012—2021年建筑安装业建筑业总产值及其增长情况
资料来源：国家统计局《国家数据》《2022中国统计年鉴》

2012—2021年，我国建筑装饰、装修和其他建筑业建筑业总产值平均增长速度为7.88%。2021年，建筑装饰、装修和其他建筑业建筑业总产值达到14324.12亿元，比上年增长13.25%，是2012年的1.98倍。建筑装饰、装修和其他建筑业建筑业总产值增速比上年增长了10.40个百分点（参见图1-15）。

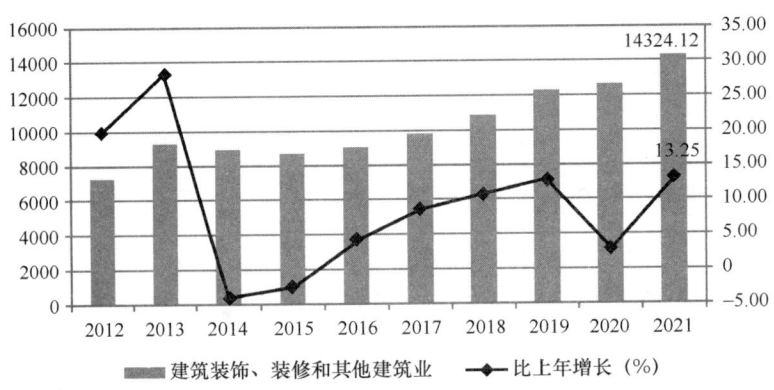

图1-15 2012—2021年建筑装饰、装修和其他建筑业建筑业总产值及其增长情况
资料来源：国家统计局《国家数据》《2022中国统计年鉴》

## 1.4 签订合同和承包工程完成情况

### 1.4.1 签订合同情况

2012—2021年，我国建筑业企业签订合同总额呈较为明显的逐年上升趋势，

平均增长速度为11.46%。2021年，全国建筑业企业签订合同总额达656886.74亿元，比上年增加了61348.37亿元，增长了10.30%，是2012年的2.66倍。建筑业企业签订合同总额增速比上年增长1.04个百分点（参见图1-16）。

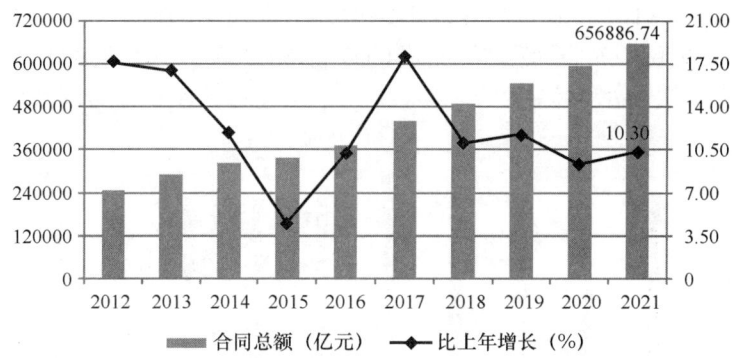

图1-16　2012—2021年建筑业企业签订合同总额及其增长情况
资料来源：国家统计局《国家数据》

2012—2021年，我国建筑业企业本年新签合同额，除2015年出现小幅下降外，总体上呈较为明显的逐年上升趋势，平均增长速度为9.95%。2021年，全国建筑业企业本年新签合同额达344558.10亿元，比上年增加了19383.63亿元，增长了5.96%，是2012年的2.35倍。建筑业企业本年新签合同额增速比上年下降6.47个百分点（参见图1-17）。

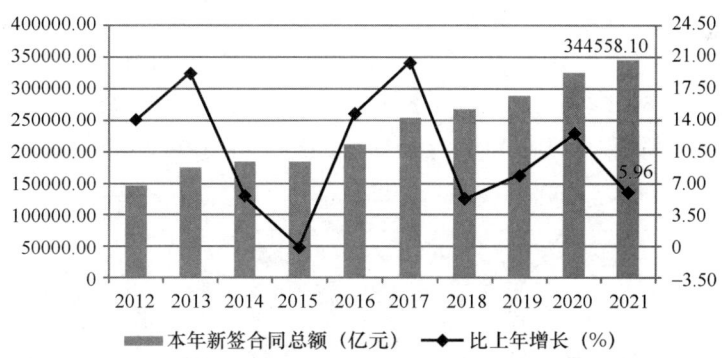

图1-17　2012—2021年建筑业企业本年新签合同额及其增长情况
资料来源：国家统计局《国家数据》

## 1.4.2　承包工程完成情况

建筑业总产值的形成包括如下3种情形：直接从建设单位承揽工程完成的产

值、分包出去工程的产值和从建设单位以外承揽工程完成的产值。建筑业总产值＝直接从建设单位承揽工程完成的产值-分包出去工程的产值＋从建设单位以外承揽工程完成的产值。2012—2021 年，这 3 种产值与建筑业总产值的比例关系，如图 1-18 所示。2021 年，直接从建设单位承揽工程完成的产值、分包出去工程的产值和从建设单位以外承揽工程完成的产值与建筑业总产值的比例，分别为 97.57％、4.21％和 6.64％。

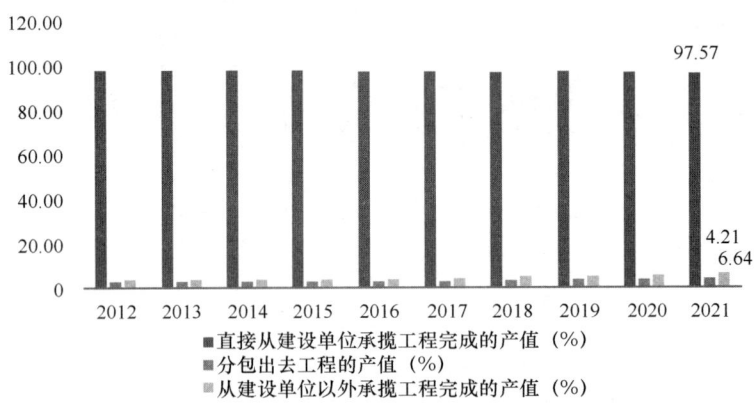

图 1-18　2012—2021 年 3 种产值与建筑业总产值的比例关系
资料来源：国家统计局《国家数据》《2022 中国统计年鉴》

2012—2021 年，我国建筑业企业直接从建设单位承揽工程完成的产值呈较为明显的逐年上升趋势，平均增长速度为 8.10％。2021 年，全国建筑业企业直接从建设单位承揽工程完成的产值达 273615.04 亿元，比上年增加了 14509.55 亿元，增长了 5.60％，是 2012 年的 2.02 倍。直接从建设单位承揽工程完成的产值增速比上年降低 0.21 个百分点，连续四年下降（参见图 1-19）。

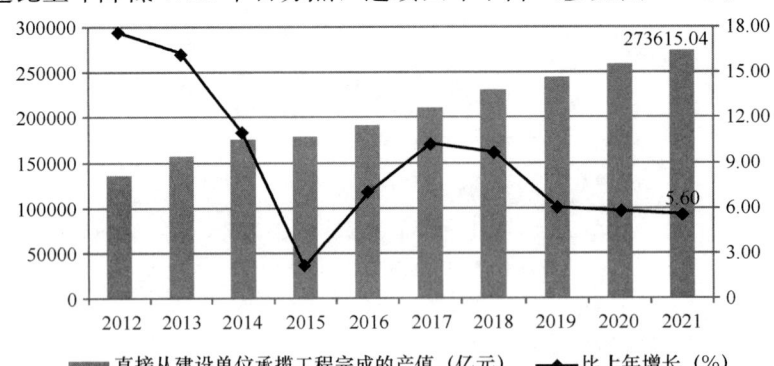

图 1-19　2012—2021 年建筑业企业直接从建设单位承揽工程完成的产值及其增长情况
资料来源：国家统计局《国家数据》《2022 中国统计年鉴》

2012—2021年，我国建筑业企业分包出去的施工产值，除2015年出现下降外，其他年份呈逐年上升趋势，平均增长速度为14.74%。2021年，全国建筑业企业分包出去的施工产值达12345.15亿元，比上年增加了2438.68亿元，增长了24.62%，是2012年的3.45倍。分包出去的施工产值增速比上年增加10.69个百分点，结束了连续两年下降的势头（参见图1-20）。

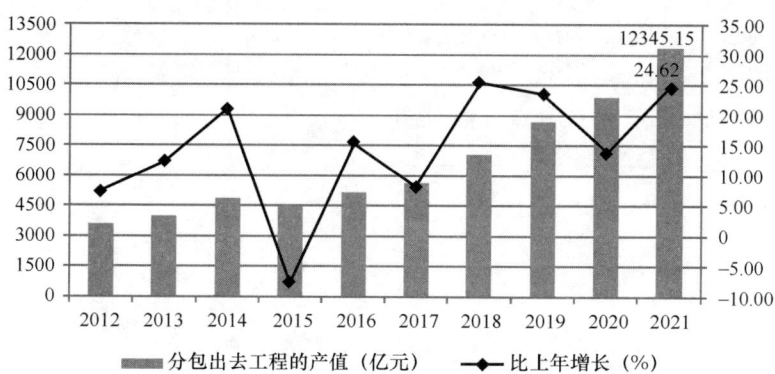

图1-20　2012—2021年建筑业企业分包出去的施工产值及其增长情况
资料来源：国家统计局《国家数据》《2022中国统计年鉴》

2012—2021年，我国建筑业企业从建设单位以外承揽工程完成的产值，除2015年出现小幅下降外，其他年份呈较为逐年上升趋势，平均增长速度为16.12%。2021年，全国建筑业企业从建设单位以外承揽工程完成的产值达19463.27亿元，比上年增加了4714.89亿元，增长了31.97%，是2012年的3.84倍。从建设单位以外承揽工程完成的产值增速比上年提高11.66个百分点（参见图1-21）。

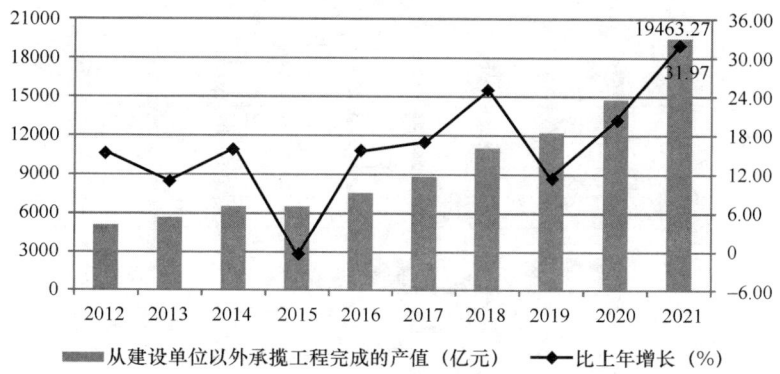

图1-21　2012—2021年建筑业企业从建设单位以外承揽工程完成的产值及其增长情况
资料来源：国家统计局《国家数据》《2022中国统计年鉴》

## 1.5 建筑业企业资产情况

### 1.5.1 资产总计

2012—2021年,我国建筑业企业资产总计呈较为明显的逐年上升趋势,平均增长速度为12.06%。2021年,全国建筑业企业资产总计达311295.76亿元,比上年增加了28263.21亿元,增长了9.99%,是2012年的2.79倍。资产总计增速比上年降低0.30个百分点(参见图1-22)。

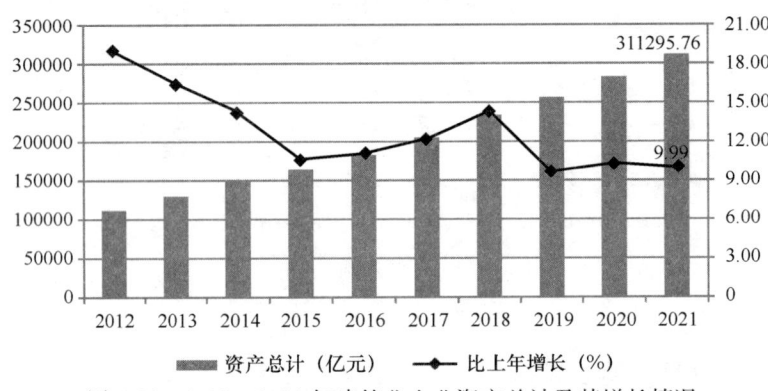

图1-22 2012—2021年建筑业企业资产总计及其增长情况
资料来源:国家统计局《国家数据》《2022中国统计年鉴》

### 1.5.2 资产的构成

建筑业企业资产总计包括流动资产、固定资产、在建工程。2012—2021年,这3项内容占建筑业企业资产总计的比重,如图1-23所示。

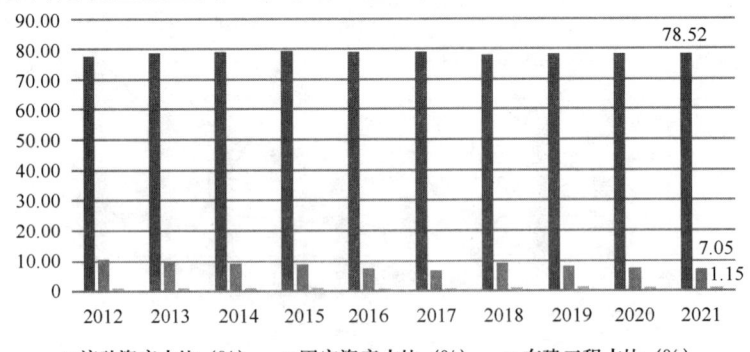

图1-23 2012—2021年流动资产、固定资产、在建工程占建筑业企业资产总计的比重情况
资料来源:国家统计局《国家数据》《2022中国统计年鉴》

流动资产、固定资产、在建工程占建筑业企业资产总计的比重分别为78.52%、7.05%和1.15%，分别提高了0.19、降低了0.43、降低了0.09个百分点。

2012—2021年，我国建筑业企业流动资产也呈较为明显的逐年上升趋势，平均增长速度为12.17%。2021年，全国建筑业企业流动资产达244435.05亿元，比上年增加了22739.27亿元，增长了10.26%，是2012年的2.81倍。流动资产增速比上年降低0.16个百分点（参见图1-24）。

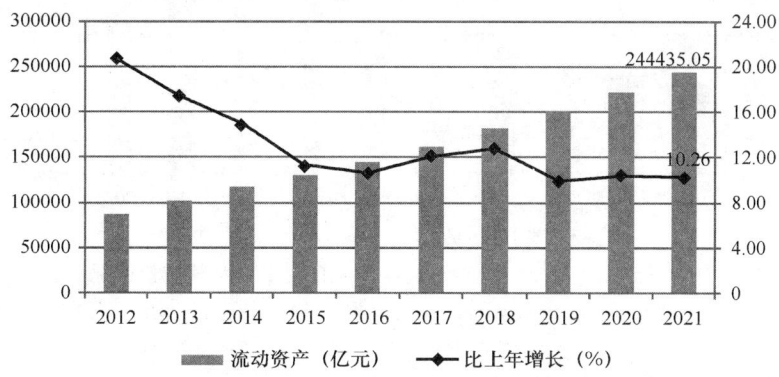

图1-24　2012—2021年建筑业企业流动资产及其增长情况
资料来源：国家统计局《国家数据》《2022中国统计年鉴》

2012—2021年，我国建筑业企业固定资产除个别年份（2016、2019年）外，总体也呈逐年上升趋势，平均增长速度为7.15%。2021年，全国建筑业企业固定资产达21941.76亿元，比上年增加了770.67亿元，增长了3.64%，是2012年的1.86倍。固定资产增速比上年提高1.86个百分点（参见图1-25）。

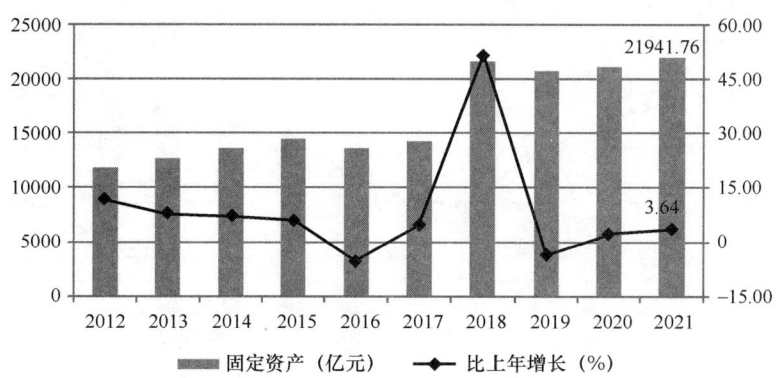

图1-25　2012—2021年建筑业企业固定资产及其增长情况
资料来源：国家统计局《国家数据》《中国统计年鉴》

2012—2021年，我国建筑业企业在建工程，除2016年外，总体也呈逐年上升趋势，平均增长速度为11.78%。2021年，全国建筑业企业在建工程产达3583.62亿元，比上年增加了11.78亿元，增长了2.19%，是2012年的2.73倍。在建工程增速比上年下降0.44个百分点（参见图1-26）。

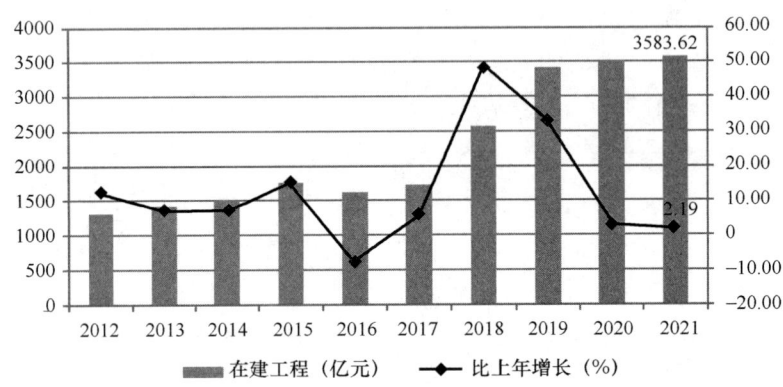

图1-26　2012—2021年建筑业企业在建工程及其增长情况

资料来源：国家统计局《国家数据》《2022中国统计年鉴》

## 1.6　建筑业企业负债及所有者权益

### 1.6.1　负债合计及其构成

2012—2021年，我国建筑业企业负债合计呈较为明显的逐年上升趋势，平均增长速度为12.66%。2021年，全国建筑业企业负债合计达220767.25亿元，比上年增加了22832.57亿元，增长了11.54%，是2012年的2.02倍。负债合计增速比上年降低0.63个百分点（参见图1-27）。

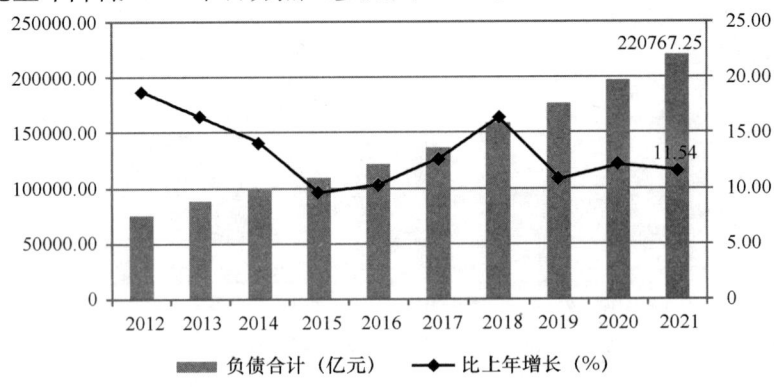

图1-27　2012—2021年建筑业企业负债合计及其增长情况

资料来源：国家统计局《国家数据》《2022中国统计年鉴》

建筑业企业负债包括流动负债和非流动负债。2012—2021 年，流动负债合计和非流动负债合计占建筑业企业负债合计的比重，如图 1-28 所示。2021 年，流动负债合计、非流动负债合计占建筑业企业负债合计的比重分别为 90.65%和 7.38%。

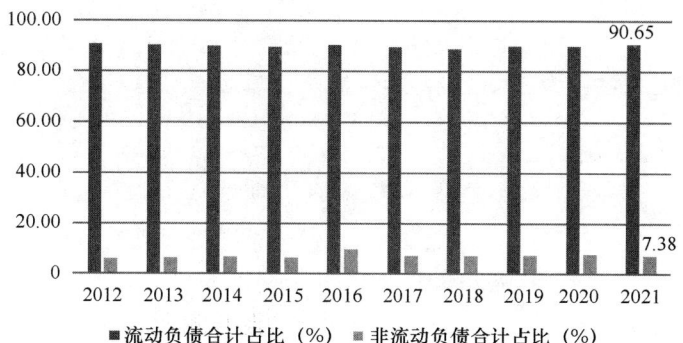

图 1-28　2012—2021 年流动负债合计和非流动负债合计占
建筑业企业负债合计的比重情况
资料来源：《国家数据》《2022 中国统计年鉴》

2012—2021 年，我国建筑业企业流动负债合计也呈较为明显的逐年上升趋势，平均增长速度为 12.64%。2021 年，全国建筑业企业流动负债合计达 200126.51 亿元，比上年增加了 21659.52 亿元，增长了 12.14%，是 2012 年的 2.92 倍。流动负债合计增速比上年降低 0.09 个百分点（参见图 1-29）。

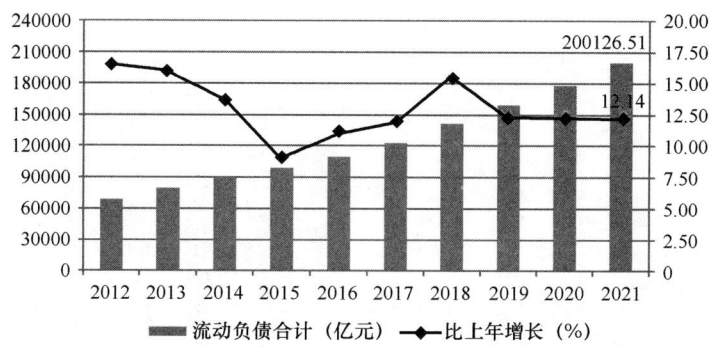

图 1-29　2012—2021 年建筑业企业流动负债合计及其增长情况
资料来源：《国家数据》《2022 中国统计年鉴》

2012—2021 年，我国建筑业企业非流动负债合计，除 2015 年和 2017 年出现下降外，其他年份也呈逐年上升趋势，平均增长速度为 14.91%。2021 年，全国建筑业企业非流动负债合计达 16294.53 亿元，比上年增加了 812.10 亿元，增长了5.25%，是2012年的3.49倍。非流动负债合计增速比上年降低12.13个百分点（参见图1-30）。

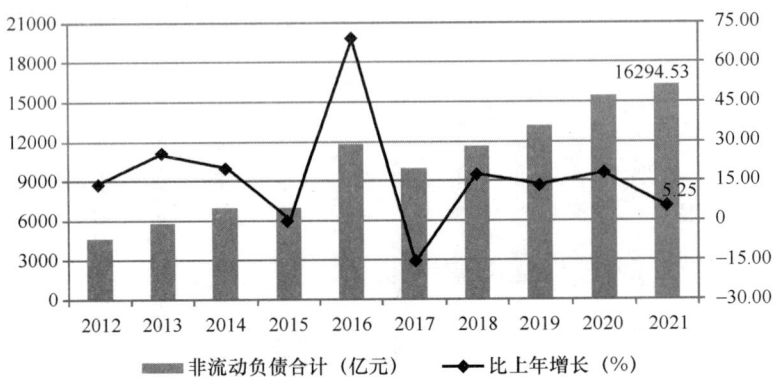

图1-30　2012—2021年建筑业企业非流动负债合计及其增长情况
资料来源：国家统计局《国家数据》《2022中国统计年鉴》

### 1.6.2　所有者权益与实收资本

2012—2021年，我国建筑业企业所有者权益呈逐年上升趋势，增速呈逐年下降趋势，平均增长速度为10.75%。2021年，全国建筑业企业所有者权益达90528.51亿元，比上年增加了5428.27亿元，增长了6.38%，是2012年的2.51倍。所有者权益增速比上年增长0.21个百分点（参见图1-31）。

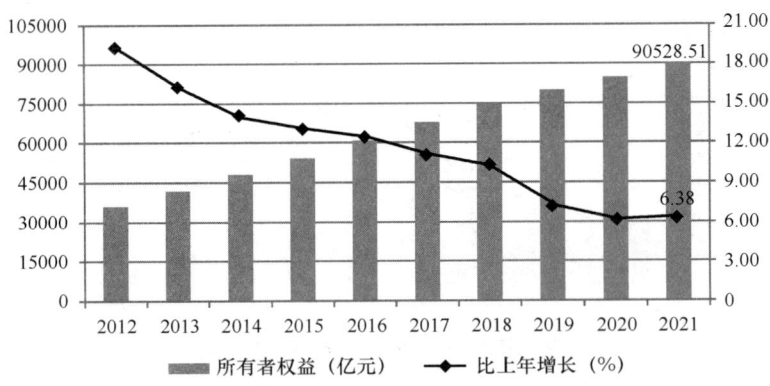

图1-31　2012—2021年建筑业企业所有者权益及其增长情况
资料来源：国家统计局《国家数据》《2022中国统计年鉴》

2012—2021年，我国建筑业企业实收资本也呈逐年上升趋势，平均增长速度为8.28%。2021年，全国建筑业企业实收资本达44592.59亿元，比上年增加了 1592.25 亿元，增长了 3.70%，是 2012 年的 2.05 倍。实收资本增速比上年降低 2.17 个百分点（参见图 1-32）。

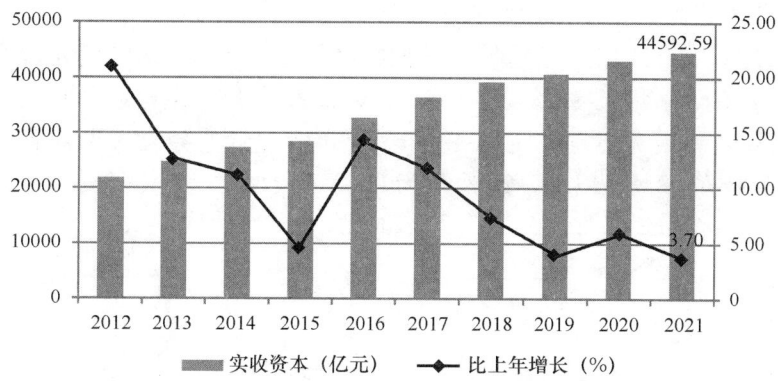

图 1-32　2012—2021 年建筑业企业实收资本及其增长情况
资料来源：国家统计局《国家数据》《2022 中国统计年鉴》

## 1.7　建筑业企业收入

### 1.7.1　营业收入

自 2012 年以来，随着我国建筑业企业生产和经营规模的不断扩大，建筑业企业的营业收入持续增长，平均增长速度达 9.04%。2021 年，建筑业营业收入 267895.74 亿元，比上年增加了 23031.24 亿元，增长 9.41%，是 2012 年的 2.06 倍。营业收入增速比上年增长了 4.14 个百分点（参见图 1-33）。

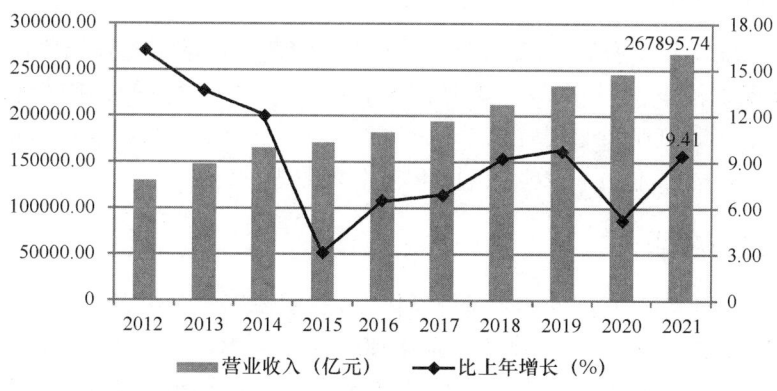

图 1-33　2012—2021 年建筑业营业收入及其增长情况
资料来源：国家统计局《国家数据》《2022 中国统计年鉴》

## 1.7.2 主营业务收入

建筑业主营业务收入与营业收入发展态势趋同，2012—2021年的平均增长速度为8.23%。2021年，建筑业主营业务收入达到262453.81亿元，比上年增加21186.42亿元，增长8.78%，是2012年的2.04倍。主营业务收入增速比上年增长了3.50个百分点（参见图1-34）。建筑业主营业务收入占营业收入的比重，一直保持在98%及以上，2021年为98.00%。

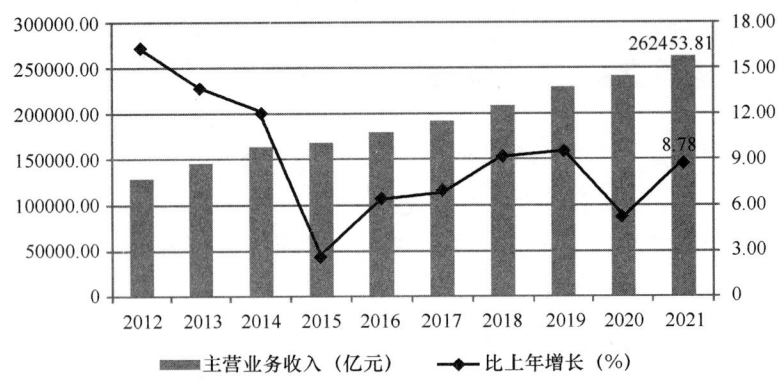

图1-34 2012—2021年建筑业主营业务收入及其增长情况

资料来源：国家统计局《国家数据》《2022中国统计年鉴》

## 1.8 建筑业企业实现利税情况

### 1.8.1 利税总额

2012—2021年，我国建筑业企业利税总额前期呈现逐年上升趋势，但2019、2020年出现小幅下降，2021年止降回升，10年间的平均增长速度为6.03%。2021年，全国建筑业企业利税总额达15523.18亿元，是2012年的1.69倍，比上年增加了106.61亿元，增长了0.69%（参见图1-35）。

### 1.8.2 利润总额

2012—2021年，我国建筑业企业利润总额呈现逐年上升趋势，平均增长速度为6.57%。2021年，全国建筑业企业利润总额达8470.81亿元，是2012年的1.77倍，比上年增加了23.07亿元，增长了0.27%，增速连续五年下降（参见图1-36）。

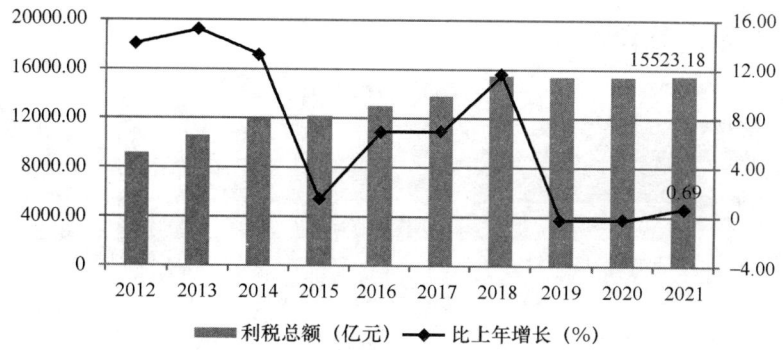

图 1-35　2012—2021 年建筑业利税总额及其增长情况
资料来源：国家统计局《国家数据》《2022 中国统计年鉴》

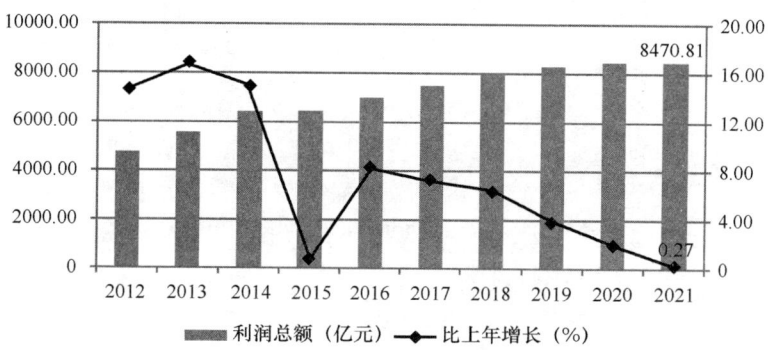

图 1-36　2012—2021 年建筑业利润总额及其增长情况
资料来源：国家统计局《国家数据》《2022 中国统计年鉴》

### 1.8.3　税金总额

2012—2021 年，我国建筑业企业税金总额前期呈现逐年上升趋势，但 2019、2020 年出现下降，2021 年止降回升，10 年间的平均增长速度为 5.95％。2021 年，全国建筑业企业税金总额达 7052.36 亿元，是 2012 年的 1.68 倍，比上年增加了 83.53 亿元，增长了 1.20％（参见图 1-37）。

### 1.8.4　主营业务利润

2012—2021 年，我国建筑业企业主营业务利润总体呈现逐年上升趋势，平均增长速度为 6.90％。2021 年，全国建筑业企业主营业务利润达 8193.20 亿元，是 2012 年的 1.82 倍，比上年增加了 5.78 亿元，提高了 0.07％（参见图 1-38）。

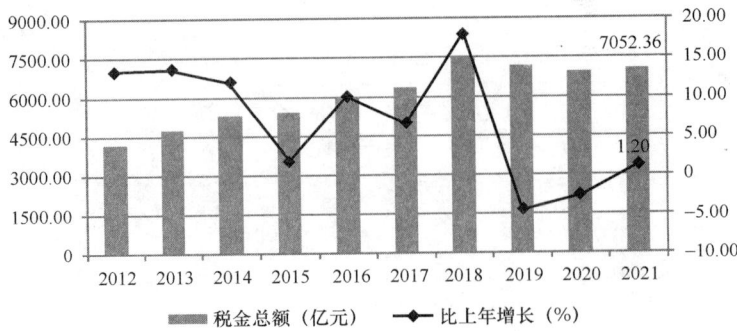

图 1-37　2012—2021 年建筑业税金总额及其增长情况
资料来源：国家统计局《国家数据》《2022 中国统计年鉴》

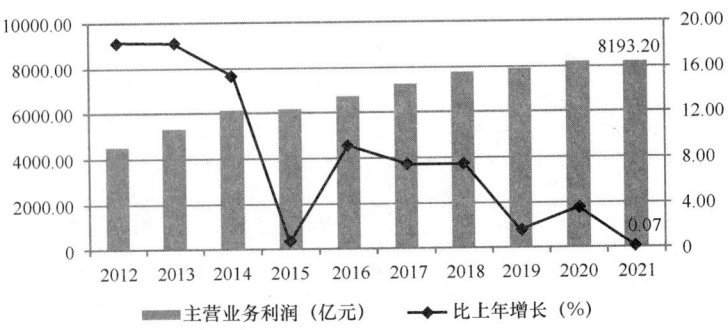

图 1-38　2012—2021 年建筑业主营业务利润及其增长情况
资料来源：国家统计局《国家数据》《2022 中国统计年鉴》

### 1.8.5　产值利税率和产值利润率

2012—2021 年，我国建筑业企业产值利税率和产值利润率均呈波动缓慢递减状态，平均递减速度分别为 2.54% 和 2.04%。2021 年我国建筑业企业产值利税率和产值利润率分别为 5.30% 和 2.89%，分别是 2012 年的 0.79 倍和 0.83 倍，分别比上年减少了 0.54 和 0.31 个百分点（参见图 1-39）。

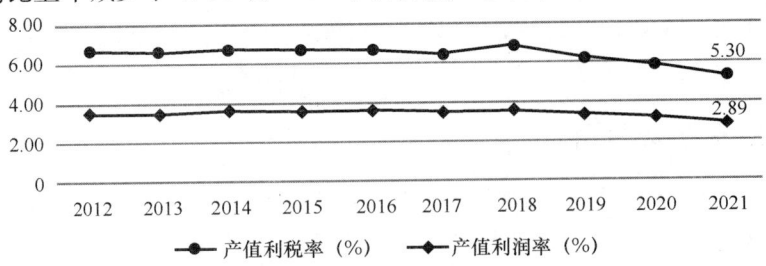

图 1-39　2012—2021 年建筑业产值利税率和产值利润率情况
资料来源：根据国家统计局《国家数据》《2022 中国统计年鉴》计算

## 1.9 房屋建筑建设情况

### 1.9.1 房屋建筑施工面积

2012—2021年，除2015年外，我国建筑业房屋建筑施工面积呈逐年上升趋势，平均增长速度为5.34%。2021年，全国房屋建筑施工面积达157.55亿$m^2$，是2012年的1.60倍，比上年增加8.08亿$m^2$，增长了5.40%，增速比上年提高了1.71个百分点（参见图1-40）。

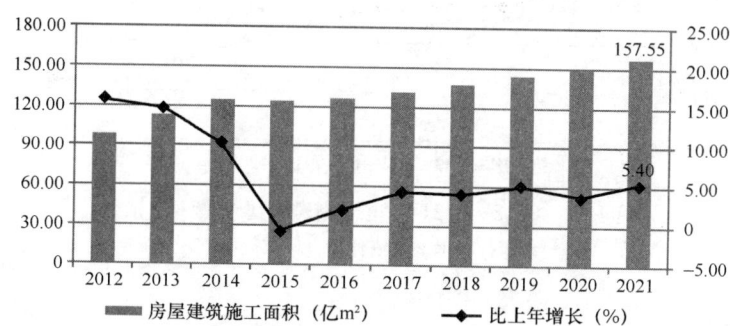

图1-40　2012—2021年建筑业房屋建筑施工面积及其增长情况

资料来源：国家统计局《国家数据》

### 1.9.2 房屋建筑竣工面积

2012—2021年，我国建筑业房屋建筑竣工面积呈前段上升中间基本持平后段连续下降后再反弹态势，平均增长速度为1.45%。2021年，全国房屋建筑竣工面积为40.83亿$m^2$，是2012年的1.14倍，比上年增加2.34亿$m^2$，增长了6.09%，在连续四年下降后出现回升（参见图1-41）。

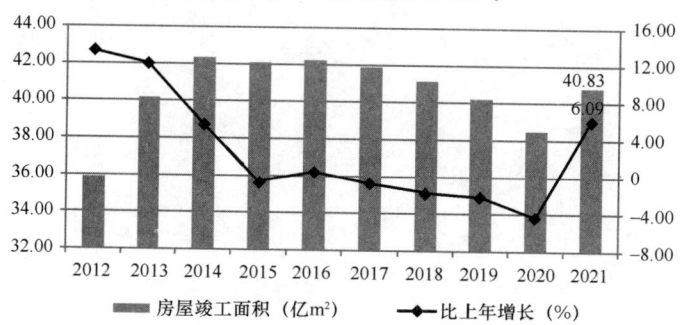

图1-41　2012—2021年建筑业房屋建筑竣工面积及其增长情况

资料来源：国家统计局《国家数据》

### 1.9.3 房屋建筑竣工率

2012—2021年,我国建筑业房屋建筑施工面积相对于竣工面积有更快的增长速度,使得房屋建筑竣工率(当年房屋建筑竣工面积与施工面积的比值)呈现明显逐年下降趋势,平均下降速度为4.23%。2021年,这种状况发生了一些变化,这一年,全国房屋建筑面积竣工率为25.91%,比上年增长了0.17个百分点,但仍比2012年下降了10.45个百分点(参见图1-42)。

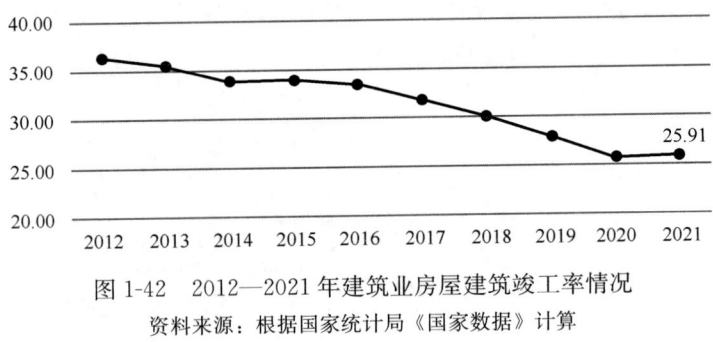

图1-42 2012—2021年建筑业房屋建筑竣工率情况

资料来源:根据国家统计局《国家数据》计算

# 第 2 章 各地区建筑业发展状况分析

## 2.1 建筑业的产业地位

### 2.1.1 建筑业增加值情况

2021 年各地区建筑业增加值及其增长情况如图 2-1 所示。

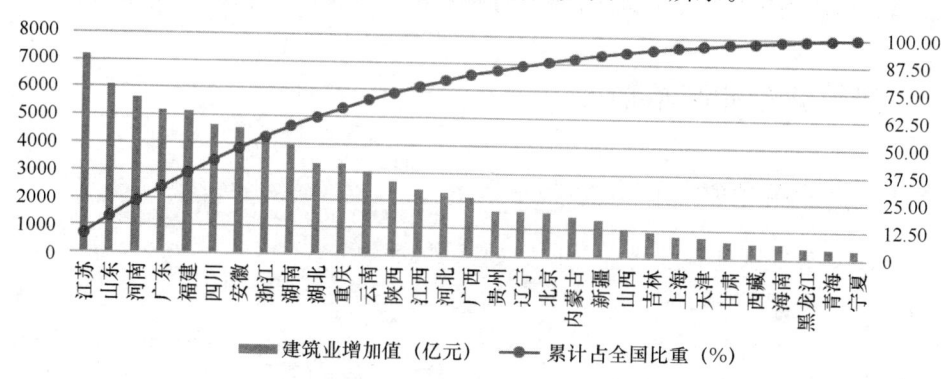

图 2-1 2021 年各地区建筑业增加值情况

资料来源：国家统计局《国家数据》

江苏、山东、河南、广东、福建的建筑业增加值居全国前五位，分别为 7184.10 亿元、6094.50 亿元、5619.00 亿元、5170.10 亿元、5140.60 亿元，增加值占全国的比重分别为 8.97%、7.61%、7.02%、6.46% 和 6.42%；宁夏、青海、黑龙江、海南和西藏的建筑业增加值居全国后五位，分别为 345.10 亿元、379.50 亿元、442.10 亿元、560.70 亿元和 567.40 亿元，增加值占全国的比重分别为 0.43%、0.47%、0.55%、0.70% 和 0.71%。

### 2.1.2 建筑业增加值占地区生产总值的比重

2021 年各地区建筑业增加值占地区生产总值的比重如图 2-2 所示。

建筑业增加值占地区生产总值的比重超过 10% 的仍然是西藏、重庆、青海、云南、福建和安徽 6 个地区，建筑业增加值占地区生产总值的比重分别为 29.24%、11.90%、11.66%、11.45%、10.59% 和 10.52%；建筑业增加值占

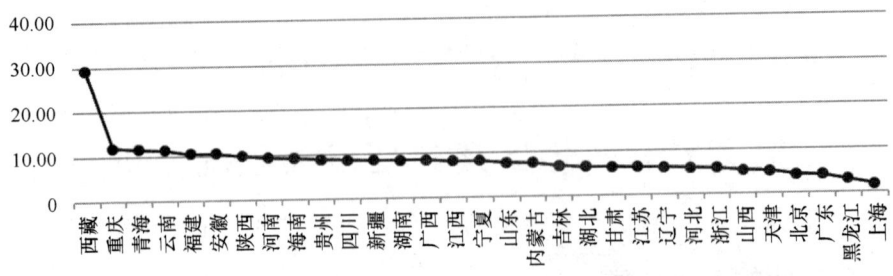

图 2-2　2021 年各地区建筑业增加值占地区生产总值的比重情况（%）

资料来源：国家统计局《国家数据》

地区生产总值的比重低于 5% 的仍然是上海、黑龙江、广东和北京 4 个地区，建筑业增加值占地区生产总值的比重分别为 1.83%、3.01%、4.15% 和 4.25%。

## 2.2　建筑业企业基本情况

### 2.2.1　企业单位数

2021 年各地区建筑业企业单位数如图 2-3 所示。

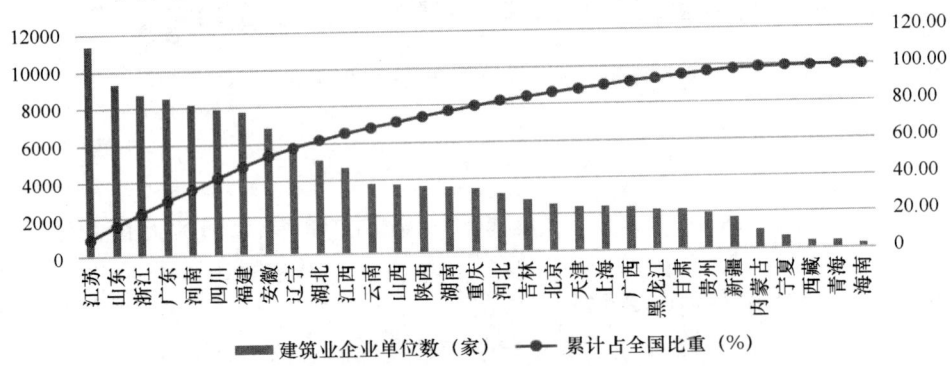

图 2-3　2021 年各地区建筑业企业单位数情况

资料来源：国家统计局《国家数据》

建筑业企业单位数居全国前五位的仍然是江苏、山东、浙江、广东和河南，分别为 11396 家、9297 家、8750 家、8501 家和 8158 家，建筑业企业单位数占全国的比重分别为 8.85%、7.22%、6.80%、6.60% 和 6.34%；海南、青海、西藏、宁夏和内蒙古的建筑业企业单位数居全国后五位，分别为 271 家、390 家、410 家、648 家和 1026 家，建筑业企业单位数占全国的比重分别为 0.21%、

0.30%、0.32%、0.50%和0.80%。

与2020年相比,28个地区的建筑业企业单位数增加,3个地区的建筑业企业单位数减少(参见图2-4)。增长率居全国前五位的是江西、天津、广西、安徽和甘肃,分别增长了24.31%、23.67%、22.90%、20.06%和18.66%;增长率居全国后五位的是黑龙江、宁夏、上海、北京和内蒙古,其中,黑龙江、宁夏和上海分别下降了1.88%、2.95%和1.54%,北京和内蒙古分别增长了0.60%和1.18%。

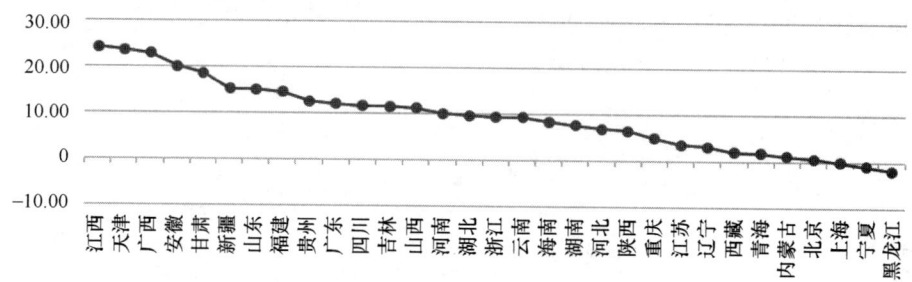

图2-4　2021年各地区建筑业企业单位数的增长情况(%)

资料来源:国家统计局《国家数据》

## 2.2.2　从业人员数

2021年各地区建筑业从业人员数如图2-5所示。

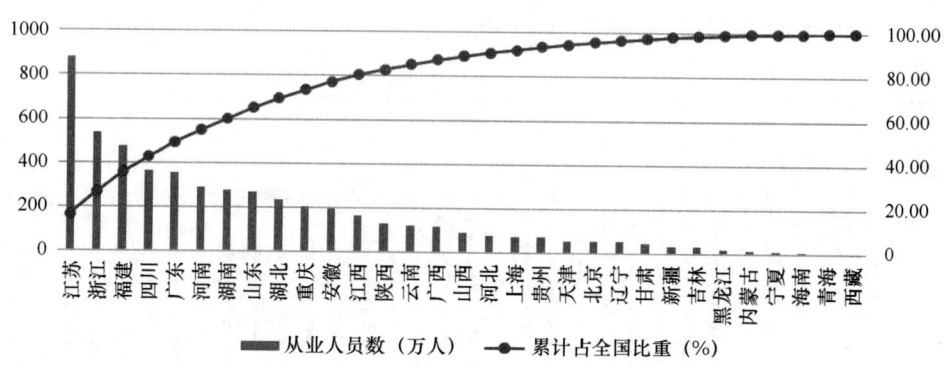

图2-5　2021年各地区建筑业从业人员数情况

资料来源:国家统计局《国家数据》

建筑业从业人员数居全国前五位的仍然是江苏、浙江、福建、四川和广东,分别为880.09万人、538.25万人、477.65万人、364.57万人和354.49万人,建筑业企业从业人员数占全国的比重分别为16.66%、10.19%、9.04%、

6.90%和6.71%；西藏、青海、海南、宁夏和内蒙古的建筑业从业人员数居全国后五位，分别为3.84万人、6.01万人、6.40万人、11.09万人和15.49万人，建筑业从业人员数占全国的比重分别为0.07%、0.11%、0.12%、0.21%和0.29%。

与2020年相比，7个地区的建筑业从业人员数增加，24个地区的建筑业从业人员数减少（参见图2-6）。增长率居全国前五位的是吉林、北京、湖北、广东和山西，分别增长了7.83%、7.65%、6.82%、3.75%和3.48%；增长率居全国后五位的是西藏、青海、黑龙江、内蒙古和天津，分别下降了26.72%、16.76%、16.15%、14.04%和12.49%。

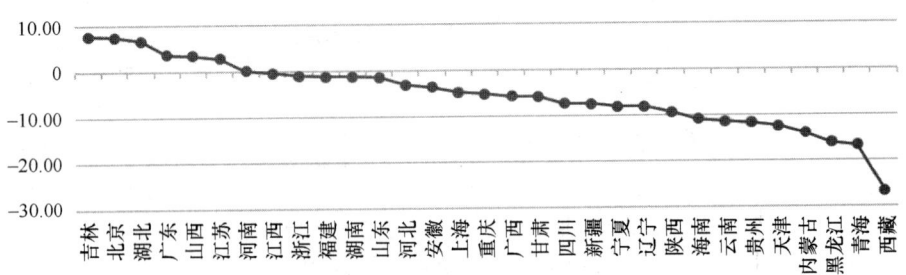

图2-6　2021年各地区建筑业从业人员数的增长情况（%）

资料来源：国家统计局《国家数据》

### 2.2.3　按总产值计算的劳动生产率

2021年各地区建筑业按总产值计算的劳动生产率如图2-7所示。

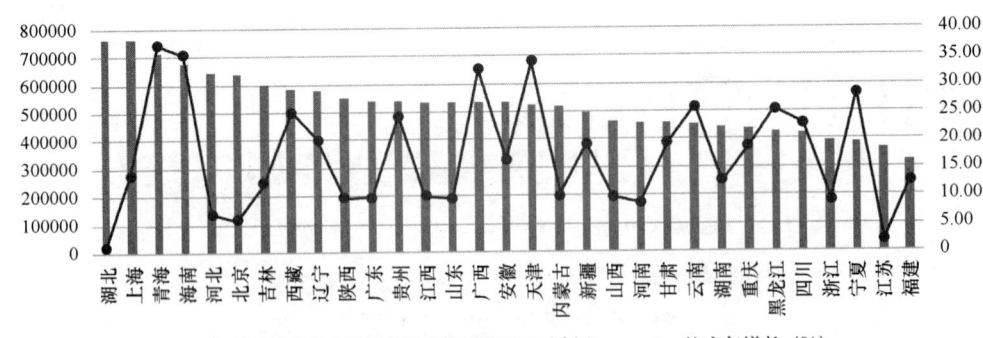

图2-7　2021年各地区建筑业按总产值计算的劳动生产率情况

资料来源：国家统计局《国家数据》

湖北、上海、青海、海南、河北按建筑业总产值计算的劳动生产率居全国前五位，分别为 761375 元/人、760647 元/人、713397 元/人、674177 元/人和 645244 元/人；福建、江苏、宁夏、浙江、四川按建筑业总产值计算的劳动生产率居全国后五位，分别为 322044 元/人、369389 元/人、388333 元/人、393185 元/人和 420179 元/人。

与 2020 年相比，所有地区按建筑业总产值计算的劳动生产率均有增加。增长率居全国前五位的是青海、海南、天津、广西和宁夏，分别增长了 36.80%、35.21%、33.97%、32.46%和 28.34%；增长率居全国后五位的是湖北、江苏、北京、河北和河南，分别增长了 1.24%、2.06%、5.97%、6.82%和 8.86%。

## 2.3 建筑业总产值及其构成

### 2.3.1 建筑业总产值

2021 年各地区完成的建筑业总产值如图 2-8 所示。

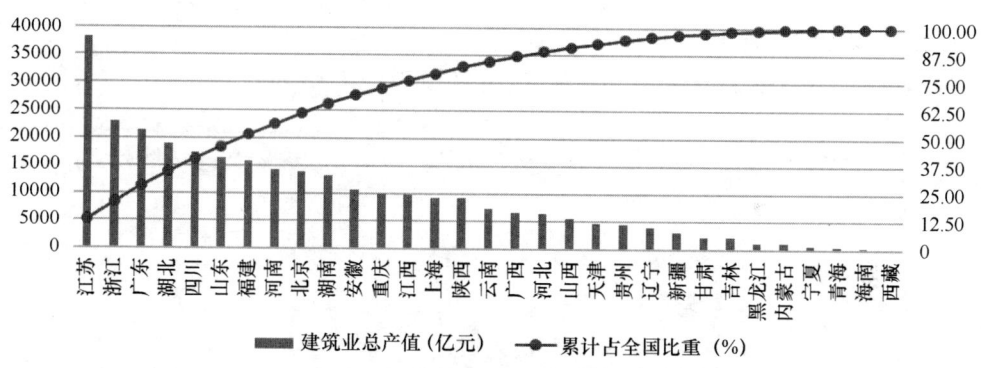

图 2-8 2021 年各地区完成的建筑业总产值情况

资料来源：国家统计局《国家数据》

完成的建筑业总产值居全国前五位的仍然是江苏、浙江、广东、湖北、四川，分别为 38244.49 亿元、23010.97 亿元、21345.58 亿元、19031.55 亿元、17351.19 亿元，完成的建筑业总产值占全国的比重分别为 13.05%、7.85%、6.49%、5.92%、5.60%；完成的建筑业总产值居全国后五位的仍然是西藏、海南、青海、宁夏、内蒙古，分别为 270.73 亿元、447.09 亿元、587.33 亿元、681.52 亿元、1279.38 亿元，完成的建筑业总产值占全国的比重分别为 0.09%、0.15%、0.20%、0.23%、0.44%。

与 2020 年相比，30 个地区完成的建筑业总产值增加，1 个地区完成的建筑业总产值减少（参见图 2-9）。增长率居全国前五位的是湖北、新疆、广东、青海、海南，分别增长了 17.94%、16.03%、15.82%、14.66%、14.46%；增长率居全国后五位的是西藏、辽宁、天津、宁夏、陕西，西藏下降了 8.15%，辽宁、天津、宁夏、陕西分别增长了 5.99%、6.04%、6.19%、7.94%。

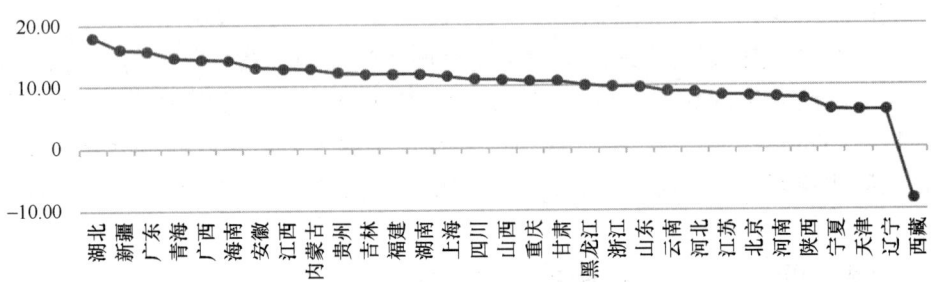

图 2-9　2021 年各地区完成的建筑业总产值的增长情况（%）

资料来源：国家统计局《国家数据》

## 2.3.2　建筑业总产值构成

### 2.3.2.1　建筑工程产值

2021 年各地区完成的建筑工程产值情况如图 2-10 所示。

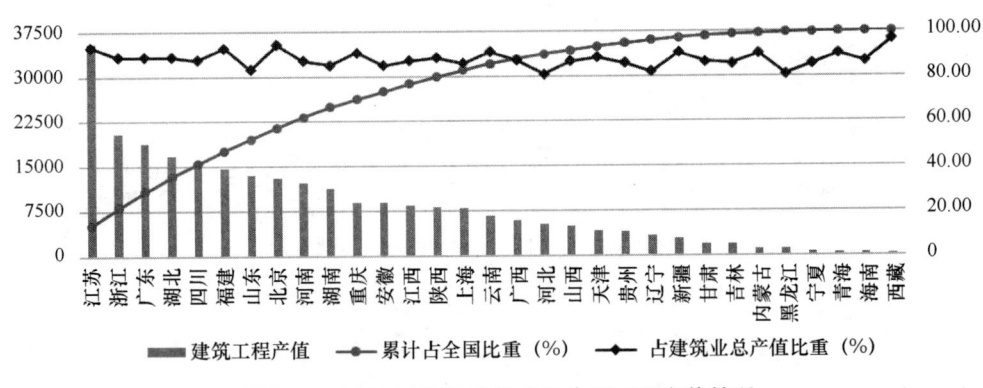

图 2-10　2021 年各地区完成的建筑工程产值情况

资料来源：国家统计局《国家数据》

建筑工程产值占建筑业总产值的比重超过 90% 有西藏、北京、江苏、福建、云南、重庆、新疆 7 个地区，低于 85% 的有黑龙江、河北、辽宁、山东、安徽 5 个地区。

完成的建筑工程产值居全国前五位的仍然是江苏、浙江、广东、湖北、四川，分别为 35586.6 亿元、20400.22 亿元、18940.44 亿元、16853.73 亿元、

15172.73亿元，建筑工程产值占全国的比重分别为13.73%、7.87%、7.31%、6.50%、5.85%；完成的建筑工程产值居全国后五位仍然是西藏、海南、青海、宁夏、黑龙江，分别为260.59亿元、387.06亿元、527.89亿元、580.70亿元、1073.88亿元，建筑工程产值占全国的比重分别为0.10%、0.15%、0.20%、0.22%、0.41%。

与2020年相比，30个地区完成的建筑工程产值增加，1个地区完成的建筑工程产值减少（参见图2-11）。增长率居全国前五位的是新疆、内蒙古、湖北、广东、吉林，分别增长了23.64%、18.13%、17.92%、17.74%、16.67%；增长率居全国后五位的是西藏、天津、辽宁、宁夏、北京，西藏下降了6.73%，天津、辽宁、宁夏、北京分别增长了4.39%、5.21%、5.68%、7.62%。

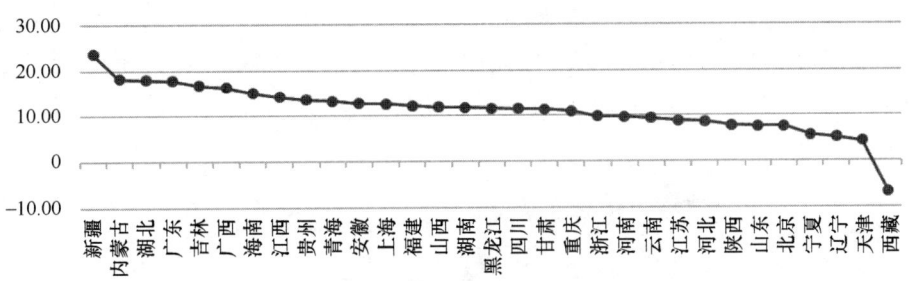

图2-11　2021年各地区完成的建筑工程产值的增长情况（%）

资料来源：国家统计局《国家数据》

#### 2.3.2.2　安装工程产值

2021年各地区完成的安装工程产值情况如图2-12所示。

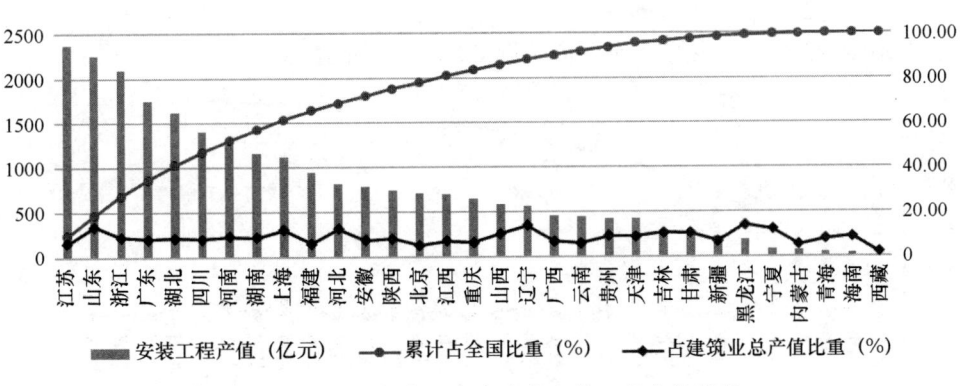

图2-12　2021年各地区完成的安装工程产值情况

资料来源：国家统计局《国家数据》

安装工程产值占建筑业总产值比重超过 10%的有黑龙江、辽宁、山东、河北、宁夏、上海、吉林、甘肃、山西等 9 个地区，低于 5%的只有西藏 1 个地区。

江苏、山东、浙江、广东、湖北完成的安装工程产值居全国前五位，分别为 2364.57 亿元、2255.02 亿元、2092.21 亿元、1745.52 亿元、1625.68 亿元，安装工程产值占全国的比重分别为 9.66%、9.21%、8.55%、7.13%、6.64%；西藏、海南、青海、内蒙古、宁夏完成的安装工程产值居全国后五位，分别为 5.08 亿元、40.42 亿元、47.01 亿元、68.897 亿元、83.54 亿元，安装工程产值占全国的比重分别为 0.02%、0.17%、0.19%、0.28%、0.34%。

与 2020 年相比，28 个地区完成的安装工程产值增加，3 个地区完成的安装工程产值减少（参见图 2-13）。增长率居全国前五位的是青海、北京、湖北、云南、湖南，分别增长了 30.98%、30.26%、28.47%、21.15%、19.68%；增长率居全国后五位的是西藏、广西、广东、河南、吉林，其中，西藏、广西、广东分别下降了 34.96%、2.10%、1.30%，河南、吉林分别增长了 0.67%、2.75%。

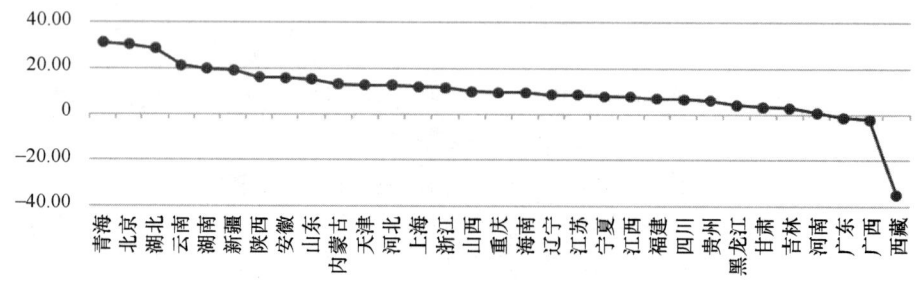

图 2-13　2021 年各地区完成的安装工程产值的增长情况（%）

资料来源：国家统计局《国家数据》

#### 2.3.2.3　其他产值

2021 年各地区完成的其他产值情况如图 2-14 所示。

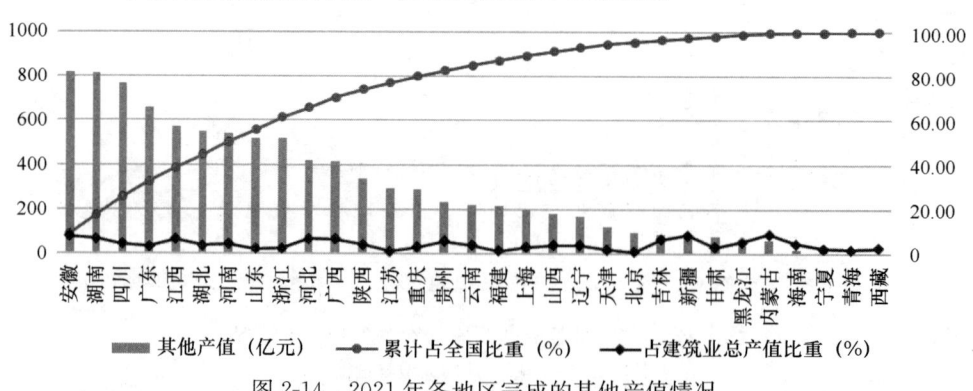

图 2-14　2021 年各地区完成的其他产值情况

资料来源：国家统计局《国家数据》

其他产值占建筑业总产值的比重超过 7% 的仍然是内蒙古、新疆、安徽 3 个地区，低于 2% 的仍然是北京、江苏、福建、天津 4 个地区。

安徽、湖南、四川、广东、江西完成的其他产值居全国前五位，分别为 818.99 亿元、813.63 亿元、767.5 亿元、659.63 亿元、570.6 亿元，其他产值占全国的比重分别为 8.72%、8.66%、8.17%、7.02%、6.07%；西藏、青海、宁夏、海南、内蒙古完成的其他产值居全国后五位，分别为 5.05 亿元、12.42 亿元、17.29 亿元、19.61 亿元、60.19 亿元，其他产值占全国的比重分别为 0.05%、0.13%、0.18%、0.21%、0.64%。

与 2020 年相比，19 个地区完成的其他产值增加，12 个地区完成的其他产值减少（参见图 2-15）。增长率居全国前五位的是山东、天津、甘肃、青海、福建，分别增长了 62.22%、56.10%、21.49%、21.17%、19.60%；增长率居全国后五位的是新疆、内蒙古、西藏、吉林、江苏，分别下降了 63.10%、39.65%、32.85%、31.53%、25.17%。

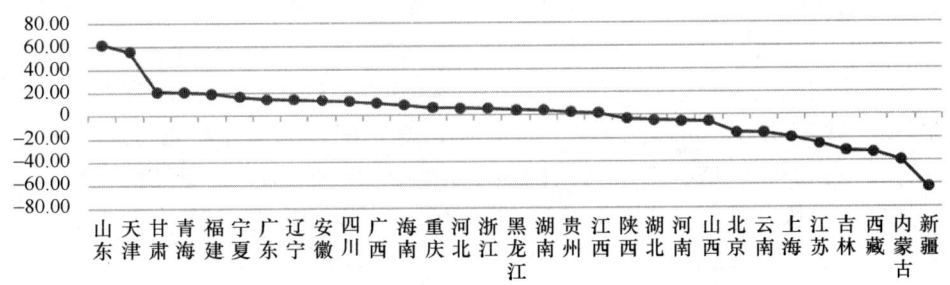

图 2-15　2021 年各地区完成的其他产值的增长情况（%）

资料来源：国家统计局《国家数据》

## 2.3.3　建筑业总产值的行业构成

### 2.3.3.1　房屋建筑业完成的建筑业总产值

2021 年各地区房屋建筑业完成的建筑业总产值情况如图 2-16 所示。

房屋建筑业完成的建筑业总产值占建筑业总产值的比重超过 70% 的有海南、江苏、湖南、福建 4 个地区，低于 50% 的有青海、天津、黑龙江、辽宁、山西 5 个地区。

房屋建筑业完成的建筑业总产值居全国前五位的仍然是江苏、浙江、四川、福建、湖北，分别为 27565.99 亿元、15377.91 亿元、11423.85 亿元、11328.02 亿元、11119.57 亿元，房屋建筑业完成的建筑业总产值占全国的比重分别为 15.32%、8.55%、6.35%、6.30%、6.18%；西藏、青海、海南、宁

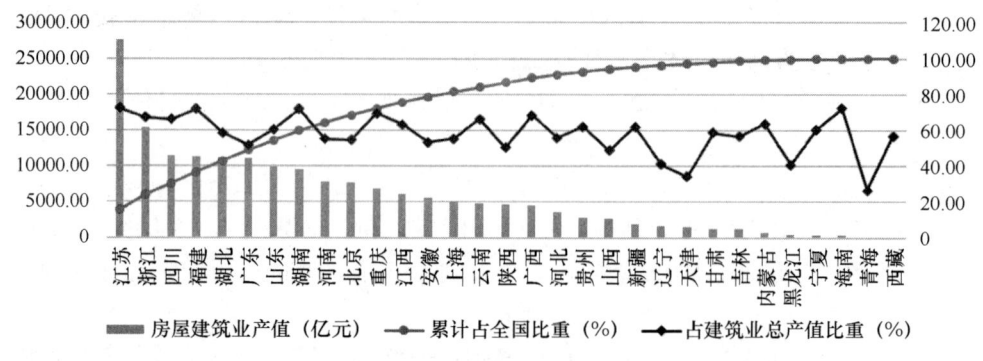

图 2-16 2021 年各地区房屋建筑业完成的建筑业总产值情况
资料来源：国家统计局《国家数据》《2022 中国统计年鉴》

夏、黑龙江房屋建筑业完成的建筑业总产值居全国后五位，分别为 153.79 亿元、155.45 亿元、323.12 亿元、411.18 亿元、539.63 亿元，房屋建筑业完成的建筑业总产值占全国的比重分别为 0.09%、0.09%、0.18%、0.23%、0.30%。

与 2020 年相比，30 个地区房屋建筑业完成的建筑业总产值增加，1 个地区房屋建筑业完成的建筑业总产值减少（参见图 2-17）。增长率居全国前五位的是内蒙古、新疆、广东、青海、湖北，分别增长了 28.86%、24.52%、22.35%、17.98%、16.33%；增长率位居全国后五位的是西藏、辽宁、四川、河南、陕西，其中，西藏下降了 8.72%，辽宁、四川、河南、陕西分别增长了 3.67%、6.60%、6.87%、7.24%。

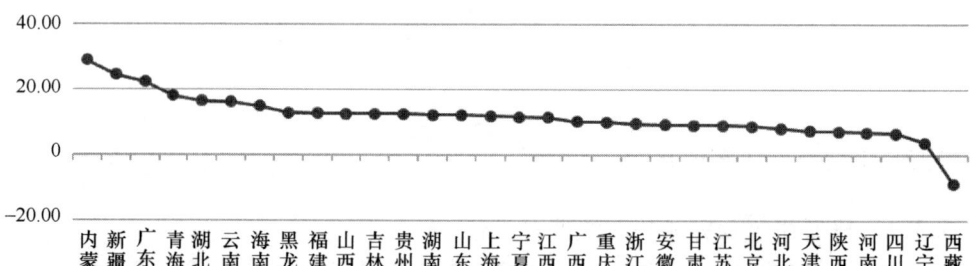

图 2-17 2021 年各地区房屋建筑业完成的建筑业总产值的增长情况（%）
资料来源：国家统计局《国家数据》《2022 中国统计年鉴》

#### 2.3.3.2 土木工程建筑业完成的建筑业总产值

2021 年各地区土木工程建筑业完成的建筑业总产值情况如图 2-18 所示。

土木工程建筑业完成的建筑业总产值占建筑业总产值的比重超过 40% 的有青海、天津、黑龙江、山西、陕西、西藏、宁夏 7 个地区，低于 20% 的有江苏、

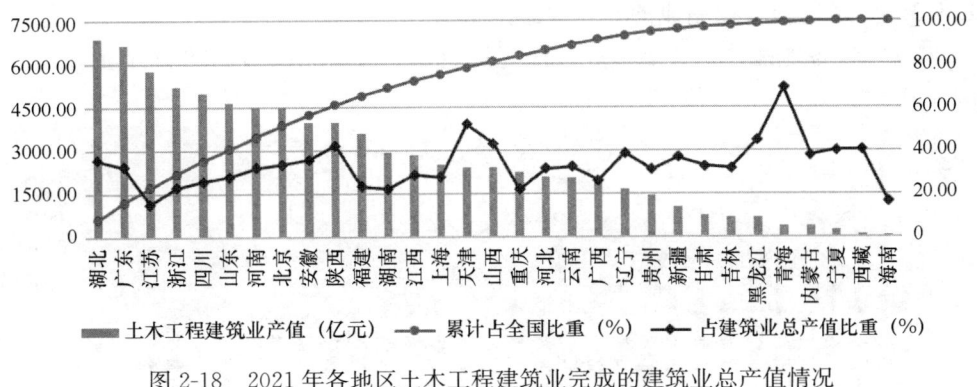

图 2-18 2021 年各地区土木工程建筑业完成的建筑业总产值情况
资料来源：国家统计局《国家数据》《2022 中国统计年鉴》

海南 2 个地区。

湖北、广东、江苏、浙江、四川土木工程建筑业完成的建筑业总产值居全国前五位，分别为 6869.71 亿元、6657.45 亿元、5776.21 亿元、5223.53 亿元、4980.17 亿元，土木工程建筑业完成的建筑业总产值占全国的比重分别为 8.22%、7.96%、6.91%、6.25%、5.96%；海南、西藏、宁夏、内蒙古、青海土木工程建筑业完成的建筑业总产值居全国后五位，分别为 62.73 亿元、112.47 亿元、253.53 亿元、388.94 亿元、393.77 亿元，土木工程建筑业完成的建筑业总产值占全国的比重分别为 0.08%、0.13%、0.30%、0.47%、0.47%。

与 2020 年相比，26 个地区土木工程建筑业完成的建筑业总产值增加。5 个地区土木工程建筑业完成的建筑业总产值减少（参见图 2-19）。增长率居全国前五位的是黑龙江、广西、四川、湖北、安徽，分别增长了 26.20%、25.24%、23.10%、19.49%、18.72%；增长率居全国后五位的是内蒙古、云南、西藏、海南、宁夏，分别降低了 9.83%、6.45%、5.59%、3.42%、1.31%。

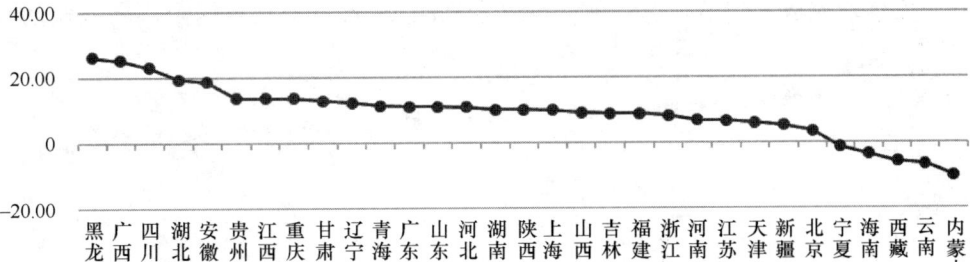

图 2-19 2021 年各地区土木工程建筑业完成的建筑业总产值的增长情况（%）
资料来源：国家统计局《国家数据》《2022 中国统计年鉴》

### 2.3.3.3 建筑安装业完成的建筑业总产值

2021年各地区建筑安装业完成的建筑业总产值情况如图2-20所示。

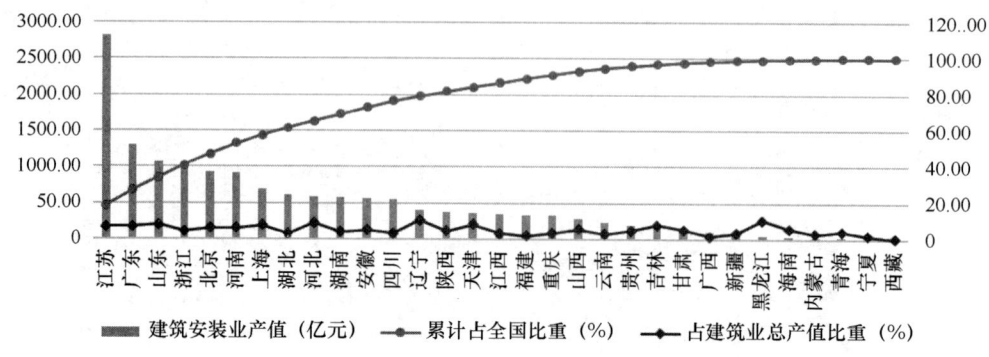

图2-20　2021年各地区建筑安装业完成的建筑业总产值情况
资料来源：国家统计局《国家数据》《2022中国统计年鉴》

建筑安装业完成的建筑业总产值占建筑业总产值的比重超过7%的仍然是黑龙江、辽宁、河北、天津、吉林、山东、上海、江苏、广东9个地区，低于2%的仍然是西藏、广西、宁夏3个地区。

江苏、广东、山东、浙江、北京建筑安装业完成的建筑业总产值居全国前五位，分别为2809.10亿元、1305.49亿元、1067.48亿元、1047.32亿元、930.80亿元，建筑安装业完成的建筑业总产值占全国的比重分别为18.46%、8.58%、7.01%、6.88%、6.12%；西藏、宁夏、青海、内蒙古、海南建筑安装业完成的建筑业总产值居全国后五位，分别为1.35亿元、11.75亿元、31.52亿元、32.24亿元、34.66元，建筑安装业完成的建筑业总产值占全国的比重分别为0.01%、0.08%、0.21%、0.21%、0.23%。

与2020年相比，23个地区建筑安装业完成的建筑业总产值增加，8个地区建筑安装业完成的建筑业总产值减少（参见图2-21）。增长率居全国前五位的是

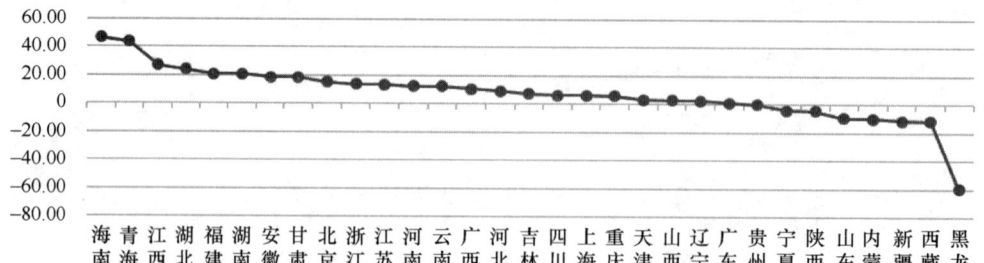

图2-21　2021年各地区建筑安装业完成的建筑业总产值的增长情况（%）
资料来源：国家统计局《国家数据》《2022中国统计年鉴》

海南、青海、江西、湖北、福建,分别增长了 46.63%、43.52%、26.76%、23.97%、20.68%;增长率居全国后五位的是黑龙江、西藏、新疆、内蒙古、山东,分别下降了 59.75%、11.83%、9.81%、9.56%、4.34%。

#### 2.3.3.4　建筑装饰、装修和其他建筑业完成的建筑业总产值

2021 年各地区建筑装饰、装修和其他建筑业完成的建筑业总产值情况如图 2-22 所示。

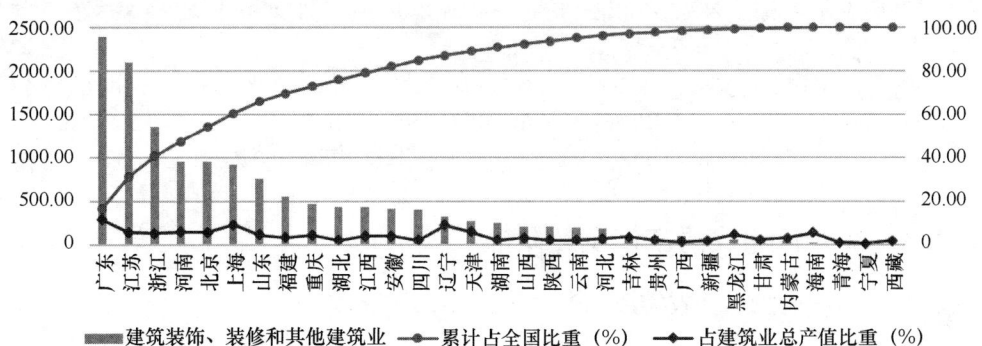

图 2-22　2021 年各地区建筑装饰、装修和其他建筑业完成的建筑业总产值情况

资料来源:国家统计局《国家数据》《2022 中国统计年鉴》

建筑装饰、装修和其他建筑业完成的建筑业总产值占建筑业总产值的比重超过 5% 的有广东、上海、辽宁、天津、河南、北京、江苏、海南 8 个地区,低于 2% 的有宁夏、青海、广西、西藏、新疆 5 个地区。

广东、江苏、浙江、河南、北京建筑装饰、装修和其他建筑业完成的建筑业总产值居全国前五位,分别为 2385.03 亿元、2093.20 亿元、1362.21 亿元、957.27 亿元、950.88 亿元,建筑装饰、装修和其他建筑业完成的建筑业总产值占全国的比重分别为 16.65%、14.61%、9.51%、6.68%、6.64%;西藏、宁夏、青海、海南、内蒙古建筑装饰、装修和其他建筑业完成的建筑业总产值居全国后五位,分别为 3.13 亿元、5.15 亿元、6.59 亿元、26.58 亿元、43.91 亿元,建筑装饰、装修和其他建筑业完成的建筑业总产值占全国的比重分别为 0.02%、0.04%、0.05%、0.19%、0.31%。

与 2020 年相比,28 个地区建筑装饰、装修和其他建筑业完成的建筑业总产值增加,3 个地区建筑装饰、装修和其他建筑业完成的建筑业总产值减少(参见图 2-23)。增长率居全国前五位的是吉林、广西、云南、青海、宁夏,分别增长了 43.01%、40.41%、38.67%、28.92%、28.86%;增长率位居全国后五位的是西藏、黑龙江、辽宁、江苏、天津,西藏、黑龙江、辽宁分别下降了 44.28%、6.58%、5.60%,江苏、天津分别增长了 1.29%、2.12%。

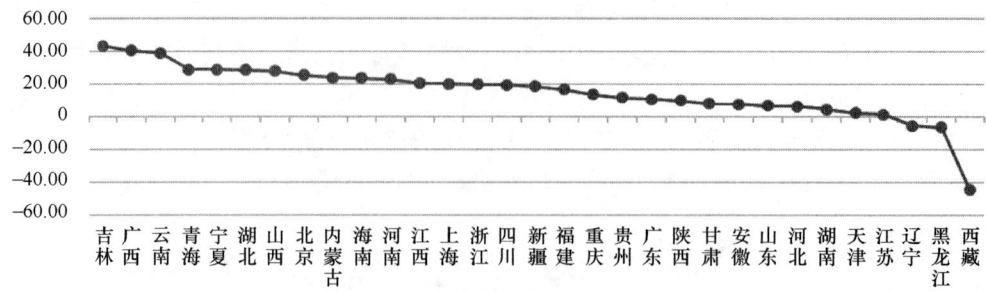

图 2-23　2021 年各地区建筑装饰、装修和其他建筑业完成的
建筑业总产值的增长情况（％）

资料来源：国家统计局《国家数据》《2022 中国统计年鉴》

## 2.3.4　在外省完成的产值及外向度

2021 年各地区在外省完成的产值如图 2-24 所示。

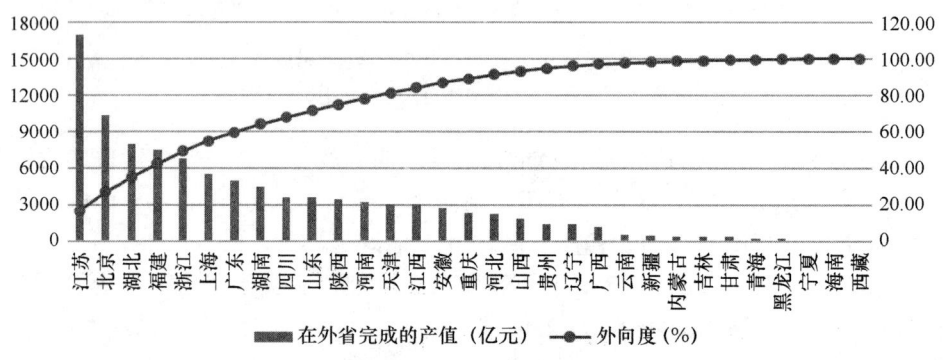

图 2-24　2021 年各地区在外省完成的产值情况

资料来源：国家统计局《国家数据》

江苏、北京、湖北、福建、浙江在外省完成的产值居全国前五位，分别为 16959.22 亿元、10369.92 亿元、7992.96 亿元、7476.32 亿元、6783.4 亿元，在外省完成产值占全国的比重分别为 16.84％、10.30％、7.94％、7.42％、6.74％；西藏、海南、宁夏、黑龙江、青海在外省完成的产值居全国后五位，分别为 12.63 亿元、27.90 亿元、94.27 亿元、261.26 亿元、262.59 亿元，在外省完成的总产值占全国的比重分别为 0.01％、0.03％、0.09％、0.26％、0.25％。

2021 年各地区建筑业的外向度（在外省完成的产值与建筑业总产值之比）如图 2-25 所示。北京、天津、上海、福建、青海的外向度居全国前五位，分别为 74.14％、66.00％、59.62％、47.29％、44.71％；外向度居全国后五位的仍

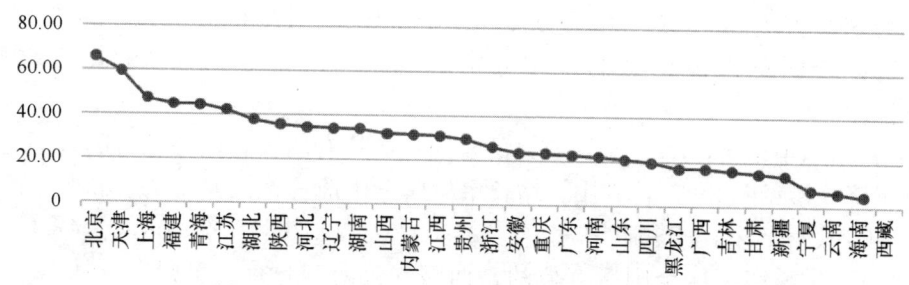

图 2-25　2021 年各地区建筑业的外向度情况（%）
资料来源：国家统计局《国家数据》

然是西藏、海南、云南、宁夏、新疆，分别为 4.67%、6.24%、7.20%、13.83%、14.89%。

## 2.4　签订合同和承包工程完成情况

### 2.4.1　签订合同情况

#### 2.4.1.1　签订合同总额

2021 年各地区签订合同总额的情况如图 2-26 所示。

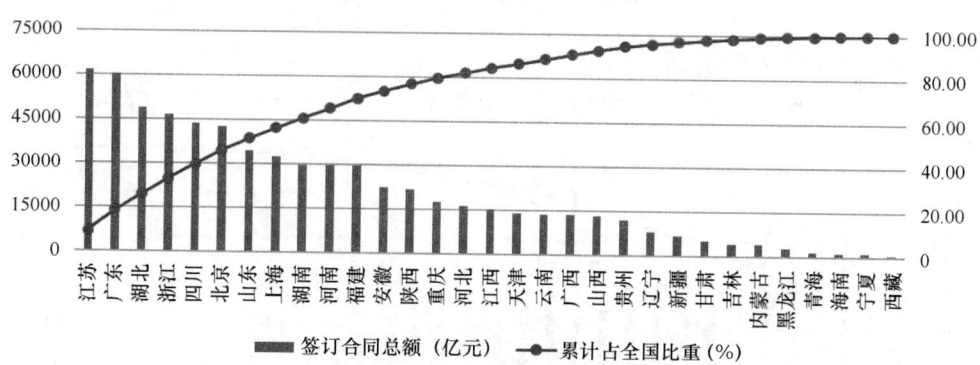

图 2-26　2021 年各地区签订合同总额情况
资料来源：国家统计局《国家数据》

江苏、广东、湖北、浙江、四川签订合同总额居全国前五位，分别为 61442.95 亿元、60265.35 亿元、48909.09 亿元、46613.51 亿元、43506.36 亿元，签订合同总额占全国的比重分别为 9.35%、9.17%、7.45%、7.10%、6.62%；签订合同总额居全国后五位仍然是西藏、宁夏、海南、青海、黑龙江，

37

分别为 552.67 亿元、1200.08 亿元、1203.64 亿元、1783.66 亿元、2983.95 亿元，签订合同总额占全国的比重分别为 0.08%、0.18%、0.18%、0.27%、0.45%。

与 2020 年相比，30 个地区签订的合同总额均有增长，西藏签订的合同总额出现下降（参见图 2-27），其中，增长率位居全国前五位的是青海、新疆、内蒙古、四川、山东，分别增长了 24.09%、20.76%、20.08%、18.65%、18.32%；增长率位居全国后五位的是西藏、云南、北京、贵州、吉林，其中，西藏下降了 15.26%，云南、北京、贵州、吉林分别增长了 0.79%、2.24%、2.40%、3.80%。

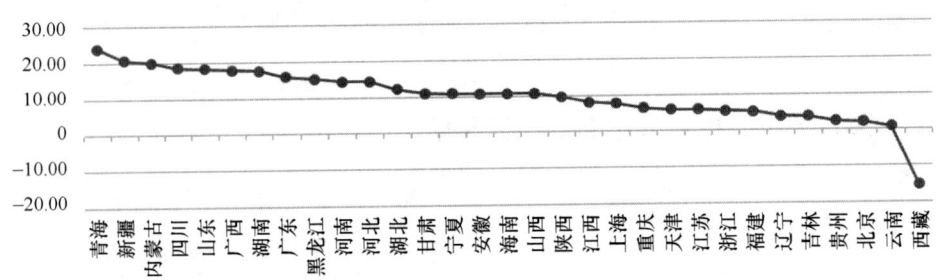

图 2-27　2021 年各地区签订合同总额的增长情况（%）

资料来源：国家统计局《国家数据》

### 2.4.1.2　本年新签合同额

2021 年各地区本年新签合同额的情况如图 2-28 所示。

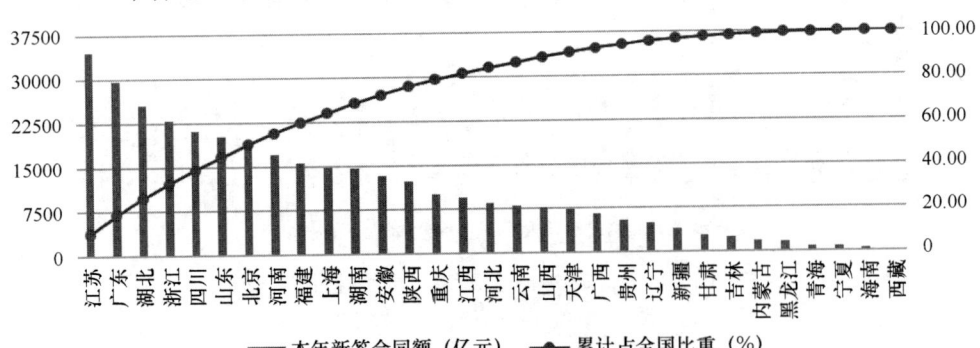

图 2-28　2021 年各地区本年新签合同额情况

资料来源：国家统计局《国家数据》

江苏、广东、湖北、浙江、四川本年新签合同额居全国前五位，分别为 34608.65 亿元、29647.62 亿元、25521.32 亿元、22913.44 亿元、21216.56 亿元，本年新签合同额占全国的比重分别为 10.04%、8.60%、7.41%、6.65%、6.16%；西藏、海南、宁夏、青海、黑龙江本年新签合同额居全国后五位，分别为 243.65 亿元、509.62 亿元、802.10 亿元、830.71 亿元、1580.77 亿元，本年新签合同额占全国的比重分别为 0.07%、0.15%、0.23%、0.24%、0.46%。

与 2020 年相比，23 个地区本年新签合同额有所增长，8 个地区出现下降（参见图 2-29）。增长率位居全国前五位的是青海、湖北、广东、天津、山东，分别增长了 28.72%、15.71%、15.36%、13.41%、12.79%；增长率位居全国后五位的是西藏、内蒙古、贵州、海南、吉林，分别下降了 27.36%、5.74%、4.88%、4.13%、3.99%。

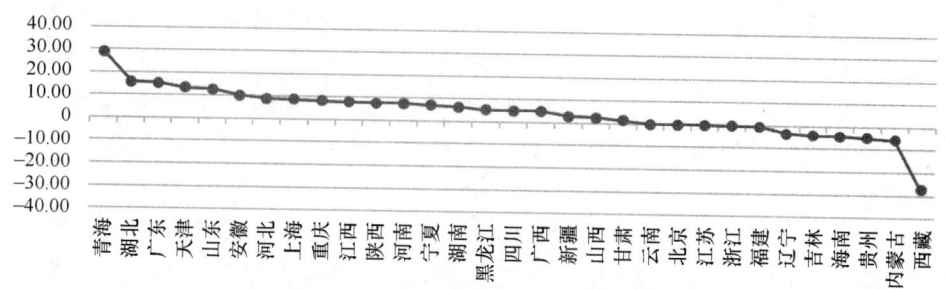

图 2-29　2021 年各地区本年新签合同额的增长情况（%）

资料来源：国家统计局《国家数据》

## 2.4.2　承包工程完成情况

### 2.4.2.1　直接从建设单位承揽工程完成的产值

2021 年各地区直接从建设单位承揽工程完成的产值情况如图 2-30 所示。

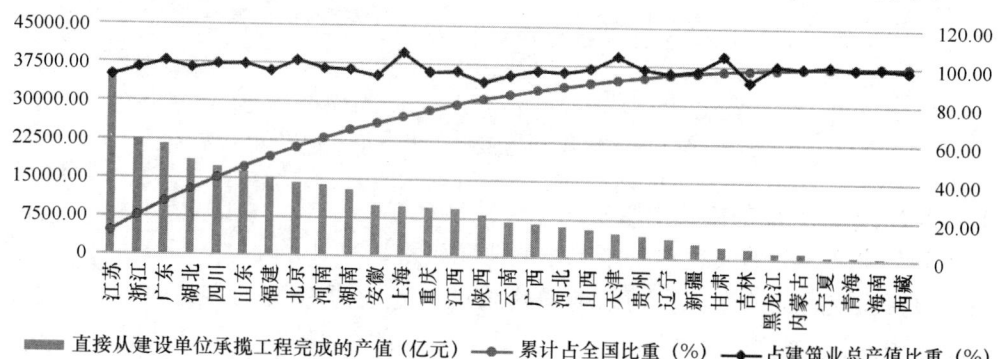

图 2-30　2021 年各地区直接从建设单位承揽工程完成的产值情况

资料来源：国家统计局《国家数据》《2022 中国统计年鉴》

直接从建设单位承揽工程完成的产值占建筑业总产值的比重超过100%的有上海、甘肃、天津、北京、广东、黑龙江、宁夏7个地区，低于95%的有陕西、吉林、江苏、安徽、云南5个地区。

直接从建设单位承揽工程完成的产值居全国前五位的仍然是江苏、浙江、广东、湖北、四川，分别为35766.20亿元、22473.68亿元、21565.38亿元、18546.02亿元、17253.02亿元，直接从建设单位承揽工程完成的产值占全国的比重分别为12.74%、7.86%、7.54%、6.49%、6.03%；直接从建设单位承揽工程完成的产值居全国后五位的仍然是西藏、海南、青海、宁夏、内蒙古，分别为266.31亿元、445.16亿元、581.07亿元、696.58亿元、1272.22亿元，直接从建设单位承揽工程完成的产值占全国的比重分别为0.09%、0.16%、0.20%、0.24%、0.44%。

与2020年相比，30个地区直接从建设单位承揽工程完成的产值增加，1个地区直接从建设单位承揽工程完成的产值减少（参见图2-31）。增长率居全国前五位的是青海、甘肃、湖北、广西、新疆，分别增长了27.46%、16.18%、15.91%、14.43%、14.43%；增长率居全国后五位的是西藏、陕西、吉林、北京、宁夏，其中，西藏下降了9.03%，陕西、吉林、北京、宁夏分别增长了1.47%、5.56%、6.06%、6.09%。

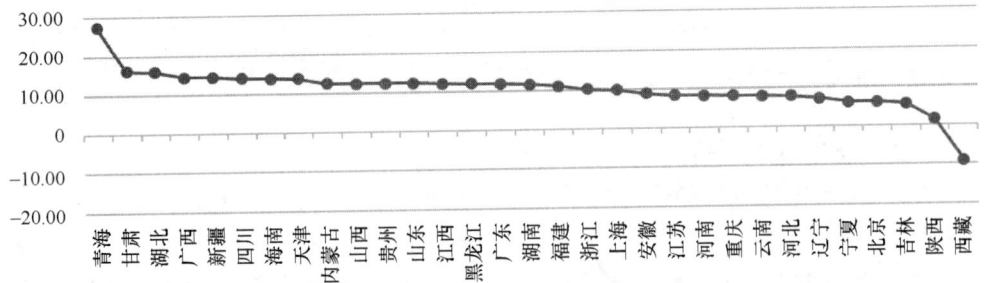

图2-31　2021年各地区直接从建设单位承揽工程完成的产值增长情况（%）
资料来源：国家统计局《国家数据》《2022中国统计年鉴》

#### 2.4.2.2　自行完成的施工产值

2021年各地区自行完成的施工产值情况如图2-32所示。

自行完成的施工产值占建筑业总产值的比重超过98%的有内蒙古、甘肃、宁夏、黑龙江、海南、贵州6个地区，低于90%的有北京、上海、陕西、天津4个地区。

自行完成的施工产值居全国前五位的仍然是江苏、浙江、广东、湖北、四川，分别为35567.67亿元、21890.07亿元、19467.23亿元、18377.12亿元、

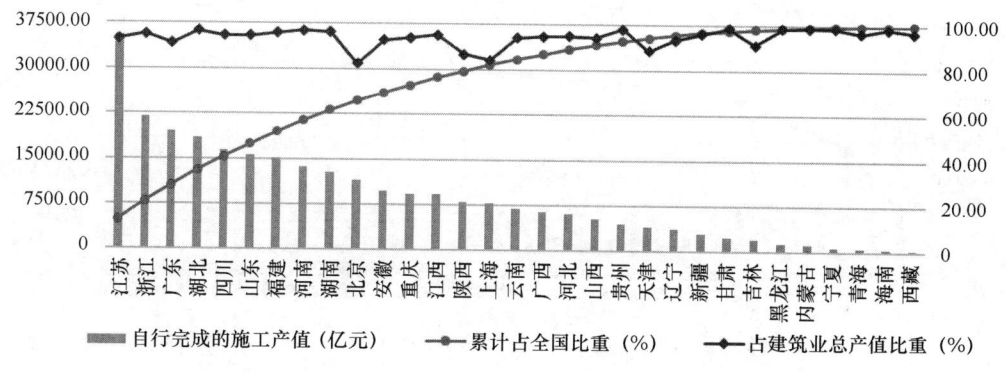

图 2-32　2021 年各地区自行完成的施工产值情况
资料来源：国家统计局《国家数据》《2022 中国统计年鉴》

16412.58 亿元，自行完成的施工产值占全国的比重分别为 13.00%、8.00%、7.11%、6.72%、6.00%；自行完成的施工产值居全国后五位的仍然是西藏、海南、青海、宁夏、内蒙古，分别为 262.38 亿元、440.86 亿元、568.31 亿元、672.52 亿元、1267.12 亿元，自行完成的施工产值占全国的比重分别为 0.10%、0.16%、0.21%、0.25%、0.46%。

与 2020 年相比，30 个地区自行完成的施工产值增加，1 个地区自行完成的施工产值减少（参见图 2-33）。增长率居全国前五位的是青海、湖北、海南、新疆、内蒙古，分别增长了 27.01%、15.51%、13.47%、13.20%、12.73%；增长率居全国后五位的是西藏、天津、陕西、宁夏、吉林，其中，西藏下降了 8.73%，天津、陕西、宁夏、吉林分别增长了 2.52%、2.87%、5.71%、5.85%。

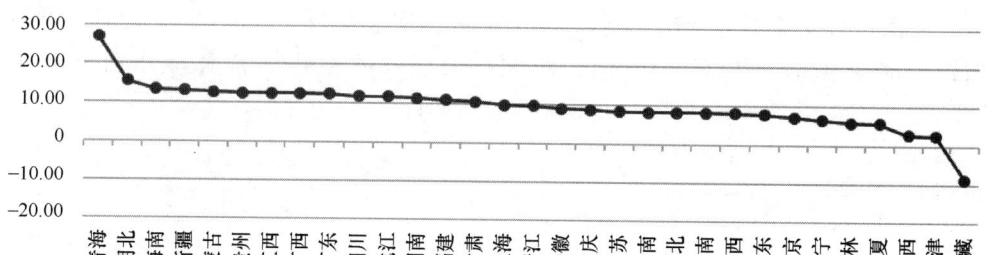

图 2-33　2021 年各地区自行完成的施工产值增长情况（%）
资料来源：国家统计局《国家数据》《2022 中国统计年鉴》

### 2.4.2.3　分包出去工程的产值

2021 年各地区分包出去工程的产值情况如图 2-34 所示。

分包出去工程的产值占建筑业总产值的比重超过 10% 的有上海、北京、天

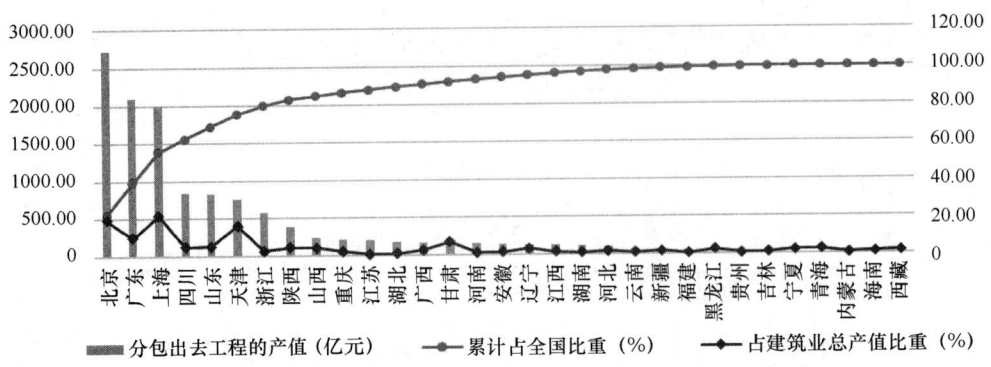

图 2-34　2021年各地区分包出去工程的产值情况
资料来源：国家统计局《国家数据》《2022中国统计年鉴》

津3个地区，低于1%的有福建、内蒙古、贵州、江苏、云南、湖南、吉林、湖北、海南9个地区。

北京、广东、上海、四川、山东分包出去工程的产值居全国前五位，分别为2728.46亿元、2098.15亿元、1999.82亿元、840.44亿元、936.78亿元，分包出去工程的产值占全国的比重分别为22.10%、17.00%、16.20%、6.81%、6.78%；西藏、海南、内蒙古、青海、宁夏分包出去工程的产值居全国后五位，分别为3.94亿元、4.30亿元5.10亿元、12.76亿元、14.06亿元，分包出去工程的产值占全国的比重分别为0.03%、0.03%、0.04%、0.10%、0.11%。

与2020年相比，20个地区分包出去工程的产值增加，11个地区分包出去工程的产值减少（参见图2-35）。增长率居全国前五位的是山西、山东、新疆、甘肃、广西，分别增长了873.80%、395.94%、317.28%、305.42%、251.53%；增长率居全国后五位的是云南、西藏、陕西、内蒙古、吉林，分别下降了27.09%、25.32%、20.63%、20.44%、18.61%。

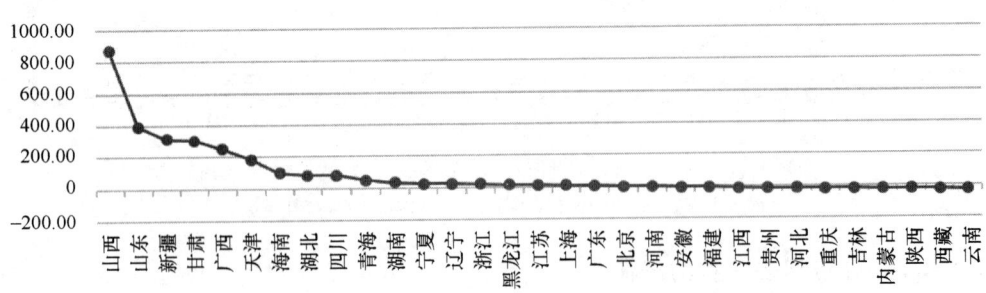

图 2-35　2021年各地区分包出去工程的产值增长情况（%）
资料来源：国家统计局《国家数据》《2022中国统计年鉴》

#### 2.4.2.4 从建设单位以外承揽工程完成的产值

2021年各地区从建设单位以外承揽工程完成的产值情况如图2-36所示。

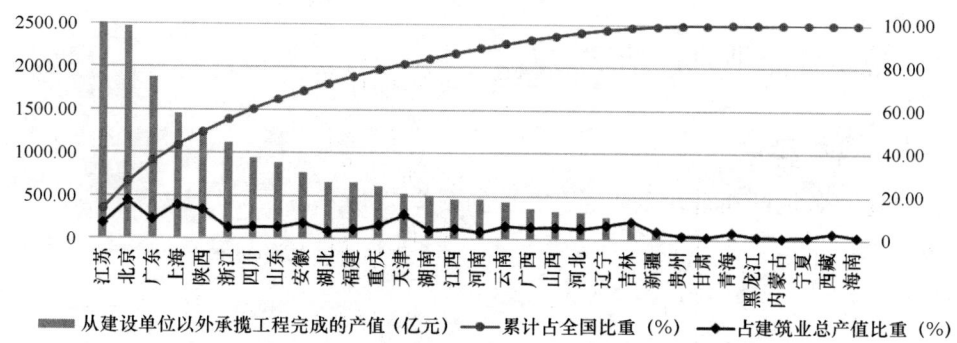

图2-36　2021年各地区从建设单位以外承揽工程完成的产值情况
资料来源：国家统计局《国家数据》《2022中国统计年鉴》

从建设单位以外承揽工程完成的产值占建筑业总产值的比重超过10%的有北京、上海、陕西、天津4个地区，低于2%的有内蒙古、甘肃、黑龙江、宁夏、海南、贵州6个地区。

江苏、北京、广东、上海、陕西从建设单位以外承揽工程完成的产值居全国前五位，分别为2676.82亿元、2466.01亿元、1878.89亿元、1449.60亿元、1219.02亿元，从建设单位以外承揽工程完成的产值占全国的比重分别为13.75%、12.67%、9.65%、7.45%、6.26%；海南、西藏、宁夏、内蒙古、黑龙江从建设单位以外承揽工程完成的产值居全国后五位，分别为6.23亿元、8.35亿元、9.08亿元、12.26亿元、17.87亿元，从建设单位以外承揽工程完成的产值占全国的比重分别为0.03%、0.04%、0.05%、0.06%、0.09%。

与2020年相比，26个地区从建设单位以外承揽工程完成的产值增加，5个地区从建设单位以外承揽工程完成的产值减少（参见图2-37）。增长率居全国前五位的是新疆、吉林、湖北、海南、安徽，分别增长了221.91%、191.49%、

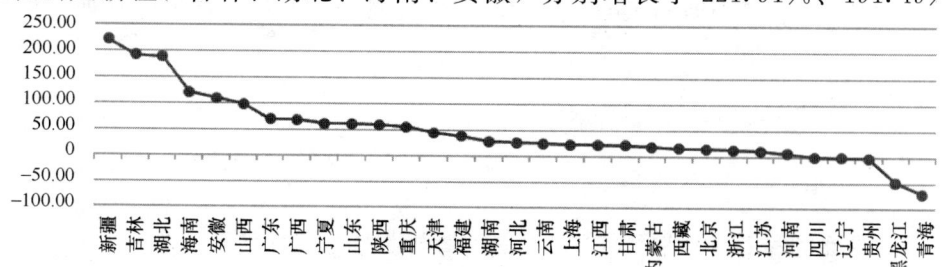

图2-37　2021年各地区从建设单位以外承揽工程完成的产值增长情况（%）
资料来源：国家统计局《国家数据》《2022中国统计年鉴》

188.45%、120.27%、109.44%；增长率居全国后五位的是青海、黑龙江、贵州、辽宁、四川，分别下降了 70.65%、48.72%、2.51%、1.00%、0.59%。

## 2.5 建筑业企业资产情况

### 2.5.1 资产总计

2021 年各地区建筑业企业资产总计如图 2-38 所示。

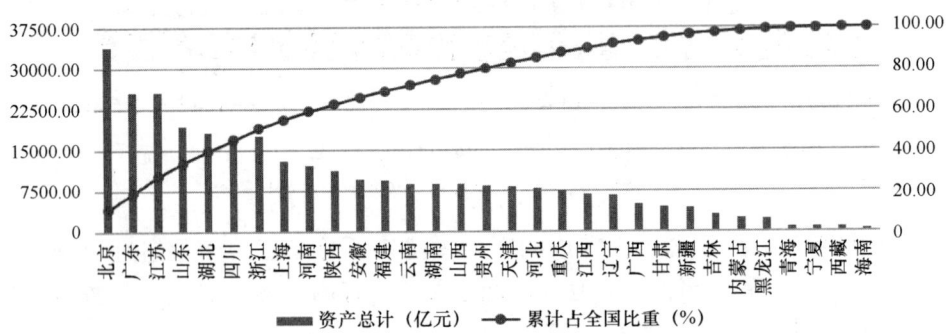

图 2-38　2021 年各地区建筑业企业资产总计情况
资料来源：国家统计局《国家数据》《2022 中国统计年鉴》

北京、广东、江苏、山东、湖北建筑业企业的资产总计居全国前五位，分别为 33882.04 亿元、25660.77 亿元、25627.11 亿元、19328.13 亿元、18299.81 亿元，资产总计占全国的比重分别为 10.88%、8.24%、8.23%、6.21%、5.88%；海南、西藏、宁夏、青海、黑龙江的资产总计居全国后五位，分别为 597.14 亿元、796.91 亿元、839.89 亿元、865.95 亿元、2290.88 亿元，资产总计占全国的比重分别为 0.19%、0.26%、0.27%、0.28%、0.74%。

与 2020 年相比，29 个地区资产总计增加，2 个地区资产总计减少（参见图 2-39）。增长率居全国前五位的是广西、海南、甘肃、四川、福建，分别增长了

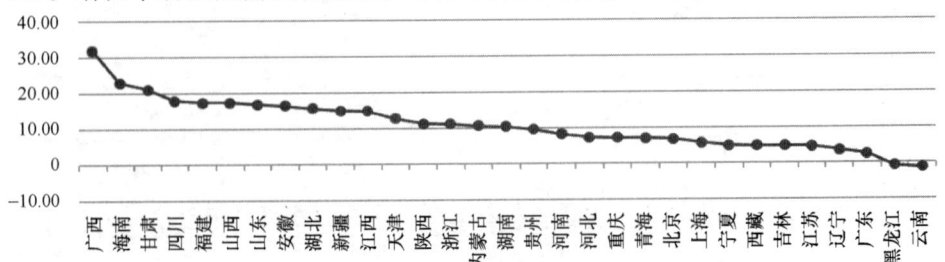

图 2-39　2021 年各地区资产总计的增长情况（%）
资料来源：国家统计局《国家数据》《2022 中国统计年鉴》

31.94%、23.00%、21.14%、17.85%、17.40%；增长率居全国后五位的是云南、黑龙江、广东、辽宁、江苏，云南、黑龙江分别下降了1.26%、0.75%，广东、辽宁、江苏分别增长了2.56%、3.53%、4.66%。

### 2.5.2 资产的构成

#### 2.5.2.1 流动资产

2021年各地区建筑业企业流动资产情况如图2-40所示。

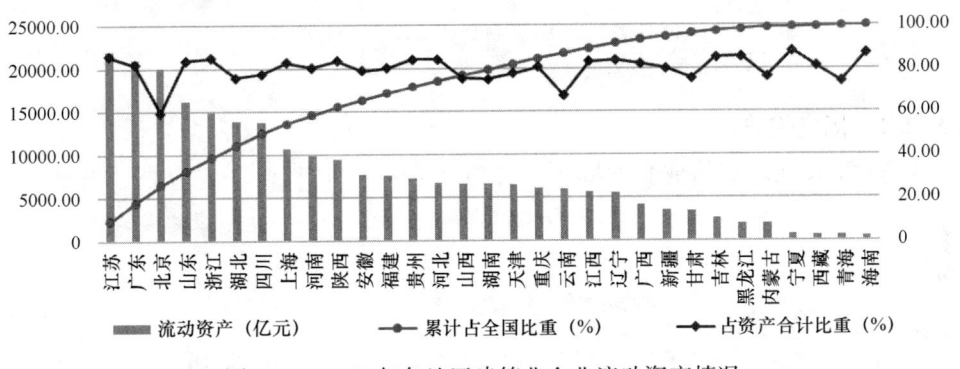

图2-40 2021年各地区建筑业企业流动资产情况
资料来源：国家统计局《国家数据》《2022中国统计年鉴》

流动资产占资产合计的比重超过85%的有宁夏、海南、江苏、黑龙江、吉林5个地区，低于75%的有北京、云南、青海3个地区。

建筑业企业流动资产居全国前五位的仍然是江苏、广东、北京、山东、浙江，分别为21989.00亿元、21029.55亿元、20103.04亿元、16206.48亿元、14930.53亿元，流动资产占全国的比重分别为9.00%、8.60%、8.22%、6.63%、6.11%；建筑业企业流动资产居全国后五位的仍然是海南、青海、西藏、宁夏、内蒙古，分别为520.67亿元、639.46亿元、646.90亿元、739.79亿元、1930.62亿元，流动资产占全国的比重分别为0.21%、0.26%、0.26%、0.30%、0.79%。

与2020年相比，30个地区建筑业企业流动资产增加，1个地区建筑业企业流动资产减少（参见图2-41）。增长率居全国前五位的是广西、海南、甘肃、四川、山东，分别增长了26.57%、23.56%、20.35%、19.95%、17.86%；增长率居全国后五位的是黑龙江、云南、广东、北京、辽宁，其中，黑龙江下降了0.31%，云南、广东、北京、辽宁分别增长了3.14%、3.74%、3.80%、4.36%。

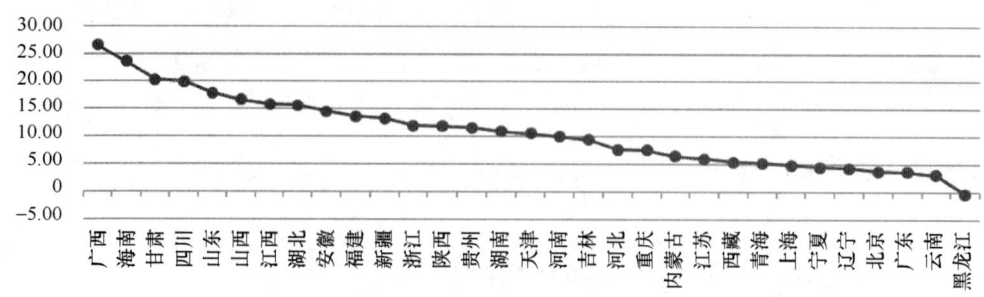

图 2-41　2021 年各地区建筑业企业流动资产的增长情况（%）
资料来源：国家统计局《国家数据》《2022 中国统计年鉴》

#### 2.5.2.2　固定资产

2021 年各地区建筑业企业固定资产情况如图 2-42 所示。

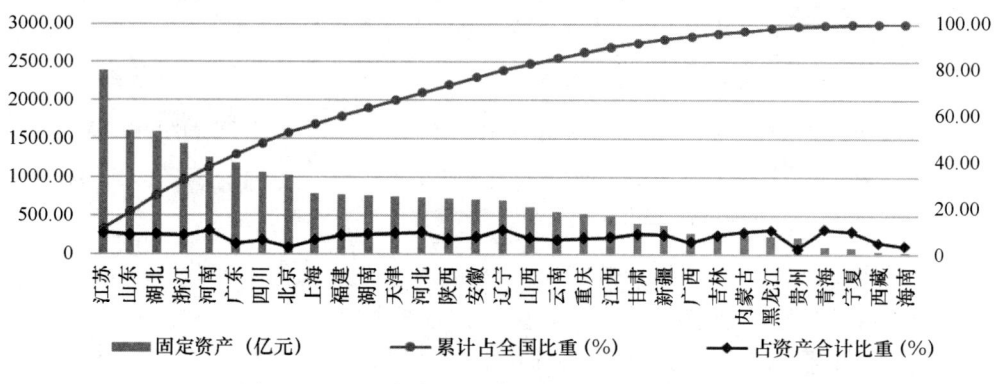

图 2-42　2021 年各地区建筑业企业固定资产情况
资料来源：国家统计局《国家数据》《2022 中国统计年鉴》

固定资产占资产合计的比重超过 10% 的有青海、辽宁、黑龙江、河南 4 个地区，低于 5% 的有贵州、北京、海南、广东 4 个地区。

建筑业企业固定资产居全国前五位的仍然是江苏、山东、湖北、浙江、河南，分别为 2387.27 亿元、1604.30 亿元、1589.97 亿元、1442.54 亿元、1261.68 亿元，固定资产占全国的比重分别为 10.88%、7.31%、7.25%、6.57%、5.75%；建筑业企业固定资产居全国后五位的仍然是海南、西藏、宁夏、青海、贵州，分别为 21.30 亿元、39.96 亿元、82.87 亿元、91.95 亿元、219.20 亿元，固定资产占全国的比重分别为 0.10%、0.18%、0.38%、0.42%、1.00%。

与 2020 年相比，23 个地区建筑业企业固定资产增加，8 个地区建筑业企业固定资产减少（参见图 2-43）。增长率居全国前五位的是天津、海南、甘肃、湖

第 2 章 各地区建筑业发展状况分析

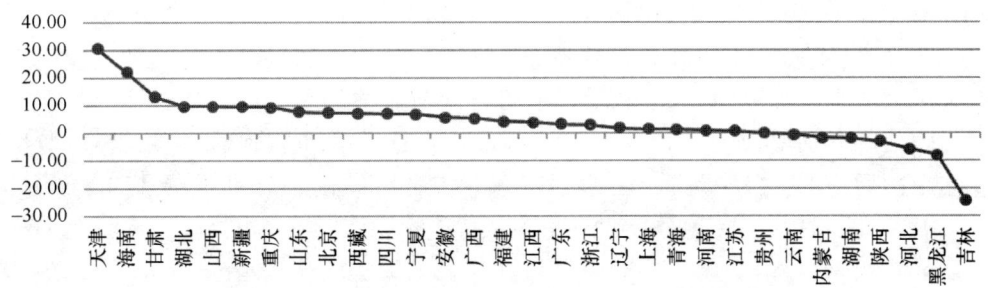

图 2-43 2021 年各地区建筑业企业固定资产增长情况（%）
资料来源：国家统计局《国家数据》《2022 中国统计年鉴》

北、山西，分别增长了 30.64%、22.06%、13.13%、9.65%、9.60%；增长率居全国后五位的是吉林、黑龙江、河北、陕西、湖南，分别下降了 24.69%、8.13%、5.88%、3.19%、2.07%。

**2.5.2.3 在建工程**

2021 年各地区建筑业企业在建工程情况如图 2-44 所示。

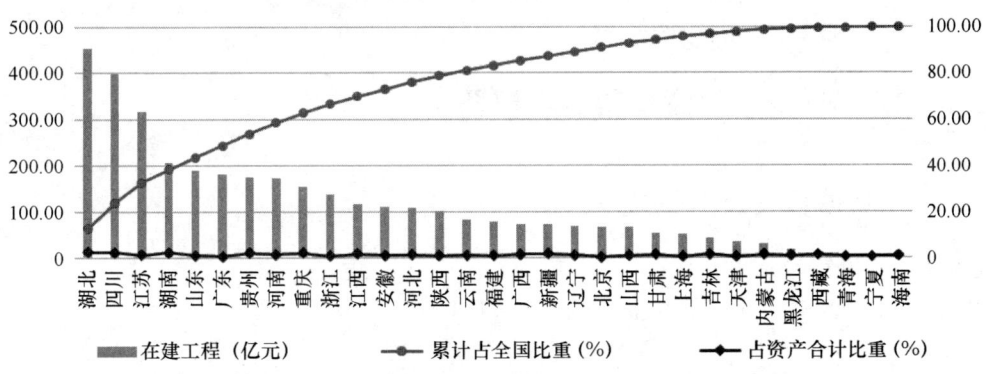

图 2-44 2021 年各地区建筑业企业在建工程情况
资料来源：国家统计局《国家数据》《2022 中国统计年鉴》

在建工程占资产合计的比重超过 2% 的有湖北、湖南、四川、重庆、贵州 5 个地区，低于 1% 的有北京、上海、天津、宁夏、青海、广东、海南、黑龙江、山西、浙江、福建、陕西、云南、山东 14 个地区。

湖北、四川、江苏、湖南、山东建筑业企业在建工程居全国前五位，分别为 454.45 亿元、398.58 亿元、315.62 亿元、207.25 亿元、189.10 亿元，在建工程占全国的比重分别为 12.68%、11.12%、8.81%、5.78%、5.28%；海南、宁夏、青海、西藏、黑龙江建筑业企业在建工程居全国后五位，分别为 4.34 亿元、5.32 亿元、5.82 亿元、10.27 亿元、16.94 亿元，在建工程占全国的比重分别为 0.12%、0.15%、0.16%、0.29%、0.47%。

与 2020 年相比，19 个地区建筑业企业在建工程增加，12 个地区建筑业企业在建工程减少（参见图 2-45）。增长率居全国前五位的是云南、辽宁、广西、宁夏、陕西，分别增长了 43.57%、39.13%、36.53%、35.09%、34.53%；增长率居全国后五位的是青海、山西、广东、吉林、湖南，分别下降了 42.69%、36.29%、28.71%、28.02%、20.98%。

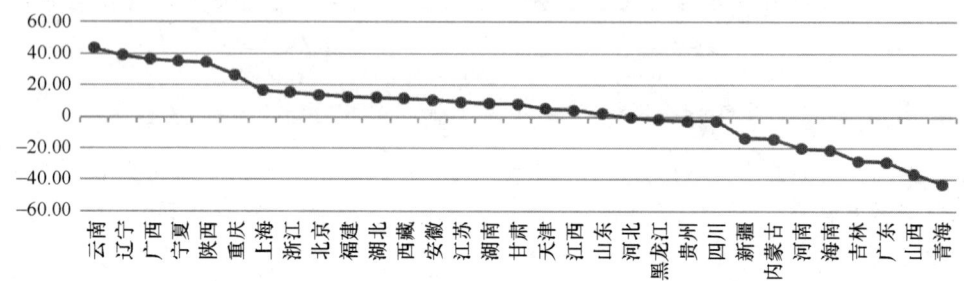

图 2-45　2021 年各地区建筑业企业在建工程增长情况（%）

资料来源：国家统计局《国家数据》《2022 中国统计年鉴》

## 2.6　建筑业企业负债及所有者权益

### 2.6.1　负债合计及其构成

#### 2.6.1.1　负债合计

2021 年各地区建筑业企业负债合计如图 2-46 所示。

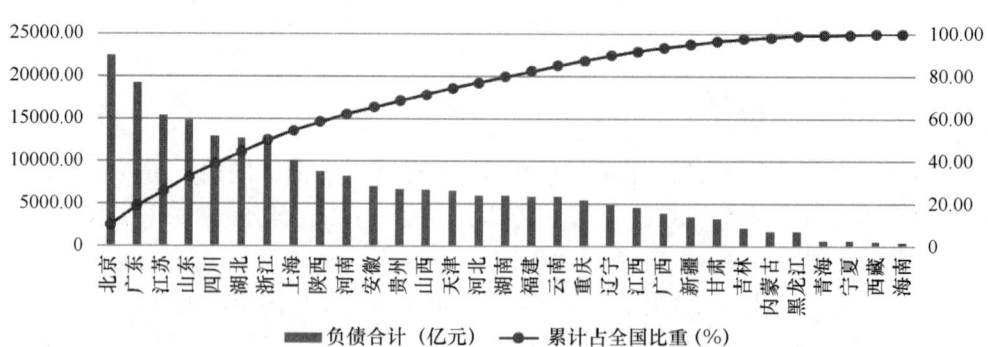

图 2-46　2021 年各地区建筑业企业负债合计情况

资料来源：国家统计局《国家数据》《2022 中国统计年鉴》

北京、广东、江苏、山东、四川的负债合计居全国前五位，分别为22501.98亿元、19255.32亿元、15375.48亿元、14826.43亿元、12928.52亿元，负债合计占全国的比重分别为10.19%、8.72%、6.96%、6.72%、5.86%；海南、西藏、宁夏、青海、黑龙江的负债合计居全国后五位，分别为398.57亿元、547.08亿元、599.76亿元、602.47亿元、1689.72亿元，负债合计占全国的比重分别为0.18%、0.25%、0.27%、0.27%、0.77%。

与2020年相比，所有地区负债合计均有增加（参见图2-47）。增长率居全国前五位的是海南、广西、甘肃、四川、安徽，分别增长了40.89%、35.70%、23.27%、20.99%、20.84%；增长率居全国后五位的是云南、广东、黑龙江、宁夏、辽宁，分别增长了0.98%、2.15%、4.33%、5.02%、5.12%。

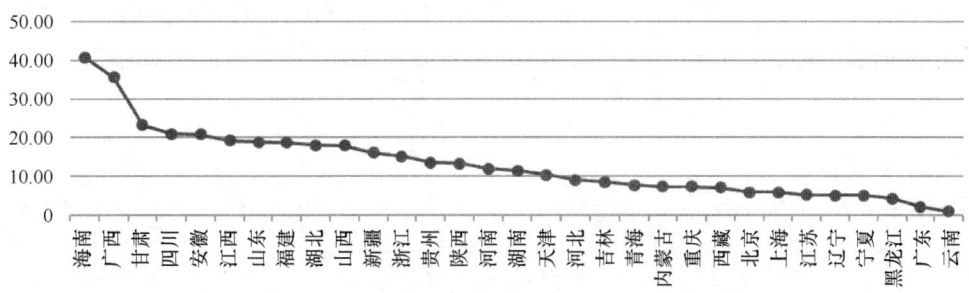

图2-47　2021年各地区建筑业企业负债合计增长情况（%）

资料来源：国家统计局《国家数据》《2022中国统计年鉴》

### 2.6.1.2　流动负债

2021年各地区建筑业企业流动负债情况如图2-48所示。

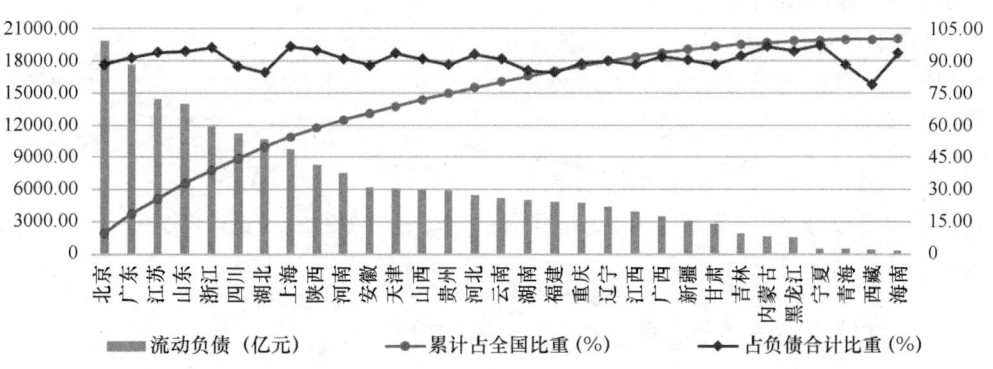

图2-48　2021年各地区建筑业企业流动负债情况

资料来源：国家统计局《国家数据》《2022中国统计年鉴》

流动负债占负债合计的比重超过95%的有宁夏、上海、内蒙古、浙江4个地区，低于85%的有西藏、湖北、福建3个地区。

建筑业企业流动负债居全国前五位的仍然是北京、广东、江苏、山东、浙江，分别为19823.27亿元、17586.26亿元、14402.95亿元、13966.65亿元、11885.63亿元，流动负债占全国的比重分别为9.91%、8.79%、7.20%、6.98%、5.94%；海南、西藏、青海、宁夏、黑龙江建筑业企业流动负债居全国后五位，分别为372.06亿元、431.66亿元、529.82亿元、582.63亿元、1593.68亿元，流动负债占全国的比重分别为0.19%、0.22%、0.26%、0.29%、0.80%。

与2020年相比，各个地区建筑业企业流动负债均有增加（参见图2-49）。增长率居全国前五位的是海南、广西、四川、甘肃、山东，分别增长了37.56%、36.03%、25.35%、21.60%、20.01%；增长率居全国后五位的是黑龙江、辽宁、广东、西藏、青海，分别增长了2.91%、3.63%、3.91%、4.46%、5.03%。

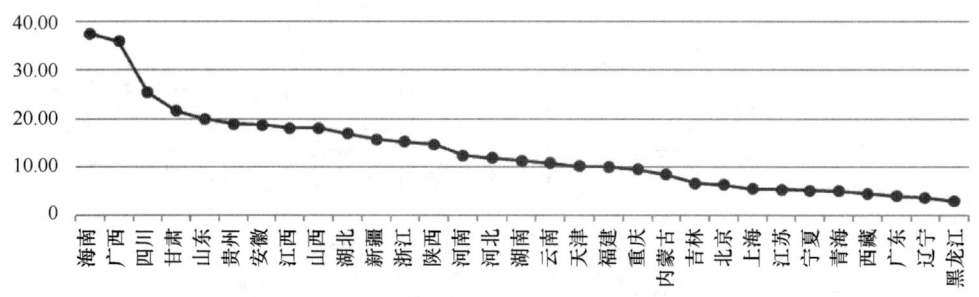

图2-49　2021年各地区建筑业企业流动负债增长情况（%）

资料来源：国家统计局《国家数据》《2022中国统计年鉴》

### 2.6.1.3　非流动负债

2021年各地区建筑业企业非流动负债情况如图2-50所示。

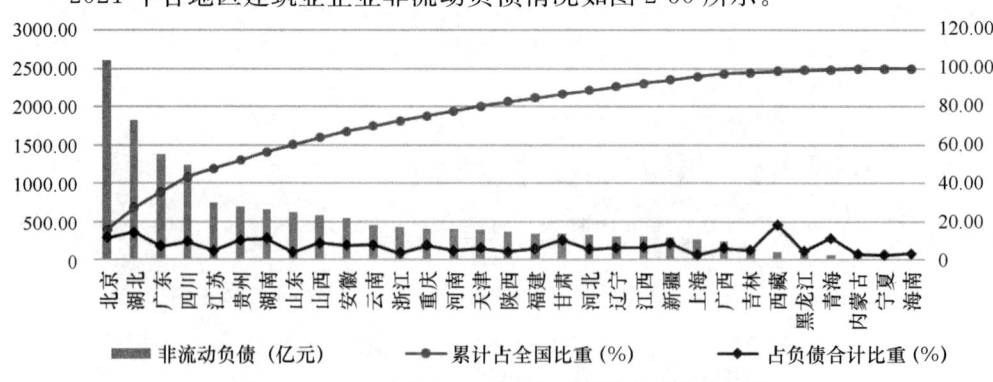

图2-50　2021年各地区建筑业企业非流动负债情况

资料来源：国家统计局《国家数据》《2022中国统计年鉴》

非流动负债占负债合计的比重超过 10% 的有西藏、湖北、北京、青海、湖南、甘肃、贵州 6 个地区，低于 5% 的有宁夏、上海、内蒙古、海南、浙江、山东、陕西、黑龙江、江苏、河南 10 个地区。

北京、湖北、广东、四川、江苏建筑业企业非流动负债居全国前五位，分别为 2611.84 亿元、1825.58 亿元、1379.24 亿元、1242.16 亿元、751.03 亿元，非流动负债占全国的比重分别为 16.03%、11.20%、8.46%、7.62%、4.61%；海南、宁夏、内蒙古、青海、黑龙江建筑业企业非流动负债居全国后五位，分别为 12.81 亿元、14.97 亿元、52.46 亿元、68.27 亿元、77.54 亿元，非流动负债占全国的比重分别为 0.08%、0.09%、0.32%、0.42%、0.48%。

与 2020 年相比，24 个地区建筑业企业非流动负债增加，7 个地区建筑业企业非流动负债减少（参见图 2-51）。增长率居全国前五位的是青海、甘肃、吉林、安徽、宁夏，分别增长了 48.36%、46.43%、44.37%、42.45%、39.65%；增长率居全国后五位的是云南、广东、内蒙古、河北、贵州，分别下降了 47.76%、20.60%、16.26%、10.05%、7.32%。

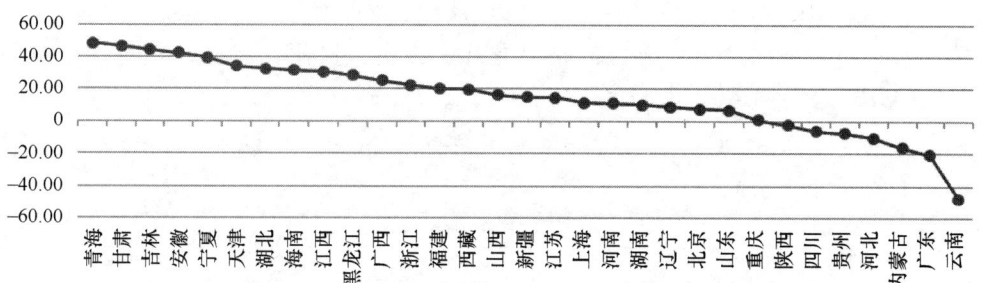

图 2-51　2021 年各地区建筑业企业非流动负债增长情况（%）
资料来源：国家统计局《国家数据》《2022 中国统计年鉴》

## 2.6.2　所有者权益与实收资本

### 2.6.2.1　所有者权益

2021 年各地区建筑业企业所有者权益情况如图 2-52 所示。

北京、江苏、广东、湖北、浙江建筑业企业所有者权益居全国前五位，分别为 11380.06 亿元、10251.62 亿元、6405.44 亿元、5596.12 亿元、5206.81 亿元，所有者权益占全国的比重分别为 12.57%、11.32%、7.08%、6.18%、5.75%；海南、宁夏、西藏、青海、黑龙江建筑业企业所有者权益居全国后五位，分别为 198.57 亿元、240.14 亿元、249.83 亿元、262.48 亿元、601.16 亿元，所有者权益占全国的比重分别为 0.22%、0.27%、0.28%、0.29%、

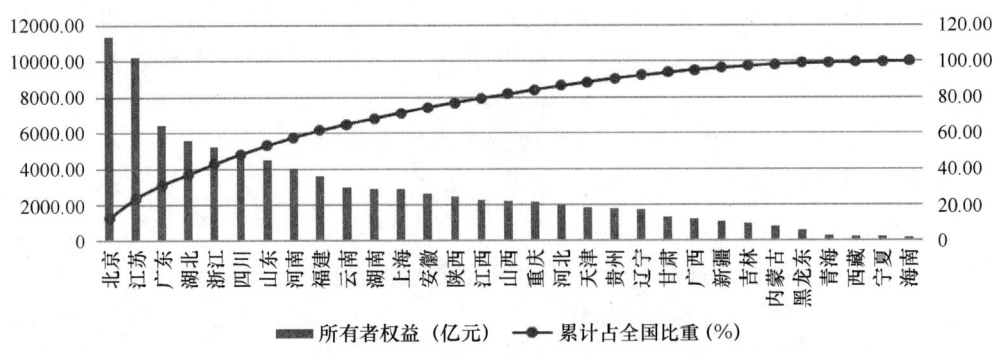

图 2-52　2021 年各地区建筑业企业所有者权益情况
资料来源：国家统计局《国家数据》《2022 中国统计年鉴》

0.66%。

与 2020 年相比，25 个地区建筑业企业所有者权益增加，6 个地区建筑业企业所有者权益减少（参见图 2-53）。增长率居全国前五位的是天津、广西、内蒙古、甘肃、山西，分别增长了 21.78%、21.05%、18.61%、16.19%、15.50%；增长率居全国后五位的是黑龙江、云南、贵州、吉林、海南，分别下降了 12.70%、5.31%、3.47%、2.71%、1.98%。

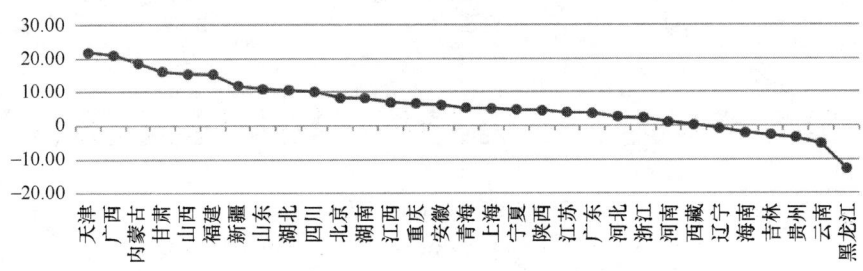

图 2-53　2021 年各地区建筑业企业所有者权益增长情况（%）
资料来源：国家统计局《国家数据》《2022 中国统计年鉴》

#### 2.6.2.2　实收资本

2021 年各地区建筑业企业实收资本情况如图 2-54 所示。

建筑业企业实收资本居全国前五位的仍然是江苏、北京、广东、浙江、四川，分别为 4054.64 亿元、3777.46 亿元、3133.72 亿元、2787.65 亿元、2775.24 亿元，实收资本占全国的比重分别为 9.09%、8.47%、7.03%、6.25%、6.22%；建筑业企业实收资本居全国后五位的仍然是西藏、海南、宁夏、青海、内蒙古，分别为 111.61 亿元、124.10 亿元、166.26 亿元、168.20 亿元、425.82 亿元，实收资本占全国的比重分别为 0.25%、0.28%、0.37%、

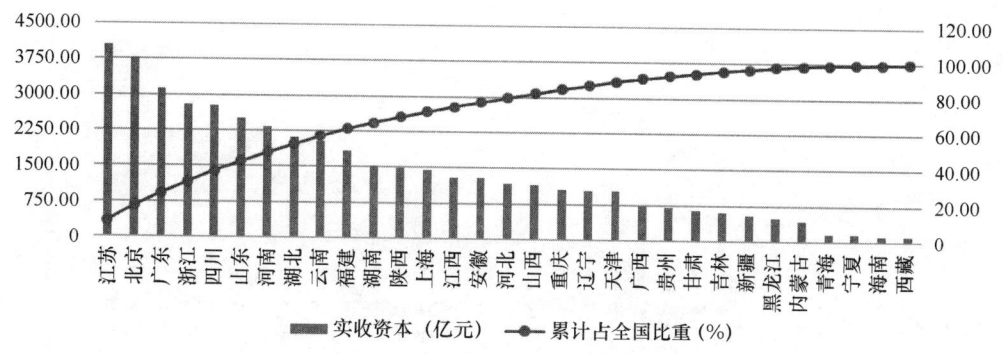

图 2-54 2021 年各地区建筑业企业实收资本情况
资料来源：国家统计局《国家数据》《2022 中国统计年鉴》

0.38%、0.95%。

与 2020 年相比，23 个地区建筑业企业实收资本增加，8 个地区建筑业企业实收资本减少（参见图 2-55）。增长率居全国前五位的是广西、西藏、甘肃、吉林、天津，分别增长了 18.90%、16.69%、14.85%、13.16%、11.51%；增长率居全国后五位的是河北、黑龙江、陕西、辽宁、广东，分别下降了 11.18%、5.57%、3.54%、3.33%、2.68%。

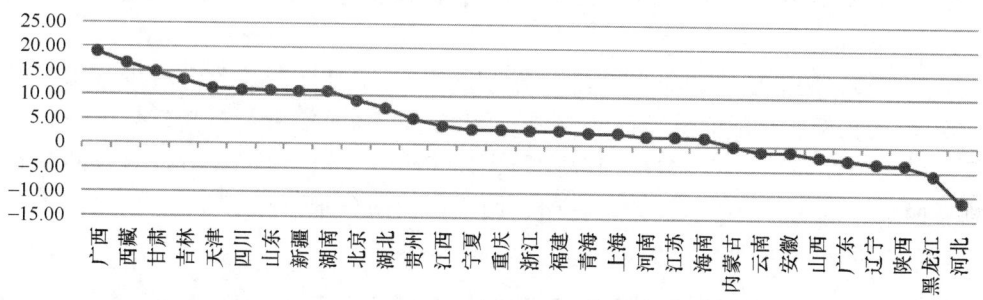

图 2-55 2021 年各地区建筑业企业实收资本增长情况（%）
资料来源：国家统计局《国家数据》《2022 中国统计年鉴》

## 2.7 建筑业企业收入

### 2.7.1 营业收入

2021 年各地区建筑业企业营业收入如图 2-56 所示。

建筑业企业营业收入居全国前五位的仍然是江苏、广东、浙江、北京、湖

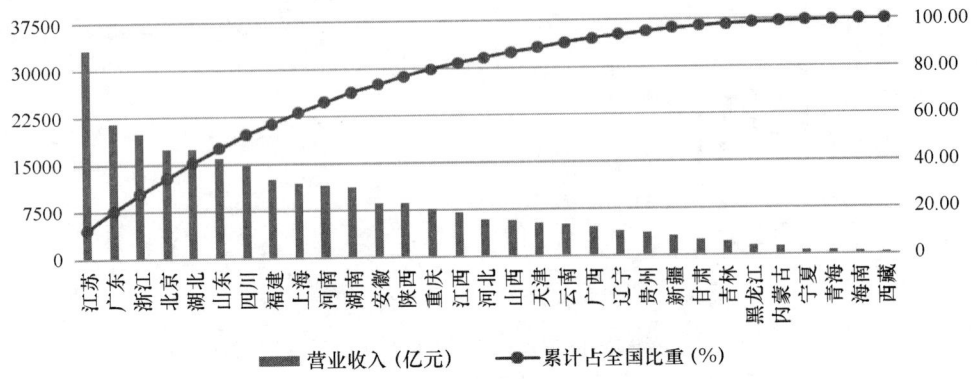

图 2-56 2021 年各地区建筑业企业营业收入情况
资料来源：国家统计局《国家数据》《2022 中国统计年鉴》

北，分别为 33319.03 亿元、21581.21 亿元、19871.61 亿元、17507.00 亿元、17435.76 亿元，营业收入占全国的比重分别为 12.44%、8.06%、7.42%、6.54%、6.51%；建筑业企业营业收入居全国后五位的仍然是西藏、海南、青海、宁夏、内蒙古，分别为 331.31 亿元、552.26 亿元、688.90 亿元、750.77 亿元、1434.38 亿元，营业收入占全国的比重分别为 0.12%、0.21%、0.26%、0.28%、0.54%。

与 2020 年相比，28 个地区营业收入增加，3 个地区营业收入减少（参见图 2-57）。增长率居全国前五位的是海南、湖北、广西、安徽、新疆，分别增长了 32.97%、17.79%、15.94%、15.32%、15.03%；增长率居全国后五位的是贵州、西藏、云南、河南、辽宁，贵州、西藏、云南分别下降了 9.33%、8.17%、7.11%，河南、辽宁分别增长了 2.37%、3.31%。

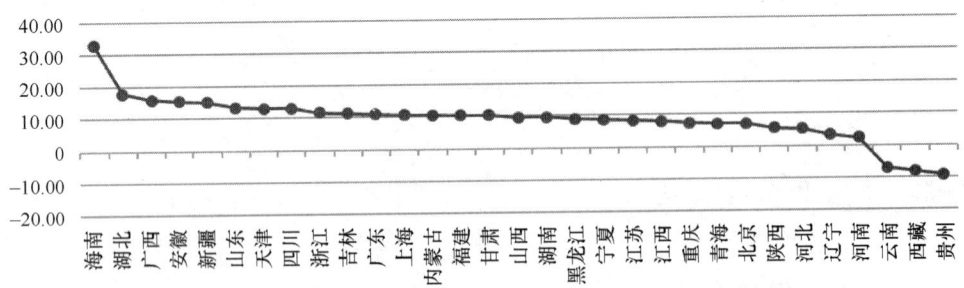

图 2-57 2021 年各地区建筑业企业营业收入的增长情况（%）
资料来源：国家统计局《国家数据》《2022 中国统计年鉴》

## 2.7.2 营业收入的构成

### 2.7.2.1 主营业务收入

2021年各地区建筑业企业主营业务收入情况如图2-58所示。

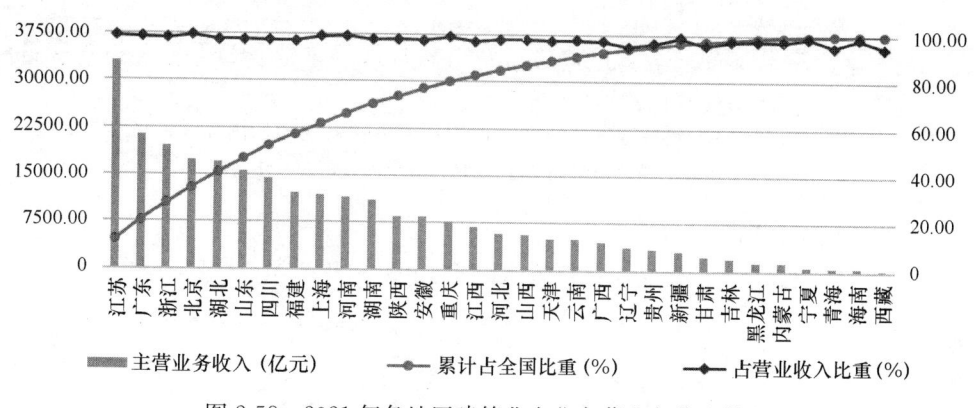

图 2-58　2021年各地区建筑业企业主营业务收入情况
资料来源：国家统计局《国家数据》《2022中国统计年鉴》

主营业务收入占营业收入的比重超过98%的有北京、河南、江苏、重庆、上海、新疆、宁夏、海南、广东、浙江10个地区，主营业务收入占营业收入的比重低于95%的西藏、辽宁、青海3个地区。

建筑业企业主营业务收入居全国前五位的仍然是江苏、广东、浙江、北京、湖北，分别为32958.90亿元、21241.90亿元、19498.85亿元、17384.08亿元、16987.98亿元，主营业务收入占全国的比重分别为12.56%、8.09%、7.43%、6.62%、6.47%；建筑业企业主营业务收入居全国后五位的仍然是西藏、海南、青海、宁夏、内蒙古，分别为312.82亿元、543.78亿元、653.95亿元、740.62亿元、1393.56亿元，主营业务收入占全国的比重分别为0.12%、0.21%、0.25%、0.28%、0.53%。

与2020年相比，28个地区建筑业企业主营业务收入增加，3个地区建筑业企业主营业务收入减少（参见图2-59）。增长率居全国前五位的是海南、湖北、广西、安徽、新疆，分别增长了32.81%、16.21%、15.62%、15.04%、14.81%；增长率居全国后五位的是西藏、贵州、云南、辽宁、河南，西藏、贵州、云南分别下降了12.02%、11.11%、7.39%，辽宁、河南分别增长了2.41%、4.09%。

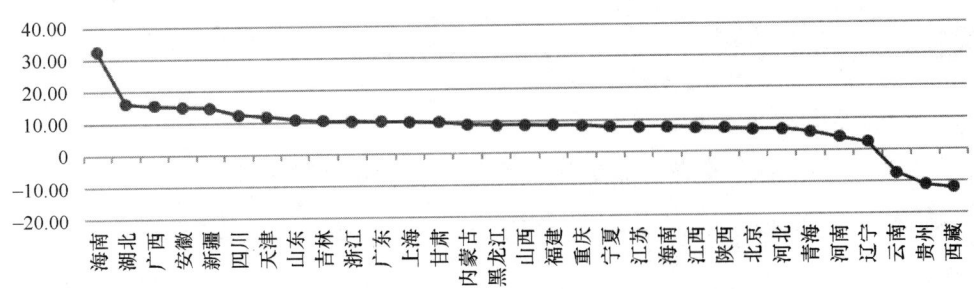

图 2-59 2021 年各地区建筑业企业主营业务收入的增长情况（%）
资料来源：国家统计局《国家数据》《2022 中国统计年鉴》

#### 2.7.2.2 其他收入

2021 年各地区建筑业企业其他收入情况如图 2-60 所示。

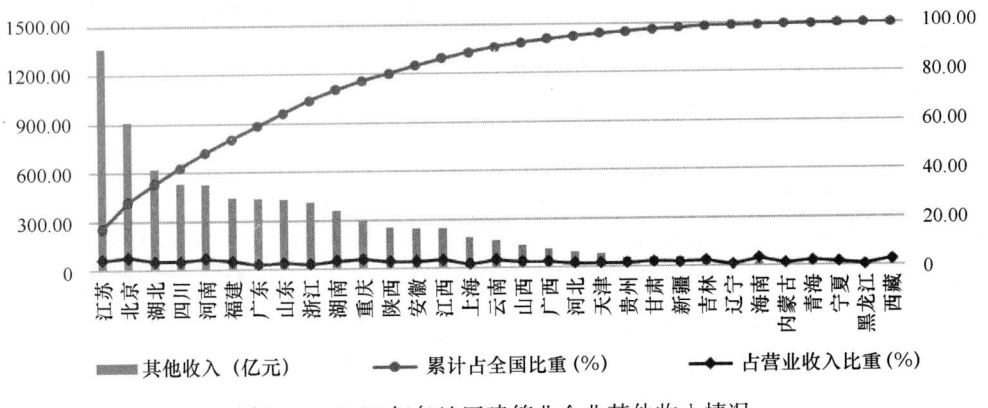

图 2-60 2021 年各地区建筑业企业其他收入情况
资料来源：国家统计局《国家数据》《2022 中国统计年鉴》

其他收入占营业收入的比重超过 4% 的有北京、河南、江苏 3 个地区，低于 2% 的有黑龙江、辽宁、内蒙古、贵州、河北、上海、天津、宁夏、新疆 9 个地区。

江苏、北京、湖北、四川、河南建筑业企业其他收入居全国前五位，分别为 1367.73 亿元、912.35 亿元、618.37 亿元、529.14 亿元、525.54 亿元，其他收入占全国的比重分别为 16.69%、11.14%、7.55%、6.46%、6.41%；西藏、黑龙江、宁夏、青海、内蒙古建筑业企业其他收入居全国后五位，分别为 9.05 亿元、9.13 亿元、12.41 亿元、14.95 亿元、16.96 亿元，其他收入占全国的比重分别为 0.11%、0.11%、0.15%、0.18%、0.21%。

与 2020 年相比，23 个地区建筑业企业其他收入增加，8 个地区建筑业企业其他收入减少（参见图 2-61）。增长率居全国前五位的是北京、江苏、山东、湖

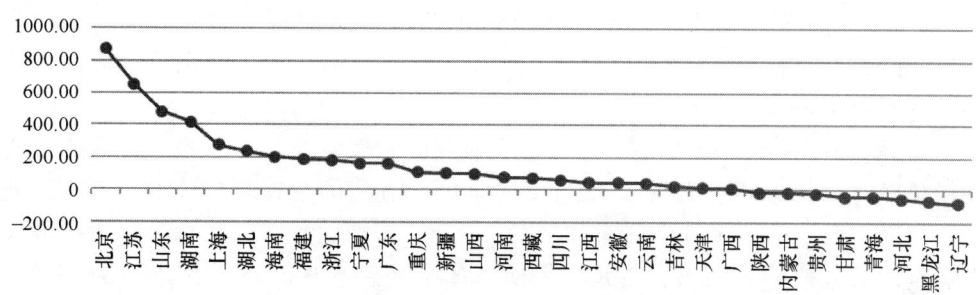

图 2-61 2021 年各地区建筑业企业其他收入增长情况（%）
资料来源：国家统计局《国家数据》《2022 中国统计年鉴》

南、上海，分别增长了 870.86%、653.38%、481.97%、275.04%、235.41%；增长率居全国后五位的是辽宁、黑龙江、河北、青海、甘肃，分别下降了 82.74%、71.37%、53.13%、42.63%、40.02%。

## 2.8 建筑业企业实现利税情况

### 2.8.1 利税总额

2021 年各地区建筑业企业利税总额情况如图 2-62 所示。

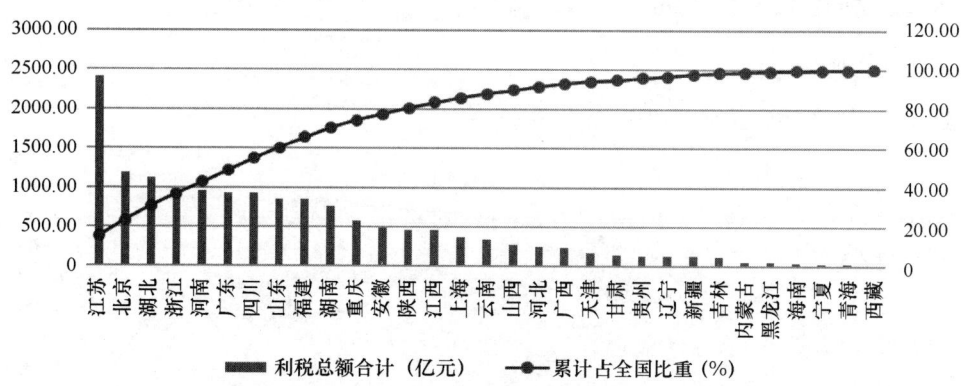

图 2-62 2021 年各地区建筑业企业利税总额情况
资料来源：国家统计局《国家数据》《2022 中国统计年鉴》

建筑业企业利税总额居全国前五位仍然是江苏、北京、湖北、广东、河南，分别为 2414.39 亿元、1193.39 亿元、1118.94 亿元、970.61 亿元、954.99 亿元，利税总额占全国的比重分别为 15.55%、7.69%、7.21%、6.25%、6.15%；

西藏、青海、宁夏、海南、黑龙江建筑业企业利税总额居全国后五位，分别为 17.26 亿元、29.21 亿元、34.62 亿元、39.06 亿元、58.75 亿元，利税总额占全国的比重分别为 0.11%、0.19%、0.22%、0.25%、0.38%。

与 2020 年相比，18 个地区建筑业企业利税总额增加，13 个地区建筑业企业利税总额减少（参见图 2-63）。增长率居全国前五位的是青海、甘肃、广西、天津、海南，分别增长了 30.72%、20.79%、20.27%、18.79%、15.64%；增长率居全国后五位的是西藏、贵州、云南、辽宁、黑龙江，分别下降了 41.90%、39.24%、22.01%、19.61%、9.22%。

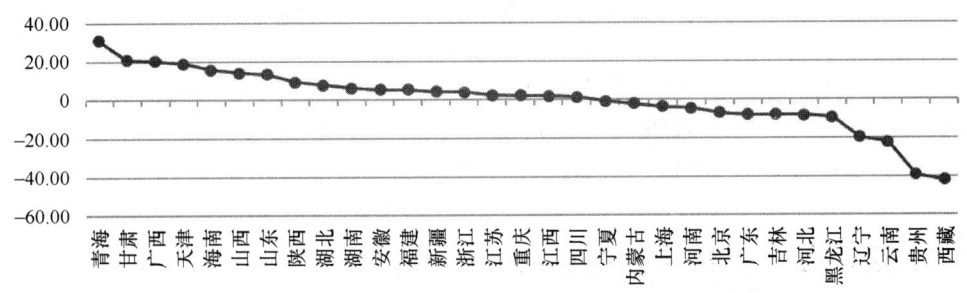

图 2-63　2021 年各地区建筑业企业利税总额的增长情况（%）

资料来源：国家统计局《国家数据》《2022 中国统计年鉴》

### 2.8.2　利税总额的构成

#### 2.8.2.1　利润总额

2021 年各地区建筑业企业利润总额情况如图 2-64 所示。

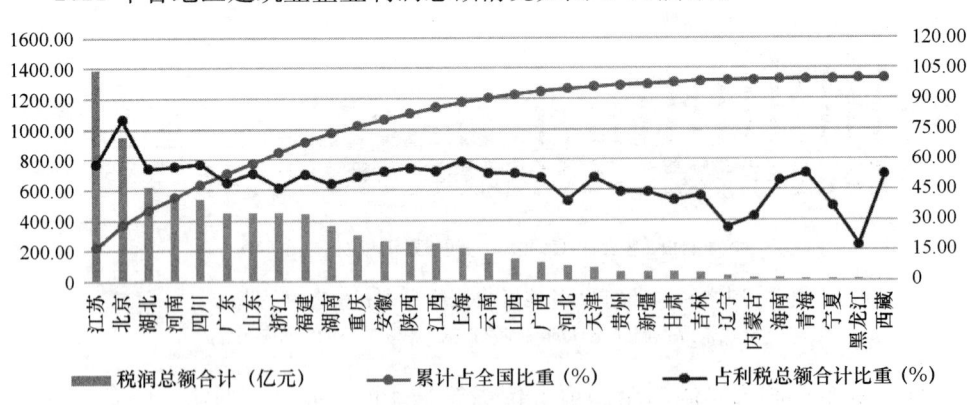

图 2-64　2021 年各地区建筑业企业利润总额情况

资料来源：国家统计局《国家数据》《2022 中国统计年鉴》

利润总额占利税总额的比重超过 55% 的有北京、上海、四川、江苏、河南、陕西、湖北 7 个地区，其中北京接近 80%，低于 40% 的有黑龙江、辽宁、内蒙古、宁夏、河北、甘肃 6 个地区。

江苏、北京、湖北、河南、四川建筑业企业利润总额居全国前五位，分别为 1388.09 亿元、950.87 亿元、619.58 亿元、538.42 亿元、535.82 亿元，利润总额占全国的比重分别为 16.40%、11.22%、7.31%、6.36%、6.33%；西藏、黑龙江、宁夏、青海、海南建筑业企业利润总额居全国后五位，分别为 9.03 亿元、10.46 亿元、12.77 亿元、15.50 亿元、19.25 亿元，利润总额占全国的比重分别为 0.11%、0.12%、0.15%、0.18%、0.23%。

与 2020 年相比，17 个地区建筑业企业利润总额增加，14 个地区建筑业企业利润总额减少（参见图 2-65）。增长率居全国前五位的是青海、广西、海南、天津、山西，分别增长了 42.60%、39.10%、36.84%、32.61%、25.17%；增长率居全国后五位的是贵州、西藏、黑龙江、辽宁、河北，分别下降了 54.38%、51.21%、44.55%、42.06%、24.22%。

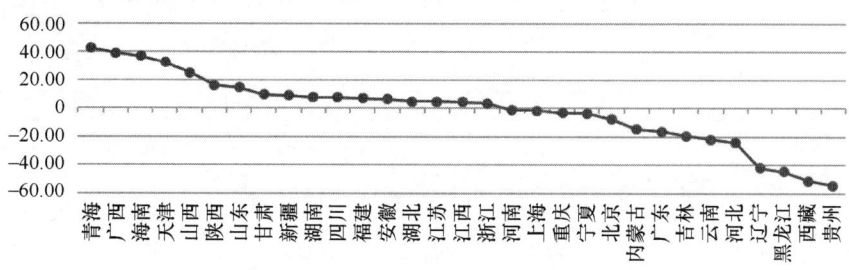

图 2-65　2021 年各地区建筑业企业利润总额增长情况（%）

资料来源：国家统计局《国家数据》《2022 中国统计年鉴》

#### 2.8.2.2　税金总额

2021 年各地区建筑业企业税金总额情况如图 2-66 所示。

税金总额占利税总额的比重超过 60% 的有黑龙江、辽宁、内蒙古、宁夏、河北、甘肃 6 个地区，其中黑龙江超过 80%，辽宁超过 70%，北京低于 25%。

江苏、浙江、湖北、广东、河南建筑业企业税金总额居全国前五位，分别为 1025.40 亿元、522.75 亿元、499.36 亿元、477.73 亿元、416.57 亿元，税金总额占全国的比重分别为 14.54%、7.41%、7.08%、6.77%、5.91%；建筑业企业税金总额居全国后五位的仍然是西藏、青海、海南、宁夏、内蒙古，分别为 8.23 亿元、13.71 亿元、19.81 亿元、21.85 亿元、42.36 亿元，税金总额占全国的比重分别为 0.12%、0.19%、0.28%、0.31%、0.60%。

与 2020 年相比，21 个地区建筑业企业税金总额增加，10 个地区建筑业企

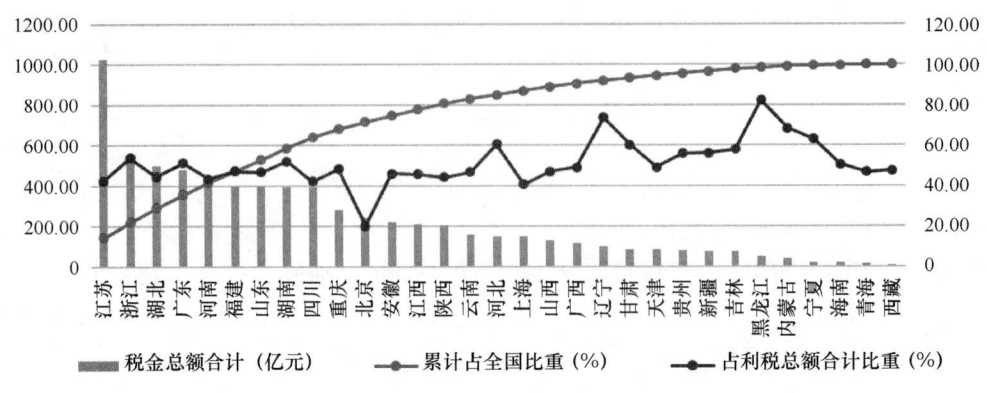

图 2-66 2021年各地区建筑业企业税金总额情况
资料来源：国家统计局《国家数据》《2022中国统计年鉴》

税金总额减少（参见图2-67）。增长率居全国前五位的是甘肃、青海、山东、湖北、重庆，分别增长了29.52%、19.47%、11.69%、11.45%、8.42%；增长率居全国后五位的是西藏、云南、贵州、河南、上海，分别下降了26.53%、22.02%、17.87%、8.28%、6.92%。

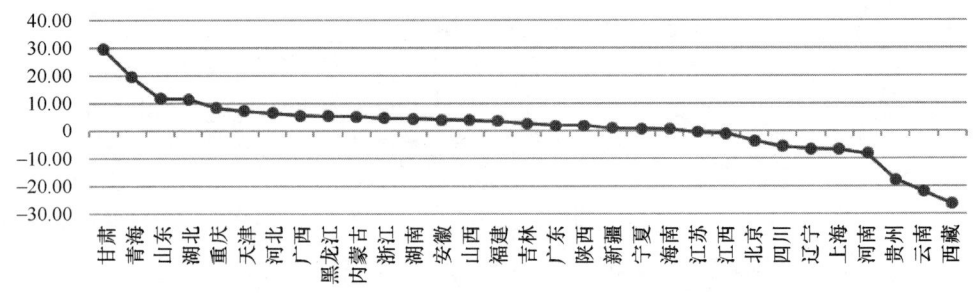

图 2-67 2021年各地区建筑业企业税金总额增长情况（%）
资料来源：国家统计局《国家数据》《2022中国统计年鉴》

### 2.8.3 主营业务利润

2021年各地区建筑业企业主营业务利润情况如图2-68所示。

江苏、北京、湖北、四川、河南建筑业企业主营业务利润居全国前五位，分别为1367.73亿元、912.35亿元、618.37亿元、529.14亿元、525.54亿元，主营业务利润占全国的比重分别为16.69%、11.14%、7.55%、6.46%、6.41%；西藏、黑龙江、宁夏、青海、内蒙古建筑业企业主营业务利润居全国后五位，分别为9.05亿元、9.13亿元、12.41亿元、14.95亿元、16.96亿元，主营业务利润占全国的比重分别为0.11%、0.11%、0.15%、0.18%、0.21%。

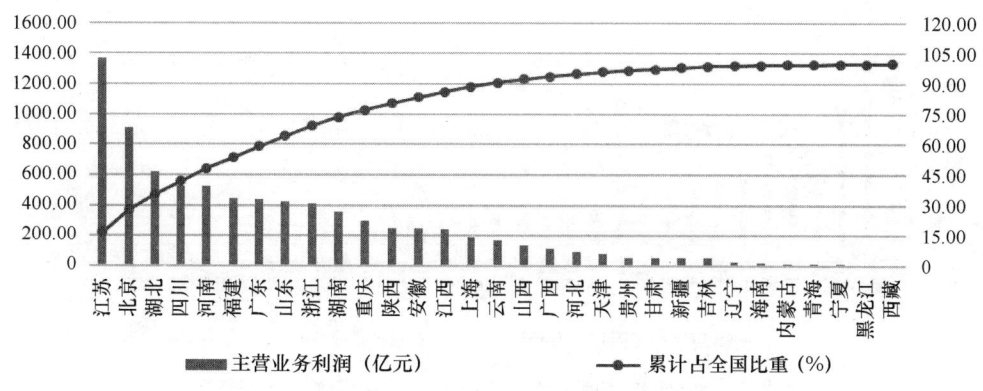

图 2-68　2021 年各地区建筑业企业主营业务利润情况
资料来源：国家统计局《国家数据》《2022 中国统计年鉴》

与 2020 年相比，18 个地区建筑业企业主营业务利润增加，13 个地区建筑业企业主营业务利润减少（参见图 2-69）。增长率居全国前五位的是天津、青海、广西、海南、山西，分别增长了 40.68%、40.16%、33.26%、26.72%、24.50%；增长率居全国后五位的是贵州、辽宁、西藏、黑龙江、云南，分别下降了 56.46%、53.26%、51.25%、47.44%、24.94%。

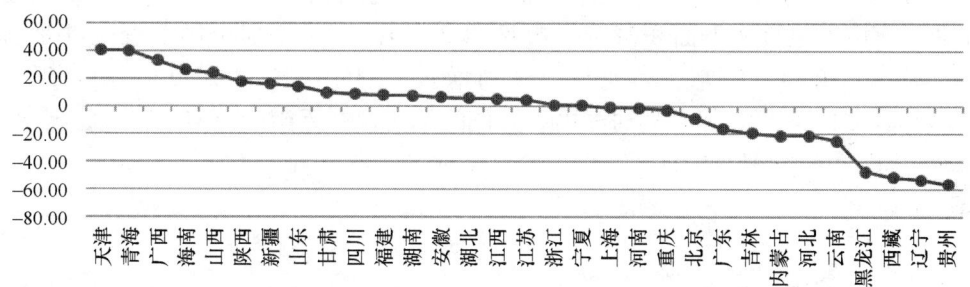

图 2-69　2021 年各地区建筑业企业主营业务利润增长情况（%）
资料来源：国家统计局《国家数据》《2022 中国统计年鉴》

## 2.9　房屋建筑建设情况

### 2.9.1　房屋建筑施工面积

2021 年各地区建筑业企业房屋建筑施工面积情况如图 2-70 所示。

江苏、浙江、广东、山东、湖北建筑业企业房屋建筑施工面积居全国前五位，分别为 273463.34 万 m²、181956.36 万 m²、105978.42 万 m²、95011.86 万 m²、

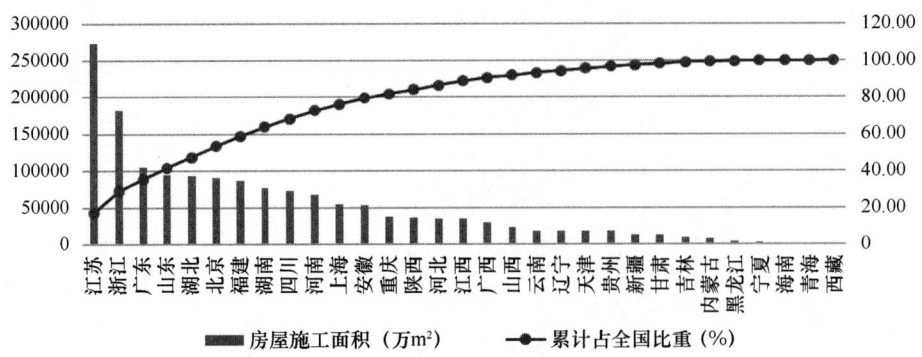

图 2-70　2021 年各地区建筑业企业房屋建筑施工面积情况
资料来源：国家统计局《国家数据》

94015.95 万 $m^2$，房屋建筑施工面积占全国的比重分别为 17.36%、11.55%、6.73%、6.03%、5.97%；建筑业企业房屋建筑施工面积居全国后五位的仍然是西藏、青海、海南、宁夏、黑龙江，分别为 425.53 万 $m^2$、935.52 万 $m^2$、1700.28 万 $m^2$、1989.74 万 $m^2$、3753.52 万 $m^2$，房屋建筑施工面积占全国的比重分别为 0.03%、0.06%、0.11%、0.13%、0.24%。

与 2020 年相比，25 个地区建筑业企业房屋建筑施工面积增加，6 个地区建筑业企业房屋建筑施工面积减少（参见图 2-71）。增长率居全国前五位的是新疆、天津、山西、广东、黑龙江，分别增长了 35.16%、18.30%、16.78%、15.33%、14.25 %；增长率居全国后五位的是西藏、云南、海南、宁夏、陕西，分别下降了 10.82%、6.86%、6.77%、5.60%、2.64%。

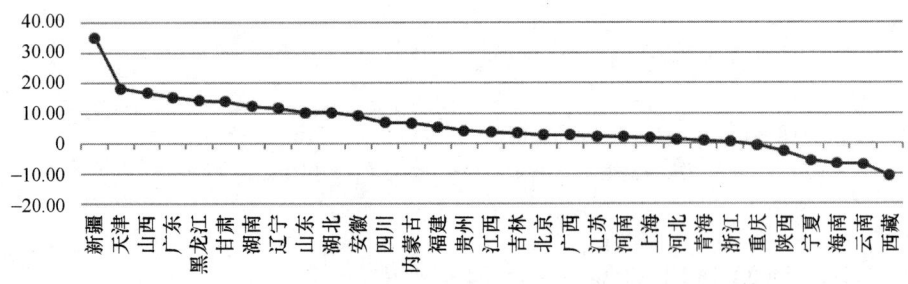

图 2-71　2021 年各地区建筑业企业房屋建筑施工面积增长情况（%）
资料来源：国家统计局《国家数据》

### 2.9.2　房屋建筑竣工面积

2021 年各地区建筑业企业房屋建筑竣工面积情况如图 2-72 所示。

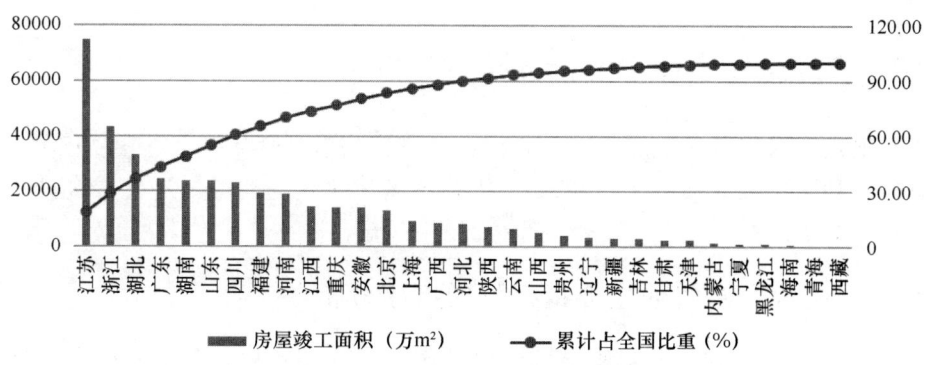

图 2-72  2021 年各地区建筑业企业房屋建筑竣工面积情况
资料来源：国家统计局《国家数据》

江苏、浙江、湖北、广东、湖南建筑业企业房屋建筑竣工面积居全国前五位，分别为 74993.32 万 m²、43302.41 万 m²、33112.57 万 m²、24525.57 万 m²、24029.14 万 m²，房屋建筑竣工面积占全国的比重分别为 18.37％、10.61％、8.11％、6.01％、5.89％；西藏、青海、海南、黑龙江、宁夏建筑业企业房屋建筑竣工面积居全国后五位，分别为 196.39 万 m²、277.08 万 m²、475.84 万 m²、786.78 万 m²、839.93 万 m²，房屋建筑施工面积占全国的比重分别为 0.05％、0.07％、0.12％、0.19％、0.21％。

与 2020 年相比，19 个地区建筑业企业房屋建筑竣工面积增加，12 个地区建筑业企业房屋建筑竣工面积减少（参见图 2-73）。增长率居全国前五位的是海南、北京、广东、湖北、上海，分别增长了 58.88％、38.24％、27.31％、24.67％、13.27％；增长率居全国后五位的是青海、新疆、黑龙江、辽宁、天津，分别下降了 22.10％、18.13％、14.80％、13.98％、10.74％。

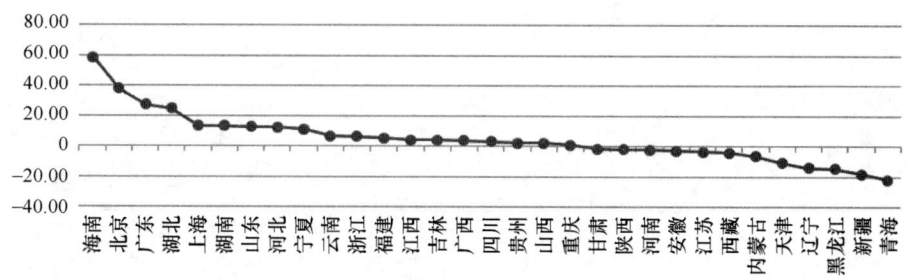

图 2-73  2021 年各地区建筑业企业房屋建筑竣工面积增长情况（％）
资料来源：国家统计局《国家数据》

## 2.10 各地区建筑业主要指标比较分析

本报告选取建筑业增加值、营业收入、建筑业总产值、本年新签合同额、资产总额、利润总额 6 项指标，对 2021 年各地区建筑业主要指标进行位次排序和比重排序分析。

### 2.10.1 各地区建筑业主要指标位次排序分析

2021 年各地区建筑业主要指标位次排序分析的基本思路是，先确定各地区每一项指标在全国的位次，再将 6 项指标的位次求和得到位次总分，然后按位次总分由小到大的顺序得出排序。具体排序结果参见表 2-1。

2021 年各地区建筑业主要指标位次排序分析　　表 2-1

| 地区 | 建筑业主要指标排序位次 | | | | | | 位次总分 | 排序 |
|---|---|---|---|---|---|---|---|---|
| | 建筑业增加值 | 营业收入 | 建筑业总产值 | 本年新签合同额 | 资产总额 | 利润总额 | | |
| 江苏 | 1 | 1 | 1 | 1 | 3 | 1 | 8 | 1 |
| 广东 | 4 | 2 | 3 | 2 | 2 | 6 | 19 | 2 |
| 湖北 | 10 | 5 | 4 | 3 | 5 | 3 | 30 | 3 |
| 山东 | 2 | 6 | 6 | 6 | 4 | 7 | 31 | 4 |
| 浙江 | 8 | 3 | 2 | 4 | 7 | 8 | 32 | 5 |
| 四川 | 6 | 7 | 5 | 5 | 6 | 5 | 34 | 6 |
| 北京 | 19 | 4 | 9 | 7 | 1 | 2 | 42 | 7 |
| 河南 | 3 | 10 | 8 | 8 | 9 | 4 | 42 | 7 |
| 福建 | 5 | 8 | 7 | 9 | 12 | 9 | 50 | 9 |
| 安徽 | 7 | 12 | 11 | 12 | 11 | 12 | 65 | 10 |
| 湖南 | 9 | 11 | 10 | 11 | 14 | 10 | 65 | 10 |
| 陕西 | 13 | 13 | 15 | 13 | 10 | 13 | 77 | 12 |
| 上海 | 24 | 9 | 14 | 10 | 8 | 15 | 80 | 13 |
| 重庆 | 11 | 14 | 12 | 14 | 19 | 11 | 81 | 14 |
| 江西 | 14 | 15 | 13 | 15 | 20 | 14 | 91 | 15 |
| 云南 | 12 | 19 | 16 | 17 | 13 | 16 | 93 | 16 |

续表

| 地区 | 建筑业主要指标排序位次 | | | | | | 位次总分 | 排序 |
|---|---|---|---|---|---|---|---|---|
| | 建筑业增加值 | 营业收入 | 建筑业总产值 | 本年新签合同额 | 资产总额 | 利润总额 | | |
| 河北 | 15 | 16 | 18 | 16 | 18 | 19 | 102 | 17 |
| 山西 | 22 | 17 | 19 | 18 | 15 | 17 | 108 | 18 |
| 广西 | 16 | 20 | 17 | 20 | 22 | 18 | 113 | 19 |
| 贵州 | 17 | 22 | 21 | 21 | 16 | 21 | 118 | 20 |
| 天津 | 25 | 18 | 20 | 19 | 17 | 20 | 119 | 21 |
| 辽宁 | 18 | 21 | 22 | 22 | 21 | 25 | 129 | 22 |
| 新疆 | 21 | 23 | 23 | 23 | 24 | 22 | 136 | 23 |
| 甘肃 | 26 | 24 | 24 | 24 | 23 | 23 | 144 | 24 |
| 吉林 | 23 | 25 | 25 | 25 | 25 | 24 | 147 | 25 |
| 内蒙古 | 20 | 27 | 27 | 26 | 26 | 26 | 152 | 26 |
| 黑龙江 | 29 | 26 | 26 | 27 | 27 | 30 | 165 | 27 |
| 青海 | 30 | 29 | 29 | 28 | 28 | 28 | 172 | 28 |
| 宁夏 | 31 | 28 | 28 | 29 | 29 | 29 | 174 | 29 |
| 海南 | 28 | 30 | 30 | 30 | 31 | 27 | 176 | 30 |
| 西藏 | 27 | 31 | 31 | 31 | 30 | 31 | 181 | 31 |

## 2.10.2 各地区建筑业主要指标比重排序分析

2021年各地区建筑业主要指标比重排序分析的基本思路是，先确定各地区每一项指标占全国的比重，再将6项指标的比重求和得到比重总分，然后按比重总分由大到小的顺序得出排序。具体排序结果参见表2-2。

2021年各地区建筑业主要指标比重排序分析　　表2-2

| 地区 | 建筑业主要指标占全国的比重（%） | | | | | | 比重总分 | 排序 |
|---|---|---|---|---|---|---|---|---|
| | 建筑业增加值 | 营业收入 | 建筑业总产值 | 本年新签合同额 | 资产总额 | 利润总额 | | |
| 江苏 | 8.97 | 12.44 | 13.05 | 10.04 | 8.23 | 16.4 | 69.13 | 1 |
| 广东 | 6.46 | 8.06 | 7.28 | 8.6 | 8.24 | 5.35 | 43.99 | 2 |

续表

| 地区 | 建筑业主要指标占全国的比重（%） | | | | | | 比重总分 | 排序 |
| --- | --- | --- | --- | --- | --- | --- | --- | --- |
| | 建筑业增加值 | 营业收入 | 建筑业总产值 | 本年新签合同额 | 资产总额 | 利润总额 | | |
| 北京 | 2.02 | 6.54 | 4.77 | 5.63 | 10.88 | 11.23 | 41.07 | 3 |
| 浙江 | 5.28 | 7.42 | 7.85 | 6.65 | 5.66 | 5.29 | 38.15 | 4 |
| 湖北 | 4.15 | 6.51 | 6.49 | 7.41 | 5.88 | 7.31 | 37.75 | 5 |
| 山东 | 7.61 | 5.99 | 5.6 | 5.85 | 6.21 | 5.34 | 36.6 | 6 |
| 四川 | 5.82 | 5.58 | 5.92 | 6.16 | 5.69 | 6.33 | 35.5 | 7 |
| 河南 | 7.02 | 4.37 | 4.84 | 4.98 | 3.94 | 6.36 | 31.51 | 8 |
| 福建 | 6.42 | 4.69 | 5.39 | 4.56 | 3.03 | 5.28 | 29.37 | 9 |
| 湖南 | 4.96 | 4.2 | 4.53 | 4.26 | 2.83 | 4.26 | 25.04 | 10 |
| 安徽 | 5.69 | 3.27 | 3.61 | 3.87 | 3.12 | 3.08 | 22.64 | 11 |
| 陕西 | 3.34 | 3.27 | 3.13 | 3.61 | 3.61 | 3.05 | 20.01 | 12 |
| 上海 | 1 | 4.44 | 3.15 | 4.3 | 4.18 | 2.55 | 19.62 | 13 |
| 重庆 | 4.12 | 2.9 | 3.39 | 2.93 | 2.43 | 3.54 | 19.31 | 14 |
| 江西 | 3.02 | 2.64 | 3.33 | 2.74 | 2.19 | 2.93 | 16.85 | 15 |
| 云南 | 3.8 | 1.93 | 2.5 | 2.32 | 2.83 | 2.14 | 15.52 | 16 |
| 河北 | 2.88 | 2.22 | 2.21 | 2.47 | 2.55 | 1.16 | 13.49 | 17 |
| 山西 | 1.33 | 2.17 | 1.94 | 2.23 | 2.83 | 1.76 | 12.26 | 18 |
| 广西 | 2.66 | 1.75 | 2.29 | 1.9 | 1.65 | 1.43 | 11.68 | 19 |
| 天津 | 0.95 | 1.94 | 1.59 | 2.14 | 2.68 | 1.04 | 10.34 | 20 |
| 贵州 | 2.06 | 1.34 | 1.56 | 1.55 | 2.75 | 0.73 | 9.99 | 21 |
| 辽宁 | 2.06 | 1.49 | 1.38 | 1.44 | 2.14 | 0.43 | 8.94 | 22 |
| 新疆 | 1.71 | 1.17 | 1.07 | 1.13 | 1.44 | 0.69 | 7.21 | 23 |
| 甘肃 | 0.78 | 0.93 | 0.77 | 0.81 | 1.47 | 0.69 | 5.45 | 24 |
| 吉林 | 1.2 | 0.8 | 0.77 | 0.73 | 1 | 0.63 | 5.13 | 25 |
| 内蒙古 | 1.83 | 0.54 | 0.44 | 0.52 | 0.81 | 0.23 | 4.37 | 26 |
| 黑龙江 | 0.55 | 0.56 | 0.45 | 0.46 | 0.74 | 0.12 | 2.88 | 27 |
| 青海 | 0.47 | 0.26 | 0.2 | 0.24 | 0.28 | 0.18 | 1.63 | 28 |
| 海南 | 0.7 | 0.21 | 0.15 | 0.15 | 0.19 | 0.22 | 1.63 | 29 |
| 宁夏 | 0.43 | 0.28 | 0.23 | 0.23 | 0.27 | 0.15 | 1.59 | 30 |
| 西藏 | 0.71 | 0.12 | 0.09 | 0.07 | 0.26 | 0.11 | 1.36 | 31 |

## 2.11 建筑业百强城市排序与分析

本报告选取全国 27 个省级区划（不含直辖市）的 333 个地级区划，进行建筑业百强城市的排序与分析。

### 2.11.1 建筑业百强城市的排序

#### 2.11.1.1 建筑业百强城市的排序方法

（1）按照数据可得性原则，选择建筑业百强城市的排序指标。经查阅各省、自治区的统计年鉴和部分城市的统计年鉴，浏览各城市国民经济和社会发展统计公报，得出重合率最大的指标是建筑业总产值。故选取建筑业总产值作为确定建筑业百强城市的排序指标。

（2）数据收集。对 2021 年的排序数据，本报告采用如下三种方式收集、计算各个地级区划的排序数据：一是直接从各省、自治区 2022 年统计年鉴中获得各地级区划的建筑业总产值数据，入选建筑业百强的城市中，有 12 个城市通过这种方式获得数据；二是查找相应地级区划 2021 年国民经济和社会发展统计公报中给出的建筑业总产值数据，入选建筑业百强的城市中，有 71 个城市通过这种方式获得数据；三是当第一、二种方式无法获得数据时，通过上一年度统计年鉴或统计公报的建筑业总产值数据进行推算，推算的方法是，某地级区划本年度建筑业总产值的推算值等于该地级区划上年度统计年鉴或统计公报的建筑业总产值乘以（1＋本年度所在省级区划的建筑业总产值增长率）。入选建筑业百强的城市中，有 17 个城市通过这种方式获得数据。对 2020 年的排序数据，采用各地区（或城市）2021 年统计年鉴或统计公报的建筑业总产值数据，其中，有 93 个城市通过统计年鉴获得数据，有 7 个城市通过统计公报获得数据。由于推算数据与统计年鉴或统计公报的数据有一定误差，2020 年的排序结果与上年度发展报告的排序结果有细微误差，该年度的排序以本报告为准。

#### 2.11.1.2 建筑业百强城市的排序结果

建筑业百强城市 2020—2021 年的排序结果如表 2-3 所示。

2020—2021 年建筑业百强城市的排序结果　　　　　表 2-3

| 排序 | | | 城市 | 地区 | 2021年建筑业总产值 | | 2020年建筑业总产值 | |
|---|---|---|---|---|---|---|---|---|
| 2021年 | 2020年 | 位次变化 | | | 数值（亿元） | 数据来源 | 数值（亿元） | 数据来源 |
| 1 | 1 | 0 | 武汉 | 湖北 | 12292.21 | 统计公报 | 10591.59 | 统计年鉴 |
| 2 | 2 | 0 | 南通 | 江苏 | 10568.70 | 统计公报 | 9741.93 | 统计年鉴 |

续表

| 排序 | | | 城市 | 地区 | 2021年建筑业总产值 | | 2020年建筑业总产值 | |
|---|---|---|---|---|---|---|---|---|
| 2021年 | 2020年 | 位次变化 | | | 数值（亿元） | 数据来源 | 数值（亿元） | 数据来源 |
| 3 | 5 | 2 | 广州 | 广东 | 7060.23 | 统计公报 | 5961.63 | 统计年鉴 |
| 4 | 3 | -1 | 成都 | 四川 | 6920.40 | 推算 | 6227.01 | 统计年鉴 |
| 5 | 4 | -1 | 长沙 | 湖南 | 6823.54 | 统计公报 | 6059.07 | 统计年鉴 |
| 6 | 6 | 0 | 福州 | 福建 | 5840.00 | 统计公报 | 5214.71 | 统计公报 |
| 7 | 9 | 2 | 杭州 | 浙江 | 5580.00 | 统计年鉴 | 4924.00 | 统计年鉴 |
| 8 | 10 | 2 | 深圳 | 广东 | 5430.68 | 统计公报 | 4772.22 | 统计年鉴 |
| 9 | 8 | -1 | 郑州 | 河南 | 5423.40 | 统计公报 | 4953.90 | 统计年鉴 |
| 10 | 7 | -3 | 西安 | 陕西 | 5404.47 | 统计公报 | 5124.37 | 统计年鉴 |
| 11 | 14 | 3 | 南昌 | 江西 | 5106.47 | 统计公报 | 4495.02 | 统计年鉴 |
| 12 | 15 | 3 | 合肥 | 安徽 | 5081.54 | 统计年鉴 | 4460.12 | 统计年鉴 |
| 13 | 11 | -2 | 南京 | 江苏 | 4918.04 | 统计公报 | 4533.15 | 统计年鉴 |
| 14 | 13 | -1 | 扬州 | 江苏 | 4881.30 | 统计公报 | 4516.04 | 统计年鉴 |
| 15 | 12 | -3 | 绍兴 | 浙江 | 4881.00 | 统计年鉴 | 4526.00 | 统计年鉴 |
| 16 | 17 | 1 | 济南 | 山东 | 4126.00 | 统计公报 | 3748.12 | 统计年鉴 |
| 17 | 18 | 1 | 泰州 | 江苏 | 4005.41 | 统计公报 | 3680.84 | 统计年鉴 |
| 18 | 16 | -2 | 昆明 | 云南 | 3809.42 | 统计公报 | 3829.00 | 统计年鉴 |
| 19 | 19 | 0 | 太原 | 山西 | 3781.18 | 统计公报 | 3411.93 | 统计年鉴 |
| 20 | 20 | 0 | 宁波 | 浙江 | 3299.00 | 统计年鉴 | 3055.00 | 统计年鉴 |
| 21 | 21 | 0 | 青岛 | 山东 | 3297.30 | 统计公报 | 3000.16 | 统计年鉴 |
| 22 | 23 | 1 | 厦门 | 福建 | 3189.71 | 统计公报 | 2765.04 | 统计公报 |
| 23 | 22 | -1 | 苏州 | 江苏 | 3119.60 | 统计公报 | 2867.24 | 统计年鉴 |
| 24 | 25 | 1 | 贵阳 | 贵州 | 2857.58 | 推算 | 2546.86 | 市统计年鉴 |
| 25 | 24 | -1 | 金华 | 浙江 | 2770.00 | 统计年鉴 | 2596.00 | 统计年鉴 |
| 26 | 26 | 0 | 南宁 | 广西 | 2647.71 | 统计公报 | 2237.40 | 统计年鉴 |
| 27 | 28 | 1 | 泉州 | 福建 | 2197.47 | 统计公报 | 1970.75 | 统计公报 |
| 28 | 27 | -1 | 常州 | 江苏 | 2193.30 | 统计公报 | 2021.96 | 统计年鉴 |
| 29 | 29 | 0 | 盐城 | 江苏 | 2059.00 | 统计公报 | 1903.98 | 统计年鉴 |
| 30 | 30 | 0 | 温州 | 浙江 | 1803.00 | 统计年鉴 | 1608.00 | 统计年鉴 |
| 31 | 31 | 0 | 沈阳 | 辽宁 | 1713.50 | 统计公报 | 1567.76 | 统计年鉴 |
| 32 | 32 | 0 | 徐州 | 江苏 | 1698.01 | 统计公报 | 1559.53 | 统计年鉴 |
| 33 | 34 | 1 | 泸州 | 四川 | 1670.40 | 统计公报 | 1425.81 | 统计年鉴 |

续表

| 排序 | | | 城市 | 地区 | 2021年建筑业总产值 | | 2020年建筑业总产值 | |
|---|---|---|---|---|---|---|---|---|
| 2021年 | 2020年 | 位次变化 | | | 数值（亿元） | 数据来源 | 数值（亿元） | 数据来源 |
| 34 | 33 | −1 | 淮安 | 江苏 | 1578.30 | 统计公报 | 1457.02 | 统计年鉴 |
| 35 | 36 | 1 | 南充 | 四川 | 1541.90 | 推算 | 1387.41 | 统计年鉴 |
| 36 | 43 | 7 | 宜昌 | 湖北 | 1537.17 | 统计公报 | 1148.91 | 统计年鉴 |
| 37 | 37 | 0 | 龙岩 | 福建 | 1534.39 | 统计公报 | 1380.39 | 统计公报 |
| 38 | 35 | −3 | 石家庄 | 河北 | 1519.21 | 推算 | 1393.52 | 统计年鉴 |
| 39 | 38 | −1 | 长春 | 吉林 | 1442.21 | 推算 | 1287.79 | 统计年鉴 |
| 40 | 40 | 0 | 嘉兴 | 浙江 | 1394.00 | 统计年鉴 | 1221.00 | 统计年鉴 |
| 41 | 39 | −2 | 保定 | 河北 | 1385.65 | 推算 | 1271.01 | 统计年鉴 |
| 42 | 41 | −1 | 洛阳 | 河南 | 1329.50 | 统计公报 | 1220.85 | 统计年鉴 |
| 43 | 47 | 4 | 珠海 | 广东 | 1281.14 | 推算 | 1106.13 | 统计年鉴 |
| 44 | 44 | 0 | 乌鲁木齐 | 新疆 | 1271.08 | 统计公报 | 1137.12 | 统计年鉴 |
| 45 | 42 | −3 | 台州 | 浙江 | 1256.00 | 统计年鉴 | 1155.00 | 统计年鉴 |
| 46 | 45 | −1 | 兰州 | 甘肃 | 1235.42 | 推算 | 1115.16 | 统计年鉴 |
| 47 | 52 | 5 | 茂名 | 广东 | 1228.15 | 统计公报 | 1024.10 | 统计年鉴 |
| 48 | 46 | −2 | 无锡 | 江苏 | 1213.06 | 统计公报 | 1111.06 | 统计年鉴 |
| 49 | 48 | −1 | 临沂 | 山东 | 1197.40 | 统计公报 | 1092.68 | 统计年鉴 |
| 50 | 55 | 5 | 襄阳 | 湖北 | 1181.70 | 统计公报 | 1003.05 | 统计年鉴 |
| 51 | 51 | 0 | 泰安 | 山东 | 1169.70 | 统计公报 | 1056.00 | 统计年鉴 |
| 52 | 50 | −2 | 宝鸡 | 陕西 | 1167.48 | 统计公报 | 1072.08 | 统计年鉴 |
| 53 | 53 | 0 | 淄博 | 山东 | 1129.60 | 统计公报 | 1023.17 | 统计年鉴 |
| 54 | 54 | 0 | 潍坊 | 山东 | 1117.20 | 统计公报 | 1013.77 | 统计年鉴 |
| 55 | 49 | −6 | 安阳 | 河南 | 1111.30 | 统计公报 | 1078.34 | 统计年鉴 |
| 56 | 56 | 0 | 株洲 | 湖南 | 1102.50 | 统计公报 | 971.47 | 统计年鉴 |
| 57 | 64 | 7 | 黄冈 | 湖北 | 1100.57 | 统计公报 | 824.62 | 统计年鉴 |
| 58 | 58 | 0 | 上饶 | 江西 | 1082.70 | 统计公报 | 957.67 | 统计年鉴 |
| 59 | 57 | −2 | 柳州 | 广西 | 1080.61 | 统计公报 | 963.99 | 统计年鉴 |
| 60 | 59 | −1 | 驻马店 | 河南 | 1055.12 | 统计公报 | 916.99 | 统计年鉴 |
| 61 | 61 | 0 | 湛江 | 广东 | 967.14 | 统计公报 | 881.02 | 统计年鉴 |
| 62 | 60 | −2 | 三明 | 福建 | 950.59 | 统计公报 | 884.08 | 统计公报 |
| 63 | 63 | 0 | 湖州 | 浙江 | 949.00 | 统计年鉴 | 841.00 | 统计年鉴 |
| 64 | 65 | 1 | 大连 | 辽宁 | 946.90 | 统计公报 | 821.88 | 统计年鉴 |

续表

| 排序 | | | 城市 | 地区 | 2021年建筑业总产值 | | 2020年建筑业总产值 | |
|---|---|---|---|---|---|---|---|---|
| 2021年 | 2020年 | 位次变化 | | | 数值（亿元） | 数据来源 | 数值（亿元） | 数据来源 |
| 65 | 66 | 1 | 绵阳 | 四川 | 909.53 | 推算 | 818.40 | 统计年鉴 |
| 66 | 62 | −4 | 新乡 | 河南 | 907.61 | 统计公报 | 848.55 | 统计年鉴 |
| 67 | 70 | 3 | 芜湖 | 安徽 | 895.87 | 统计年鉴 | 762.73 | 统计年鉴 |
| 68 | 75 | 7 | 佛山 | 广东 | 880.15 | 统计公报 | 713.07 | 统计年鉴 |
| 69 | 69 | 0 | 烟台 | 山东 | 848.37 | 统计公报 | 771.04 | 统计年鉴 |
| 70 | 82 | 12 | 东莞 | 广东 | 841.04 | 统计公报 | 664.68 | 统计年鉴 |
| 71 | 68 | −3 | 莆田 | 福建 | 839.99 | 统计公报 | 780.74 | 统计公报 |
| 72 | 77 | 5 | 咸阳 | 陕西 | 832.05 | 统计公报 | 698.03 | 统计年鉴 |
| 73 | 67 | −6 | 汕头 | 广东 | 827.85 | 统计公报 | 787.63 | 统计年鉴 |
| 74 | 71 | −3 | 哈尔滨 | 黑龙江 | 826.52 | 推算 | 750.54 | 统计年鉴 |
| 75 | 72 | −3 | 唐山 | 河北 | 796.17 | 推算 | 730.30 | 统计年鉴 |
| 76 | 73 | −3 | 巴中 | 四川 | 794.57 | 推算 | 714.96 | 统计年鉴 |
| 77 | 79 | 2 | 漳州 | 福建 | 781.52 | 统计公报 | 692.03 | 统计公报 |
| 78 | 78 | 0 | 宜宾 | 四川 | 773.34 | 推算 | 695.86 | 统计年鉴 |
| 79 | 76 | −3 | 济宁 | 山东 | 772.60 | 统计公报 | 708.46 | 统计年鉴 |
| 80 | 74 | −6 | 宿迁 | 江苏 | 767.52 | 统计公报 | 714.07 | 统计年鉴 |
| 81 | 81 | 0 | 衡阳 | 湖南 | 740.50 | 统计公报 | 676.09 | 统计年鉴 |
| 82 | 91 | 9 | 曲靖 | 云南 | 726.05 | 统计公报 | 588.65 | 统计年鉴 |
| 83 | 80 | −3 | 九江 | 江西 | 717.70 | 统计公报 | 688.48 | 统计年鉴 |
| 84 | 84 | 0 | 信阳 | 河南 | 710.87 | 统计公报 | 646.61 | 统计年鉴 |
| 85 | 88 | 3 | 滁州 | 安徽 | 707.62 | 统计年鉴 | 602.71 | 统计年鉴 |
| 86 | 92 | 6 | 达州 | 四川 | 697.71 | 统计公报 | 583.13 | 统计年鉴 |
| 87 | 90 | 3 | 玉林 | 广西 | 697.48 | 统计公报 | 590.63 | 统计年鉴 |
| 88 | 87 | −1 | 岳阳 | 湖南 | 686.61 | 统计公报 | 606.55 | 统计年鉴 |
| 89 | 85 | −4 | 商丘 | 河南 | 679.75 | 推算 | 628.53 | 统计年鉴 |
| 90 | 86 | −4 | 廊坊 | 河北 | 663.87 | 推算 | 608.94 | 统计年鉴 |
| 91 | 93 | 2 | 邵阳 | 湖南 | 651.14 | 统计公报 | 574.70 | 统计年鉴 |
| 92 | 89 | −3 | 镇江 | 江苏 | 645.61 | 统计公报 | 597.62 | 统计年鉴 |
| 93 | 94 | 1 | 湘潭 | 湖南 | 639.79 | 推算 | 571.55 | 统计年鉴 |
| 94 | 98 | 4 | 马鞍山 | 安徽 | 622.41 | 统计年鉴 | 534.17 | 统计年鉴 |
| 95 | 97 | 2 | 抚州 | 江西 | 614.70 | 统计公报 | 543.05 | 统计年鉴 |

续表

| 排序 | | | 城市 | 地区 | 2021年建筑业总产值 | | 2020年建筑业总产值 | |
|---|---|---|---|---|---|---|---|---|
| 2021年 | 2020年 | 位次变化 | | | 数值（亿元） | 数据来源 | 数值（亿元） | 数据来源 |
| 96 | 99 | 3 | 赣州 | 江西 | 606.40 | 统计公报 | 526.52 | 统计年鉴 |
| 97 | 95 | −2 | 周口 | 河南 | 599.68 | 推算 | 554.49 | 统计年鉴 |
| 98 | 96 | −2 | 连云港 | 江苏 | 596.69 | 统计公报 | 547.19 | 统计年鉴 |
| 99 | ＊＊ | 3 | 南阳 | 河南 | 583.20 | 统计公报 | 504.81 | 统计年鉴 |
| 100 | 100 | 0 | 邯郸 | 河北 | 573.40 | 统计公报 | 523.73 | 统计年鉴 |
| ＊＊ | 83 | −23 | 蚌埠 | 安徽 | 553.46 | 统计年鉴 | 648.68 | 统计年鉴 |

注：排序列中，"＊＊"表示该年度未进入百强；位次变化列中，"0"表示位次未发生变化，"$n$"表示位次上升$n$位，"$-n$"表示位次下降$n$位。

## 2.11.2 建筑业百强城市的分析

### 2.11.2.1 建筑业百强城市占全国建筑业总产值的比重情况

2020年建筑业百强城市实现的建筑业总产值为18.94万亿元，占2020年全国建筑业总产值的71.77%。2021年建筑业百强城市推算的建筑业总产值为21.10万亿元，比2020年建筑业百强城市实现的建筑业总产值增长了11.38%，占2021年全国建筑业总产值的71.99%，比上年提高了0.22个百分点，彰显了百强城市在全国建筑业的主力军作用。

### 2.11.2.2 建筑业百强城市的地区分布

2020—2021年建筑业百强城市入选城市数量及入选率的地区分布如图2-74所示。

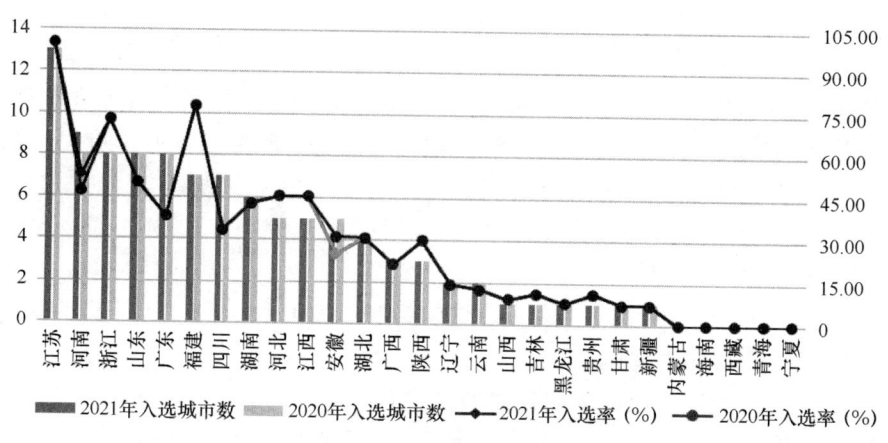

图 2-74　2020—2021年建筑业百强城市入选城市数量及入选率的地区分布

从图 2-75 可以看出，2020—2021 年，建筑业百强城市的地区分布变化不大，只有河南和安徽 2021 年分别增减了一个城市。安徽蚌埠 2020 年入选了建筑业百强城市，排在第 83 位，但由于 2021 年建筑业总产值出现了接近 15% 的降幅，导致该年度退出了建筑业百强城市排行榜；河南南阳 2020 年未进入建筑业百强城市排行榜，但由于 2021 年建筑业总产值出现了超过 15% 的增幅，取代蚌埠进入了建筑业百强城市排行榜，位列第 99 位。

入选 2021 年建筑业百强城市最多的是江苏，其下辖的 13 个城市全部入选；河南以入选 9 个城市排在第 2 位，入选率为 52.94%，比上年提高了 5.88 个百分点；浙江、山东、广东以入选 8 个城市并列排在第 3 位，入选率分别为 72.73%、50% 和 38.10%，与上年持平。山西、吉林、黑龙江、贵州、甘肃、新疆 6 个省区分别只有 1 个城市入选；内蒙古、海南、西藏、青海、宁夏 5 个省区没有城市进入 2021 年建筑业百强城市。

2021 年建筑业百强城市推算的建筑业总产值的地区分布如图 2-75 所示。

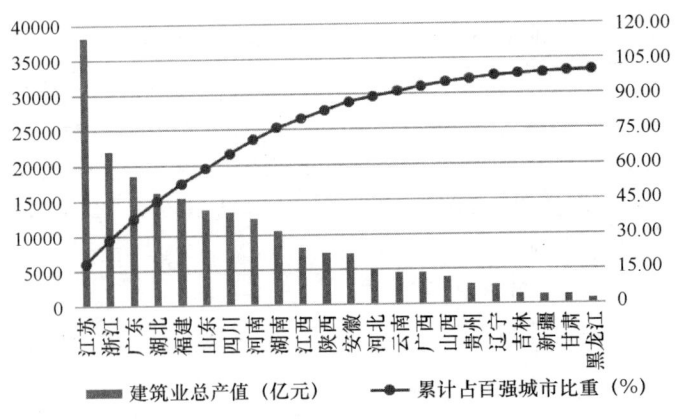

图 2-75　2021 年建筑业百强城市实现建筑业总产值的地区分布

从图 2-75 可以看出，江苏入选 2021 年建筑业百强城市实现的建筑业总产值最多，达到 3.82 万亿元，占百强城市的 18.14%；浙江、广东、湖北、福建、山东入选 2021 年建筑业百强城市实现的建筑业总产值分别为 2.19 万亿元、1.85 万亿元、1.61 万亿元、1.53 万亿元和 1.37 万亿元，分别排在第 2 至第 6 位，分别占百强城市的 10.40%、8.78%、7.64%、7.27% 和 6.47%。除了没有入选的 5 个省区外，黑龙江、甘肃、新疆、吉林实现的建筑业总产值分别排在后 4 位，占百强城市的比重均不超过 1%。

#### 2.11.2.3　省会城市入选建筑业百强城市的状况

与上年相同，有 22 个省会城市进入 2021 年建筑业百强城市，其中 8 个城市进入前 10 强的行列。进入 2021 年建筑业百强城市的省会城市共实现建筑业总产值 9.57 万亿元，占百强城市的 45.35%，比上年提高了 0.18 个百分点，充分显示了省会城市对地区建筑业发展的带动作用，详见表 2-4。

省会城市进入 2021 年建筑业百强城市情况　　　　　　　　　　　表 2-4

| 位次 | | 城市 | 地区 | 建筑业总产值（亿元） | | 位次 | | 城市 | 地区 | 建筑业总产值（亿元） | |
|---|---|---|---|---|---|---|---|---|---|---|---|
| 2021年 | 2020年 | | | 2021年 | 2020年 | 2021年 | 2020年 | | | 2021年 | 2020年 |
| 1 | 1 | 武汉 | 湖北 | 12292.21 | 10591.59 | 18 | 16 | 昆明 | 云南 | 3809.42 | 3829.00 |
| 3 | 5 | 广州 | 广东 | 7060.23 | 5961.63 | 19 | 19 | 太原 | 山西 | 3781.18 | 3411.93 |
| 4 | 3 | 成都 | 四川 | 6920.40 | 6227.01 | 24 | 25 | 贵阳 | 贵州 | 2857.58 | 2546.86 |
| 5 | 4 | 长沙 | 湖南 | 6823.54 | 6059.07 | 26 | 26 | 南宁 | 广西 | 2647.71 | 2237.40 |
| 6 | 6 | 福州 | 福建 | 5840.00 | 5214.71 | 31 | 31 | 沈阳 | 辽宁 | 1713.50 | 1567.76 |
| 7 | 9 | 杭州 | 浙江 | 5580.00 | 4924.00 | 38 | 35 | 石家庄 | 河北 | 1519.21 | 1393.52 |
| 9 | 8 | 郑州 | 河南 | 5423.40 | 4953.90 | 39 | 38 | 长春 | 吉林 | 1442.21 | 1287.79 |
| 10 | 7 | 西安 | 陕西 | 5404.47 | 5124.37 | 44 | 44 | 乌鲁木齐 | 新疆 | 1271.08 | 1137.12 |
| 11 | 14 | 南昌 | 江西 | 5106.47 | 4495.02 | 46 | 45 | 兰州 | 甘肃 | 1235.42 | 1115.16 |
| 12 | 15 | 合肥 | 安徽 | 5081.54 | 4460.12 | 74 | 71 | 哈尔滨 | 黑龙江 | 826.52 | 750.54 |
| 13 | 11 | 南京 | 江苏 | 4918.04 | 4533.15 | 建筑业总产值合计（万元） | | | | 210962.15 | 189407.52 |
| 16 | 17 | 济南 | 山东 | 4126.00 | 3748.12 | 占百强城市比重（%） | | | | 45.35 | 45.18 |

#### 2.11.2.4　副省级城市入选建筑业百强城市的状况

与上年相同，15 个副省级城市全部进入 2021 年建筑业百强城市，其中 6 个城市进入前 10 强的行列。进入 2021 年建筑业百强城市的副省级城市共实现建筑业总产值 6.64 万亿元，占百强城市的 31.50%，比上年提高了 0.28 个百分点，详见表 2-5。

15 个副省级城市进入 2021 年建筑业百强城市情况　　　　　　　表 2-5

| 位次 | | 城市 | 地区 | 建筑业总产值（亿元） | | 位次 | | 城市 | 地区 | 建筑业总产值（亿元） | |
|---|---|---|---|---|---|---|---|---|---|---|---|
| 2021年 | 2020年 | | | 2021年 | 2020年 | 2021年 | 2020年 | | | 2021年 | 2020年 |
| 1 | 1 | 武汉 | 湖北 | 12292.21 | 10591.59 | 20 | 20 | 宁波 | 浙江 | 3299.00 | 3055.00 |
| 3 | 5 | 广州 | 广东 | 7060.23 | 5961.63 | 21 | 21 | 青岛 | 山东 | 3297.30 | 3000.16 |
| 4 | 3 | 成都 | 四川 | 6920.40 | 6227.01 | 22 | 23 | 厦门 | 福建 | 3189.71 | 2765.04 |
| 7 | 9 | 杭州 | 浙江 | 5580.00 | 4924.00 | 31 | 31 | 沈阳 | 辽宁 | 1713.50 | 1567.76 |

续表

| 位次 | | 城市 | 地区 | 建筑业总产值（亿元） | | 位次 | | 城市 | 地区 | 建筑业总产值（亿元） | |
|---|---|---|---|---|---|---|---|---|---|---|---|
| 2021年 | 2020年 | | | 2021年 | 2020年 | 2021年 | 2020年 | | | 2021年 | 2020年 |
| 8 | 10 | 深圳 | 广东 | 5430.68 | 4772.22 | 39 | 38 | 长春 | 吉林 | 1442.21 | 1287.79 |
| 10 | 7 | 西安 | 陕西 | 5404.47 | 5124.37 | 64 | 65 | 大连 | 辽宁 | 946.90 | 821.88 |
| 13 | 11 | 南京 | 江苏 | 4918.04 | 4533.15 | 74 | 71 | 哈尔滨 | 黑龙江 | 826.52 | 750.54 |
| 16 | 17 | 济南 | 山东 | 4126.00 | 3748.12 | 建筑业总产值合计（万元） | | | | 66447.16 | 59130.27 |

# 第 3 章 建筑业区域发展状况分析

本报告选取建筑业增加值、营业收入、建筑业总产值、本年新签合同额、资产总额、利润总额 6 项指标，按常规分类的六大区域、八大经济区域和三大地带，对 2021 年各区域建筑业发展状况进行分析。

## 3.1 常规分类的六大区域建筑业发展状况分析

### 3.1.1 常规分类六大区域的构成

按照常规分类，我国共划分为华北、东北、华东、中南、西南、西北 6 大区域。华北包括北京、天津、河北、山西、内蒙古 5 个地区；东北包括辽宁、吉林、黑龙江 3 个地区；华东包括上海、江苏、浙江、安徽、福建、江西、山东 7 个地区；中南包括河南、湖北、湖南、广东、广西、海南 6 个地区；西南包括重庆、四川、贵州、云南、西藏 5 个地区；西北包括陕西、甘肃、青海、宁夏、新疆 5 个地区。

### 3.1.2 建筑业增加值

2012—2021 年，我国六大区域建筑业增加值的情况如图 3-1 所示。

2012—2021 年，各大区域建筑业增加值均保持增长态势。

华东地区建筑业增加值一直保持领先，2021 年达到 3.04 万亿元，比上年增长 11.44%，是 2012 年的 2.22 倍，平均增速为 9.28%，排在第 5 位。建筑业增加值占全国的比重呈下降趋势，平均降速 0.25%。

中南地区建筑业增加值一直排在第 2 位，2021 年达到 2.08 万亿元，比上年增长 12.11%，是 2012 年的 2.53 倍，平均增速为 10.84%，排在第 2 位。建筑业增加值占全国的比重呈上升趋势，平均增速 1.18%。

西南地区建筑业增加值一直排在第 3 位，2021 年达到 1.32 万亿元，比上年增长 8.41%，是 2012 年的 2.91 倍，平均增速为 12.61%，排在第 1 位。建筑业增加值占全国的比重呈上升趋势，平均增速 2.79%。

华北地区建筑业增加值一直排在第 4 位，2021 年为 0.72 万亿元，比上年增

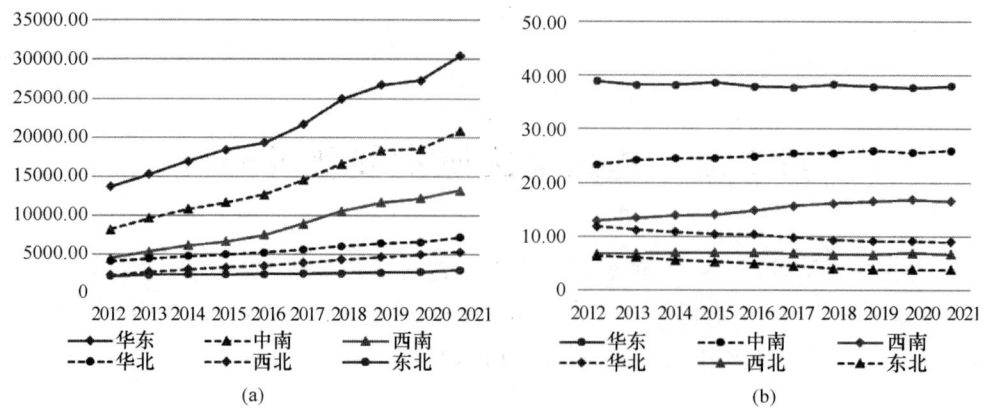

图 3-1 2012—2021 年六大区域建筑业增加值情况
(a) 建筑业增加值（亿元）；(b) 建筑业增加值占全国比重（%）
资料来源：国家统计局《国家数据》

长 8.70%，是 2012 年的 1.73 倍，平均增速为 6.30%，排在第 5 位。建筑业增加值占全国的比重呈下降趋势，平均降速 2.97%。

西北地区建筑业增加值一直排在第 5 位，2021 年为 0.54 万亿元，比上年增长 7.67%，是 2012 年的 2.27 倍，平均增速为 9.52%，排在第 4 位。建筑业增加值占全国的比重呈微降趋势，平均降速 0.03%。

东北地区建筑业增加值一直排在第 6 位，2021 年为 0.30 万亿元，比上年增长 9.84%，是 2012 年的 1.37 倍，平均增速为 3.53%，排在第 6 位。建筑业增加值占全国的比重呈下降趋势，平均降速 5.50%。

### 3.1.3 营业收入

2012—2021 年，我国六大区域建筑业营业收入的情况如图 3-2 所示。

2012—2021 年，除东北外，其他五大区域营业收入均保持增长态势。

华东地区营业收入一直保持领先，2021 年达到 9.91 万亿元，比上年增长 10.55%，是 2012 年的 2.07 倍，平均增速为 8.41%，排在第 4 位。营业收入占全国的比重基本持平，2021 年占 40.89%，平均增速 0.05%。

中南地区营业收入一直排在第 2 位，2021 年达到 6.72 万亿元，比上年增长 11.23%，是 2012 年的 2.56 倍，平均增速为 11.00%，排在第 1 位。营业收入占全国的比重呈上升趋势，从 2012 年的 20.19% 增长到 2021 年的 25.09%，平均增速 2.44%。

华北地区营业收入一直排在第 3 位，2021 年达到 3.59 万亿元，比上年增长

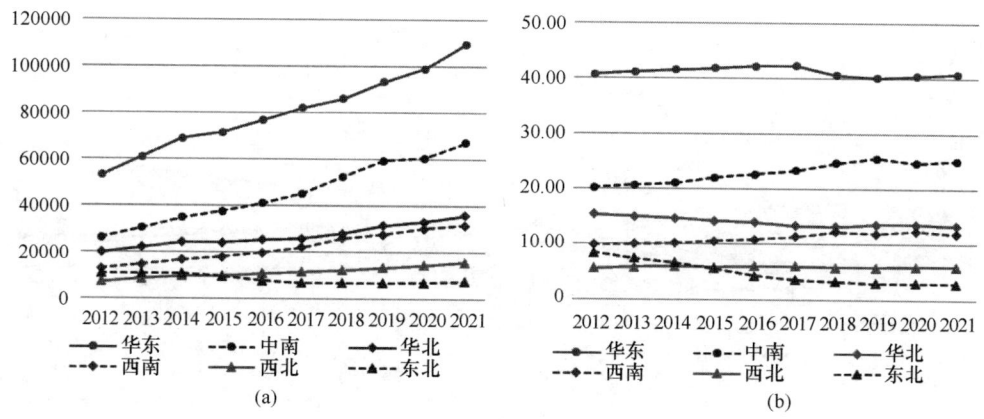

图 3-2 2012—2021 年六大区域建筑业营业收入
（a）营业收入（亿元）；（b）营业收入占全国比重（%）
资料来源：国家统计局《国家数据》《2022 中国统计年鉴》

8.04%，是 2012 年的 1.80 倍，平均增速为 6.74%，排在第 5 位。营业收入占全国的比重呈下降趋势，从 2012 年的 15.33% 下降到 2021 年的 13.40%，平均降速 1.48%。

西南地区营业收入一直排在第 4 位，2021 年为 3.18 万亿元，比上年增长 4.79%，是 2012 年的 2.48 倍，平均增速为 10.63%，排在第 2 位。营业收入占全国的比重呈上升趋势，从 2012 年的 9.84% 增长到 2021 年的 11.87%，平均增速 2.11%。

西北地区营业收入 2012 年排在第 6 位，2015 上升到第 5 位并保持至今，2021 年为 1.58 万亿元，比上年增长 8.23%，是 2012 年的 2.18 倍，平均增速为 9.02%，排在第 3 位。营业收入占全国的比重呈微升趋势，从 2012 年的 5.58% 增长到 2021 年的 5.90%，平均增速 0.62%。

东北地区营业收入 2012 年排在第 5 位，2015 下降到第 6 位并保持至今，2021 年为 0.76 万亿元，比上年增长 6.52%，是 2012 年的 0.70 倍，平均降速为 3.90%。营业收入占全国的比重呈下降趋势，从 2012 年的 8.37% 下降到 2021 年的 2.84%，平均降速 11.31%。

## 3.1.4 建筑业总产值

2012—2021 年，我国六大区域建筑业总产值的情况如图 3-3 所示。

2012—2021 年，除东北外，其他五大区域建筑业总产值均保持增长态势。

华东地区建筑业总产值一直遥遥领先，2021 年达到 12.31 万亿元，比上年

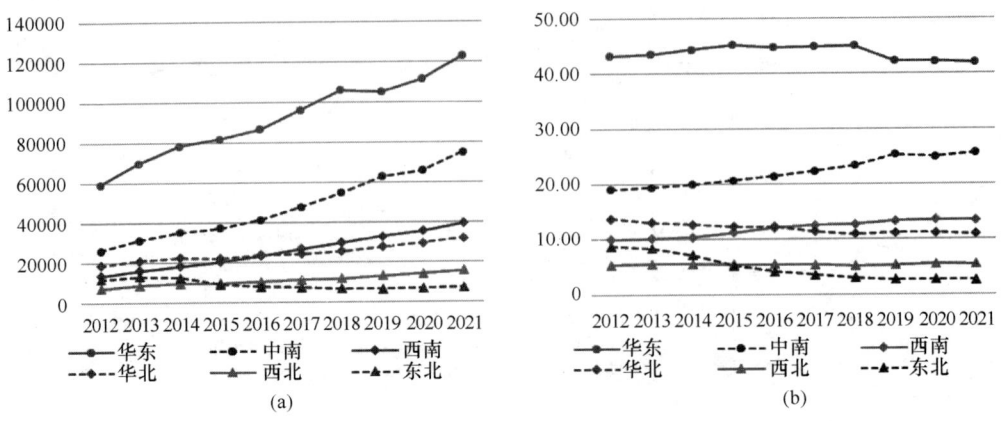

图 3-3 2012—2021 年六大区域建筑业总产值情况
(a) 建筑业总产值（亿元）；(b) 建筑业总产值占全国比重（%）
资料来源：国家统计局《国家数据》

增长 10.32%，是 2012 年的 2.07 倍，平均增速为 8.44%，排在第 5 位。建筑业总产值占全国的比重略有下降，从 2012 年的 43.23%下降到 2021 年的 41.99%，平均降速 0.32%。

中南地区建筑业总产值一直排在第 2 位，2021 年达到 7.50 万亿元，比上年增长 13.98%，是 2012 年的 2.87 倍，平均增速为 12.43%，排在第 2 位。建筑业总产值占全国的比重呈上升趋势，从 2012 年的 19.04%上升到 2021 年的 25.59%，平均增速 3.34%。

西南地区建筑业总产值 2012 年排在第 4 位，2017 年上升到第 3 位并保持至今，2021 年达到 3.95 万亿元，比上年增长 10.63%，是 2012 年的 2.88 倍，平均增速为 12.46%，排在第 1 位。建筑业总产值占全国的比重呈上升趋势，从 2012 年的 10.00%上升到 2021 年的 13.47%，平均增速 3.36%。

华北地区建筑业总产值 2021 年排在第 3 位，2017 年下降到在第 4 位并保持至今，2021 年为 2.95 万亿元，比上年增长 8.79%，是 2012 年的 1.70 倍，平均增速为 6.10%，排在第 6 位。建筑业总产值占全国的比重呈下降趋势，从 2012 年的 13.72%下降到 2021 年的 10.95%，平均降速 2.47%。

西北地区建筑业总产值 2012 年排在第 6 位，2015 年上升到第 5 位并保持至今，2021 年为 1.58 万亿元，比上年增长 10.02%，是 2012 年的 2.17 倍，平均增速为 8.97%，排在第 3 位。建筑业总产值占全国的比重呈微升趋势，从 2012 年的 5.33%上升到 2021 年的 5.40%，平均增速 0.16%。

东北地区建筑业总产值 2012 年排在第 5 位，2015 年下降到第 6 位并保持至今，2021年为0.76万亿元，比上年增长8.41%，是2012年的0.64倍，平均降速为4.84%。建筑业总产值占全国的比重呈下降趋势，从2012年的8.68%下降到2021年的2.60%，平均降速12.54%。

## 3.1.5 本年新签合同额

2012—2021年，我国六大区域建筑业本年新签合同额的情况如图3-4所示。

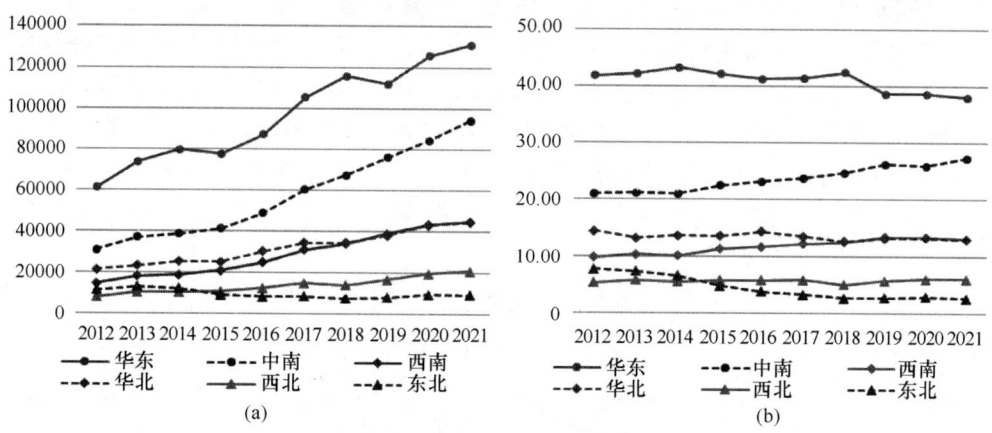

图3-4　2012—2021年六大区域建筑业本年新签合同额情况
（a）本年新签合同额（亿元）；（b）本年新签合同额占全国比重（%）
资料来源：国家统计局《国家数据》

2012—2021年，除东北外，其他五大区域本年新签合同额均保持增长态势。

华东地区本年新签合同额一直遥遥领先，2021年达到13.10万亿元，比上年增长4.27%，是2012年的2.14倍，平均增速为8.80%，排在第4位。本年新签合同额占全国的比重略有下降，从2012年的41.17%下降到2021年的38.01%，平均降速1.04%。

中南地区本年新签合同额一直排在第2位，2021年达到9.41万亿元，比上年增长11.66%，是2012年的3.05倍，平均增速为13.18%，排在第2位。本年新签合同额占全国的比重呈上升趋势，从2012年的21.03%上升到2021年的27.30%，平均增速2.94%。

西南地区本年新签合同额2012年排在第4位，2019年上升到第3位并保持至今，2021年达到4.49万亿元，比上年增长3.41%，是2012年的3.13倍，平均增速为13.53%，排在第1位。本年新签合同额占全国的比重呈上升趋势，从2012年的9.77%上升到2021年的13.03%，平均增速3.26%。

华北地区本年新签合同额2012年排在第3位，2019年下降到第4位并保持至今，2021年为4.48万亿元，比上年增长3.86%，是2012年的2.11倍，平均增速为8.65%，排在第5位。本年新签合同额占全国的比重呈下降趋势，从2012年的14.45%下降到2021年的13.00%，平均降速1.17%。

西北地区本年新签合同额2012年排在第6位，2015年上升到第5位并保持至今，2021年为2.08万亿元，比上年增长6.61%，是2012年的2.66倍，平均增速为11.51%，排在第3位。本年新签合同额占全国的比重呈上升趋势，从2012年的5.31%上升到2021年的6.02%，平均增速1.42%。

东北地区本年新签合同额2012年排在第5位，2015年下降到第6位并保持至今，2021年为0.91万亿元，比上年降低2.09%，是2012年的0.80倍，平均降速为2.39%。本年新签合同额占全国的比重呈下降趋势，从2012年的7.67%下降到2021年的2.63%，平均降速11.22%。

### 3.1.6 资产总额合计

2012—2021年，我国六大区域建筑业资产总额合计的情况如图3-5所示。

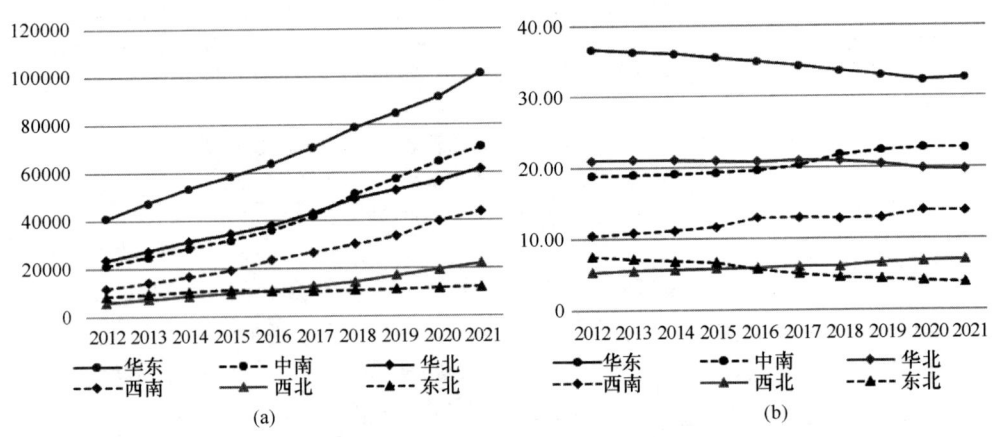

图3-5 2012—2021年六大区域建筑业资产总额合计情况
(a) 资产总额合计（亿元）；(b) 资产总额合计占全国比重（%）
资料来源：国家统计局《国家数据》《2022中国统计年鉴》

2012—2021年，各大区域资产总额合计均保持增长态势。

华东地区资产总额合计一直排在第1位，2021年达到10.15万亿元，比上年增长10.98%，是2012年的2.48倍，平均增速为10.60%，排在第5位。资产总额合计占全国的比重有所下降，从2012年的36.69%增长到2021年的32.61%，平均降速1.30%。

中南地区资产总额合计2012年排在第3位，2018年上升到第2位并保持至今，2021年达到7.08万亿元，比上年增长9.66%，是2012年的3.35倍，平均增速为14.40%，排在第3位。资产总额合计占全国的比重呈上升趋势，从2012年的18.89%增长到2021年的22.74%，平均增速2.08%。

华北地区资产总额合计2012年排在第2位，2018年下降到第3位并保持至今，2021年达到6.15万亿元，比上年增长9.15%，是2012年的2.61倍，平均增速为11.27%，排在第4位。资产总额合计占全国的比重略有下降，从2012年的21.06%下降到2021年的19.76%，平均降速0.71%。

西南地区资产总额合计一直排在第4位，2021年为4.35万亿元，比上年增长9.73%，是2012年的3.72倍，平均增速为15.72%，排在第1位。资产总额合计占全国的比重呈上升趋势，从2012年的10.46%增长到2021年的13.96%，平均增速3.26%。

西北地区资产总额合计2012年排在第6位，2016年上升到第5位并保持至今，2021年为2.20万亿元，比上年增长13.52%，是2012年的3.67倍，平均增速为15.56%，排在第2位。资产总额合计占全国的比重呈上升趋势，从2012年的5.36%增长到2021年的7.06%，平均增速3.12%。

东北地区资产总额合计2012年排在第5位，2016年下降到第6位并保持至今，2021年为1.20万亿元，比上年增长3.01%，是2012年的1.43倍，平均增速为4.06%，排在第6位。资产总额合计占全国的比重呈下降趋势，从2012年的7.54%下降到2021年的3.87%，平均降速7.15%。

## 3.1.7 利润总额合计

2012—2021年，我国六大区域建筑业利润总额合计的情况如图3-6所示。

2012—2021年，除东北外，其他五大区域利润总额合计均保持增长态势。

华东地区利润总额合计一直排在第1位，2021年达到3461.51亿元，比上年增长5.78%，是2012年的1.68倍，平均增速为6.91%，排在第5位。利润总额合计占全国的比重有所下降，从2012年的43.24%下降到2021年的40.86%，平均降速0.63%。

中南地区利润总额合计一直排在第2位，2021年达到2112.73亿元，比上年降低0.01%，是2012年的2.14倍，平均增速为8.80%，排在第2位。利润总额合计占全国的比重呈上升趋势，从2012年的20.71%增长到2021年的24.94%，平均增速2.09%。

华北地区利润总额合计除2018年外一直排在第3位，2021年达到1306.28亿元，比上年降低4.57%，是2012年的2.03倍，平均增速为8.21%，排在第3位。利润总额合计占全国的比重呈上升趋势，从2012年的13.44%增长到2021

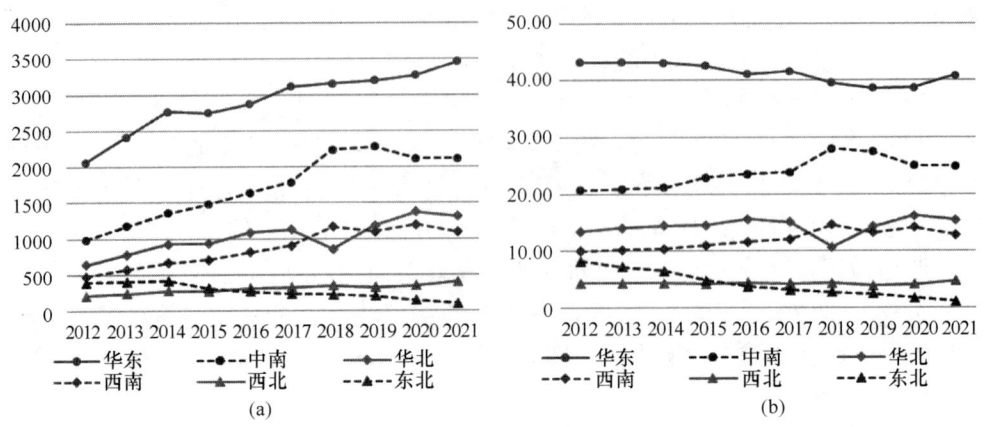

图 3-6 2012—2021 年六大区域建筑业利润总额合计情况
(a) 利润总额合计（亿元）；(b) 利润总额合计占全国比重（%）
资料来源：国家统计局《国家数据》《2022 中国统计年鉴》

年的 15.42%，平均增速 1.54%。

西南地区利润总额合计除 2018 年外一直排在第 4 位，2021 年为 1087.63 亿元，比上年降低 8.89%，是 2012 年的 2.27 倍，平均增速为 9.56%，排在第 1 位。利润总额合计占全国的比重呈上升趋势，从 2012 年的 10.01% 增长到 2021 年的 12.84%，平均增速 2.80%。

西北地区利润总额合计 2012 年排在第 6 位，2016 年上升到第 5 位并保持至今，2021 年为 402.66 亿元，比上年增长 14.29%，是 2012 年的 1.93 倍，平均增速为 7.56%，排在第 4 位。利润总额合计占全国的比重略有提高，从 2012 年的 4.37% 增长到 2021 年的 4.75%，平均增速 0.93%。

东北地区利润总额合计 2012 年排在第 5 位，2016 年下降到第 6 位并保持至今，2021 年为 100.01 亿元，比上年降低 32.21%，是 2012 年的 0.25 倍，平均降速为 14.09%。利润总额合计占全国的比重呈下降趋势，从 2012 年的 8.21% 下降到 2021 年的 1.18%，平均降速 19.39%。

### 3.1.8 2021 年常规分类的六大区域建筑业主要指标排序分析

2021 年常规分类的六大区域建筑业主要指标位次排序、占全国比重排序结果如表 3-1 所示。

2021年常规分类的六大区域建筑业主要指标位次排序　　　　表 3-1

| 区域 | 建筑业增加值 | | 营业收入 | | 建筑业总产值 | | 本年新签合同额 | | 资产总额 | | 利润总额 | |
|---|---|---|---|---|---|---|---|---|---|---|---|---|
| | 位次 | 占比(%) | 位次 | 占比(%) | 位次 | 占比(%) | 位次 | 占比(%) | 位次 | 占比(%) | 位次 | 占比(%) |
| 华东 | 1 | 37.99 | 1 | 40.89 | 1 | 41.99 | 1 | 38.01 | 1 | 32.61 | 1 | 40.86 |
| 中南 | 2 | 25.95 | 2 | 25.09 | 2 | 25.59 | 2 | 27.30 | 2 | 22.74 | 2 | 24.94 |
| 西南 | 3 | 16.51 | 4 | 11.87 | 3 | 13.47 | 3 | 13.03 | 4 | 13.96 | 4 | 12.84 |
| 华北 | 4 | 9.01 | 3 | 13.40 | 4 | 10.95 | 4 | 13.00 | 3 | 19.76 | 3 | 15.42 |
| 西北 | 5 | 6.74 | 5 | 5.90 | 5 | 5.40 | 5 | 6.02 | 5 | 7.06 | 5 | 4.75 |
| 东北 | 6 | 3.81 | 6 | 2.84 | 6 | 2.60 | 6 | 1.14 | 6 | 3.87 | 6 | 1.18 |

## 3.2　八大经济区域的建筑业发展状况分析

### 3.2.1　八大经济区域的构成

我国八大经济区域包括东北地区、北部沿海、东部沿海、南部沿海、黄河中游、长江中游、西南地区和大西北地区。东北地区与常规分类相同；北部沿海包括北京、天津、河北、山东4个地区；东部沿海包括上海、江苏、浙江3个地区；南部沿海包括福建、广东、海南3个地区；黄河中游包括山西、内蒙古、河南、陕西4个地区；长江中游包括安徽、江西、湖北、湖南4个地区；西南地区包括广西、重庆、四川、贵州、云南5个地区；大西北地区包括西藏、甘肃、青海、宁夏、新疆5个地区。

### 3.2.2　建筑业增加值

2012—2021年，我国八大经济区域建筑业增加值的情况如图3-7所示。

2012—2021年，各大经济区域建筑业增加值均保持增长态势。

西南地区建筑业增加值从2012年的第4位上升到2021年的第1位，2021年达到1.48万亿元，比上年增长9.27%，是2012年的2.82倍，平均增速为12.21%，排在第1位。建筑业增加值占全国的比重呈上升趋势，从2012年的14.88%上升到2021年的18.46%，平均增速2.42%。

长江中游建筑业增加值2021年的位次与2012年持平，保持在第2位，2021

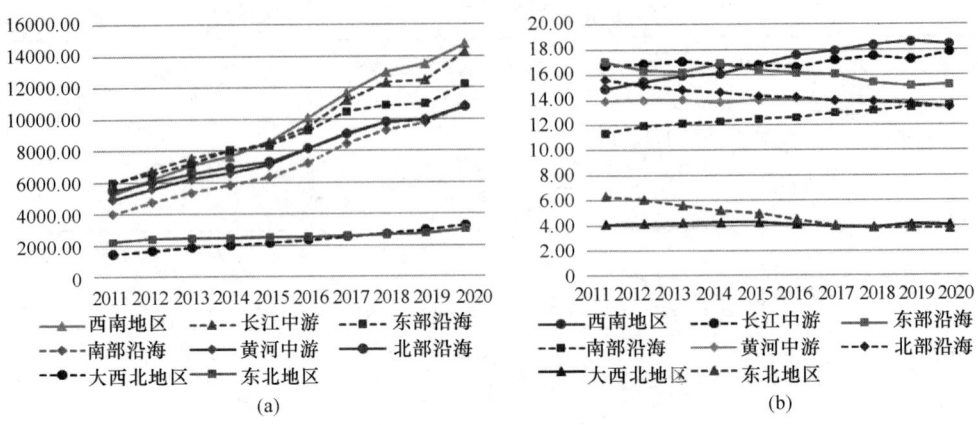

图 3-7 2012—2021 年八大经济区域建筑业增加值情况
(a) 建筑业增加值（亿元）；(b) 建筑业增加值占全国比重（%）
资料来源：国家统计局《国家数据》

年达到 1.43 万亿元，比上年增长 14.30%，是 2012 年的 2.42 倍，平均增速为 10.33%，排在第 3 位。建筑业增加值占全国的比重呈微升趋势，从 2012 年的 16.73% 上升到 2021 年的 17.83%，平均增速 0.71%。

东部沿海建筑业增加值从 2012 年的第 1 位下降到 2021 年的第 3 位，2021 年为 1.22 万亿元，比上年增长 11.19%，是 2012 年的 2.03 倍，平均增速为 8.20%，排在第 6 位。建筑业增加值占全国的比重呈下降趋势，从 2012 年的 17.05% 下降到 2021 年的 15.25%，平均降速 1.24%。

南部沿海建筑业增加值从 2012 年的第 6 位上升到 2021 年的第 4 位，2021 年为 1.09 万亿元，比上年增长 11.45%，是 2012 年的 2.72 倍，平均增速为 11.75%，排在第 2 位。建筑业增加值占全国的比重呈上升趋势，从 2012 年的 11.35% 上升到 2021 年的 13.58%，平均增速 2.01%。

黄河中游建筑业增加值 2021 年的位次与 2012 年持平，保持在第 5 位，2021 年达到 1.08 万亿元，比上年增长 8.43%，是 2012 年 2.20 倍，平均增速为 9.18%，排在第 5 位。建筑业增加值占全国的比重呈微降趋势，从 2012 年的 13.93% 下降到 2021 年的 13.51%，平均降速 0.34%。

北部沿海建筑业增加值从 2012 年的第 5 位下降到 2021 年的第 6 位，2021 年为 1.08 万亿元，比上年增长 8.30%，是 2012 年的 1.96 倍，平均增速为 7.75%，排在第 7 位。建筑业增加值占全国的比重呈下降趋势，从 2012 年的 15.63% 下降到 2021 年的 13.46%，平均降速 1.64%。

大西北地区从 2012 年的第 8 位上升到 2021 年的第 7 位，2021 年为 0.33 万亿元，比上年增长 10.09%，是 2012 年的 2.28 倍，平均增速为 9.60%，排在第 4 位。建筑业增加值占全国的比重呈微升趋势，从 2012 年的 4.09% 上升到 2021 年的 4.11%，平均增速 0.04%。

东北地区建筑业增加值从 2012 年的第 7 位下降到 2021 年的第 8 位，2021 年为 0.30 万亿元，比上年增长 9.84%，是 2012 年的 1.37 倍，平均增速为 3.53%，排在第 8 位。建筑业增加值占全国的比重呈下降趋势，从 2012 年的 6.33% 下降到 2021 年的 3.81%，平均降速 5.50%。

### 3.2.3 营业收入

2012—2021 年，我国八大经济区域营业收入的情况如图 3-8 所示。

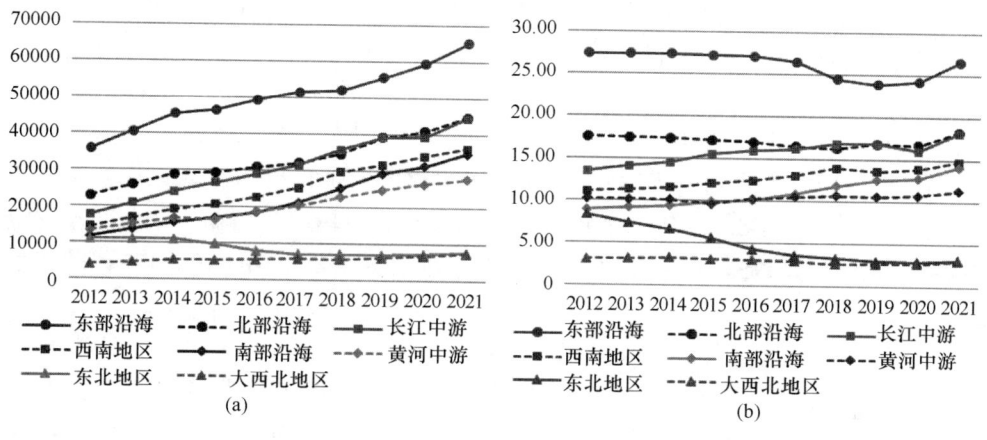

图 3-8　2012—2021 年八大经济区域营业收入情况
（a）营业收入（亿元）；（b）营业收入占全国比重（%）
资料来源：国家统计局《国家数据》《2022 中国统计年鉴》

2012—2021 年，除东北地区外，其他各大经济区域营业收入均保持增长态势。

东部沿海营业收入一直保持在第 1 位，2021 年为 6.51 万亿元，比上年增长 9.63%，是 2012 年的 1.83 倍，平均增速为 6.93%，排在第 7 位。营业收入占全国的比重呈下降趋势，从 2012 年的 27.37% 下降到 2021 年的 24.30%，平均降速 1.31%。

北部沿海营业收入除 2018 年外一直保持在第 2 位，2021 年为 4.47 万亿元，比上年增长 9.58%，是 2012 年的 1.96 倍，平均增速为 7.75%，排在第 5 位。营业收入占全国的比重呈微降趋势，从 2012 年的 17.54% 下降到 2021 年的 16.69%，平均降速 0.55%。

长江中游营业收入除 2018 年外一直保持在第 3 位，2021 年达到 4.45 万亿元，比上年增长 13.38%，是 2012 年的 2.54 倍，平均增速为 10.92%，排在第 2 位。营业收入占全国的比重呈上升趋势，从 2012 年的 13.36% 上升到 2021 年的 16.62%，平均增速 2.37%。

西南地区营业收入一直保持在第 4 位，2021 年达到 3.61 万亿元，比上年增长 6.25%，是 2012 年的 2.51 倍，平均增速为 10.77%，排在第 3 位。营业收入占全国的比重呈上升趋势，从 2012 年的 11.06% 上升到 2021 年的 13.49%，平均增速 2.24%。

南部沿海营业收入 2012 年排在第 6 位，2015 年上升到第 5 位，2016 年下降到第 6 位，2017 年再次上升到第 5 位并保持至今，2021 年为 3.47 万亿元，比上年增长 10.09%，是 2012 年的 2.98 倍，平均增速为 12.90%，排在第 1 位。营业收入占全国的比重呈上升趋势，从 2012 年的 8.94% 上升到 2021 年的 12.95%，平均增速 4.20%。

黄河中游 2012 年排在第 5 位，2015 年下降到第 6 位，2016 年上升到第 5 位，2017 年再次下降到第 6 位并保持至今，2021 年为 2.77 万亿元，比上年增长 5.20%，是 2012 年 2.09 倍，平均增速为 8.52%，排在第 4 位。营业收入占全国的比重呈微升趋势，从 2012 年的 10.20% 上升到 2021 年的 10.34%，平均增速 0.16%。

东北地区营业收入一直保持在第 7 位，2021 年为 0.76 万亿元，比上年增长 6.52%，是 2012 年的 0.70 倍，平均降速为 3.90%。营业收入占全国的比重呈下降趋势，从 2012 年的 8.37% 下降到 2021 年的 2.84%，平均降速 11.31%。

大西北地区营业收入一直排在第 8 位，2021 年为 0.74 万亿元，比上年增长 10.74%，是 2012 年的 1.85 倍，平均增速为 7.10%，排在第 6 位。营业收入占全国的比重呈下降趋势，从 2012 年的 3.06% 下降到 2021 年的 2.76%，平均降速 1.15%。

### 3.2.4 建筑业总产值

2012—2021 年，我国八大经济区域建筑业总产值的情况如图 3-9 所示。

2012—2021 年，除东北地区外，各大经济区域建筑业总产值均保持增长态势。

东部沿海建筑业总产值一直排在第 1 位，2021 年达到 7.05 万亿元，比上年增长 9.35%，是 2012 年的 1.74 倍，平均增速为 6.32%，排在第 7 位。建筑业总产值占全国的比重呈下降趋势，从 2012 年的 29.59% 下降到 2021 年的

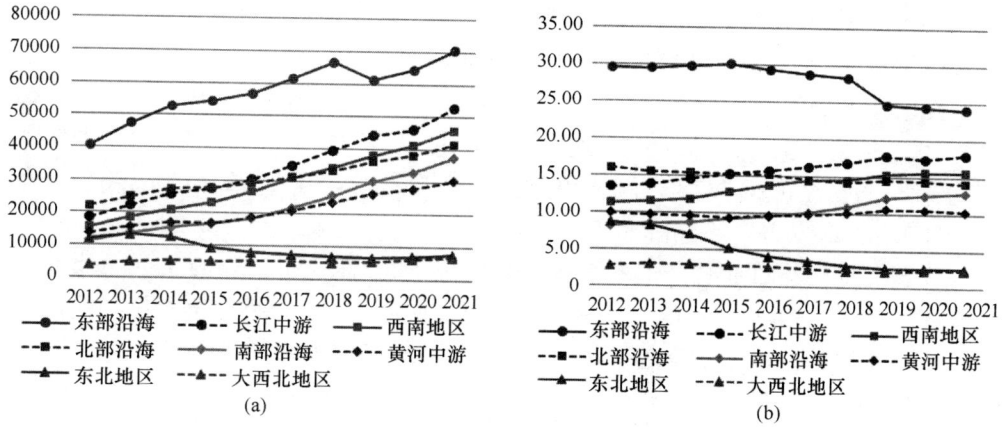

图 3-9 2012—2021 年八大经济区域建筑业总产值情况
（a）建筑业总产值（亿元）；（b）建筑业总产值占全国比重（%）
资料来源：国家统计局《国家数据》

24.05%，平均降速 2.28%。

长江中游建筑业总产值 2012 年排在第 3 位，2016 年上升到第 2 位并保持至今，2021 年达到 5.27 万亿元，比上年增长 14.44%，是 2012 年的 2.85 倍，平均增速为 12.34%，排在第 3 位。建筑业总产值占全国的比重呈上升趋势，从 2012 年的 13.46% 上升到 2021 年的 17.97%，平均增速 3.26%。

西南地区建筑业总产值 2012 年排在第 4 位，2018 年上升到第 3 位并保持至今，2021 年达到 4.59 万亿元，比上年增长 11.30%，是 2012 年的 2.96 倍，平均增速为 12.82%，排在第 2 位。建筑业总产值占全国的比重呈上升趋势，从 2012 年的 11.30% 上升到 2021 年的 15.66%，平均增速 3.69%。

北部沿海建筑业总产值 2012 年排在第 2 位，2018 年下降到第 4 位并保持至今，2021 年为 4.15 万亿元，比上年增长 8.77%，是 2012 年的 1.89 倍，平均增速为 7.32%，排在第 5 位。建筑业总产值占全国的比重呈下降趋势，从 2012 年的 16.03% 下降到 2021 年的 14.17%，平均降速 1.36%。

南部沿海建筑业总产值 2012 年排在第 7 位，2013 年上升到第 6 位，2018 年上升到第 5 位并保持至今，2021 年为 3.76 万亿元，比上年增长 14.16%，是 2012 年的 3.35 倍，平均增速为 14.38%，排在第 1 位。建筑业总产值占全国的比重呈上升趋势，从 2012 年的 8.18% 上升到 2021 年的 12.83%，平均增速 5.13%。

黄河中游建筑业总产值 2012 年排在第 5 位，2017 年下降到第 6 位并保持至今，2021 年为 3.03 万亿元，比上年增长 8.80%，是 2012 年 2.22 倍，平均增速为9.28%，排在第4位。建筑业总产值占全国的比重呈微升趋势，从2012年的9.95%上升到2021年的10.35%，平均增速0.44%。

东北地区建筑业总产值2012年排在第6位，2013年下降到第7位并保持至今，2021年为0.76万亿元，比上年增长8.41%，是2012年的0.64倍，平均降速为4.84%。建筑业总产值占全国的比重呈下降趋势，从2012年的8.68%下降到2021年的2.60%，平均降速12.54%。

大西北地区建筑业总产值一直排在第8位，2021年为0.69万亿元，比上年增长12.01%，是2012年的1.79倍，平均增速为6.71%，排在第6位。建筑业总产值占全国的比重呈下降趋势，从2012年的2.82%下降到2021年的2.37%，平均降速1.92%。

### 3.2.5 本年新签合同额

2012—2021年，我国八大经济区域本年新签合同额的情况如图3-10所示。

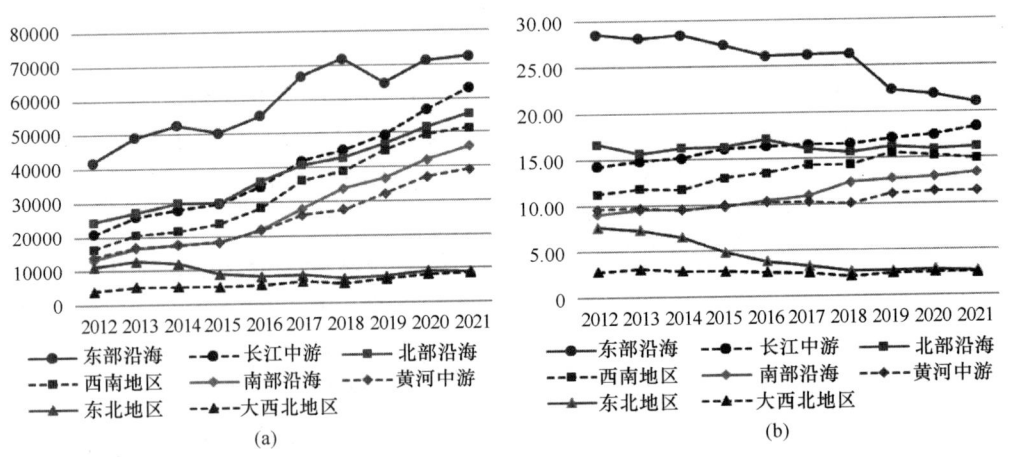

图3-10　2012—2021年八大经济区域本年新签合同额情况
(a) 本年新签合同额（亿元）；(b) 本年新签合同额占全国比重（%）
资料来源：国家统计局《国家数据》

2012—2021年，除东北地区外，各大经济区域本年新签合同额均保持增长态势。

东部沿海本年新签合同额一直排在第1位，2021年为7.23万亿元，比上年增长1.63%，是2012年的1.73倍，平均增速为6.25%，排在第7位。本年新签合同额占全国的比重呈下降趋势，从2012年的28.56%下降到2021年的20.99%，平均降速3.36%。

长江中游本年新签合同额2012年排在第3位，2017年上升到第2位并保持至今，2021年达到6.30万亿元，比上年增长11.07%，是2012年的3.01倍，平均增速为13.01%，排在第3位。本年新签合同额占全国的比重呈上升趋势，从2012年的14.27%上升到2021年的18.28%，平均增速2.79%。

北部沿海本年新签合同额2012年排在第2位，2017年下降到第3位并保持至今，2021年为5.55万亿元，比上年增长7.49%，是2012年的2.27倍，平均增速为9.52%，排在第5位。本年新签合同额占全国的比重呈微降趋势，从2012年的16.66%下降到2021年的16.10%，平均降速0.38%。

西南地区本年新签合同额2012年排在第4位，2021年达到5.12万亿元，比上年增长3.83%，是2012年的3.09倍，平均增速为13.35%，排在第2位。本年新签合同额占全国的比重呈上升趋势，从2012年的11.29%上升到2021年的14.87%，平均增速3.10%。

南部沿海本年新签合同额2012年排在第6位，2014年上升到第5位，2015年下降到第6位，2016年再次上升到第5位并保持至今，2021年为4.59万亿元，比上年增长9.33%，是2012年的3.43倍，平均增速为14.69%，排在第1位。本年新签合同额占全国的比重呈上升趋势，从2012年的9.10%上升到2021年的13.31%，平均增速4.31%。

黄河中游2012年排在第5位，2014年下降到第6位，2015年重返第5位，2016年再次下降到第6位并保持至今，2021年达到3.91万亿元，比上年增长5.98%，是2012年2.76倍，平均增速为11.95%，排在第4位。本年新签合同额占全国的比重呈上升趋势，从2012年的9.63%上升到2021年的11.34%，平均增速1.83%。

东北地区本年新签合同额一直排在第7位，2021年为0.91万亿元，比上年降低2.09%，是2012年的0.80倍，平均降速为2.39%。本年新签合同额占全国的比重呈下降趋势，从2012年的7.67%下降到2021年的2.63%，平均降速11.22%。

大西北地区本年新签合同额一直排在第8位，2021年为0.86万亿元，比上年增长3.67%，是2012年的2.08倍，平均增速为8.47%，排在第6位。本年新签合同额占全国的比重呈下降趋势，从2012年的2.81%下降到2021年的2.49%，平均降速1.34%。

## 3.2.6 资产总额合计

2012—2021年，我国八大经济区域资产总额合计的情况如图3-11所示。

2012—2021年，各大经济区域资产总额合计均保持增长态势。

北部沿海资产总额合计2012年排在第2位，2014年上升到第1位并保持至

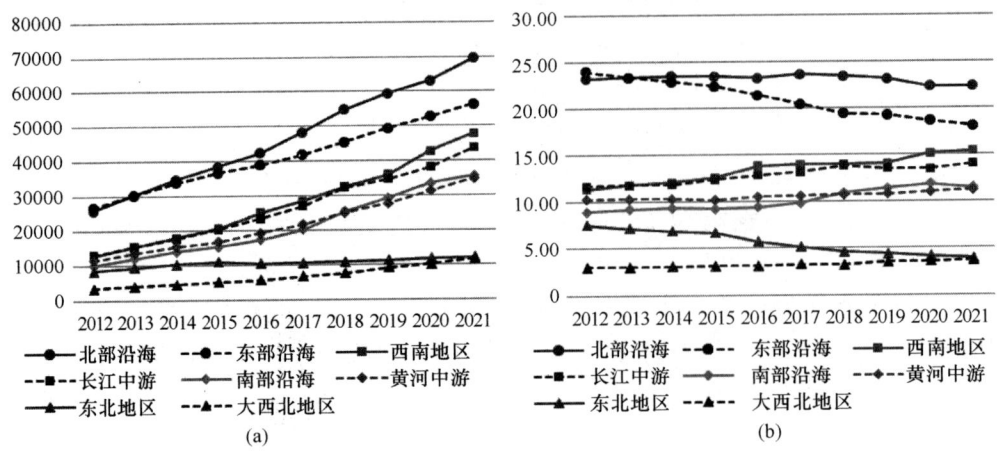

图 3-11 2012—2021 年八大经济区域资产总额合计情况
（a）资产总额合计（亿元）；（b）资产总额合计占全国比重（%）
资料来源：国家统计局《国家数据》《2022 中国统计年鉴》

今，2021 年为 6.95 万亿元，比上年增长 10.15%，是 2012 年的 2.69 倍，平均增速为 11.60%，排在第 6 位。资产总额合计占全国的比重呈微降趋势，从 2012 年 23.17% 下降到 2021 年的 22.33%，平均降速 0.41%。

东部沿海资产总额合计 2012 年排在第 1 位，2014 年下降到第 2 位并保持至今，2021 年为 5.62 万亿元，比上年增长 6.84%，是 2012 年的 2.10 倍，平均增速为 8.60%，排在第 7 位。资产总额合计占全国的比重呈下降趋势，从 2012 年 23.97% 下降到 2021 年的 18.06%，平均降速 3.09%。

西南地区资产总额合计 2012 年排在第 4 位，2015 年上升到第 3 位并保持至今，2021 年达到 4.78 万亿元，比上年增长 11.85%，是 2012 年的 3.77 倍，平均增速为 15.90%，排在第 1 位。资产总额合计占全国的比重呈上升趋势，从 2012 年 11.35% 上升到 2021 年的 15.36%，平均增速 3.42%。

长江中游资产总额合计 2012 年排在第 3 位，2015 年下降到第 4 位并保持至今，2021 年达到 4.36 万亿元，比上年增长 14.61%，是 2012 年的 3.33 倍，平均增速为 14.32%，排在第 4 位。资产总额合计占全国的比重呈上升趋势，从 2012 年 11.72% 上升到 2021 年的 14.02%，平均增速 2.01%。

南部沿海资产总额 2012 年排在第 6 位，2018 年上升到第 5 位并保持至今，2021 年为 3.57 万亿元，比上年增长 6.41%，是 2012 年的 3.56 倍，平均增速为 15.17%，排在第 2 位。资产总额合计占全国的比重呈上升趋势，从 2012 年 8.96% 上升到 2021 年的 11.46%，平均增速 2.77%。

黄河中游资产总额合计 2012 年排在第 5 位，2018 年下降到第 6 位并保持至今，2021年为3.48万亿元，比上年增长11.57%，是2012年3.03倍，平均增速为13.12%，排在第5位。资产总额合计占全国的比重呈微升趋势，从2012年10.28%上升到2021年的11.19%，平均增速0.95%。

东北地区资产总额合计一直保持在第7位，2021年为1.20万亿元，比上年增长3.01%，是2012年的1.43倍，平均增速为4.06%，排在第8位。资产总额合计占全国的比重呈下降趋势，从2012年的7.54%下降到2021年的3.87%，平均降速7.15%。

大西北地区资产总额合计一直保持在第8位，2021年为1.15万亿元，比上年增长15.11%，是2012年的3.43倍，平均增速为14.68%，排在第3位。资产总额合计占全国的比重呈上升趋势，从2012年3.01%上升到2021年的3.71%，平均增速2.34%。

### 3.2.7 利润总额合计

2012—2021年，我国八大经济区域利润总额合计的情况如图3-12所示。

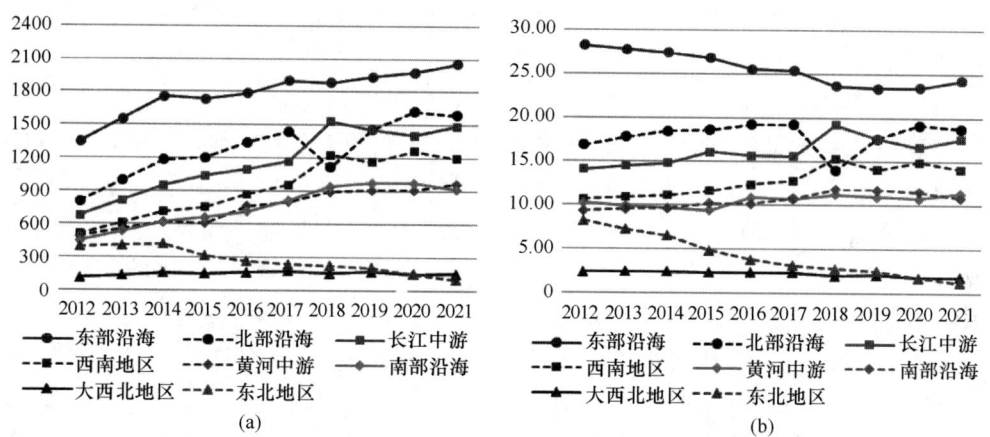

图3-12 2012—2021年八大经济区域利润总额合计情况
（a）利润总额合计（亿元）；（b）利润总额合计占全国比重（%）
资料来源：国家统计局《国家数据》《2022中国统计年鉴》

2012—2021年，除东北地区外，其他各大经济区域利润总额合计均保持增长态势。

东部沿海利润总额合计一直排在第1位，2021年为2052.82亿元，比上年增长3.81%，是2012年的1.52倍，平均增速为4.77%，排在第6位。利润额合计占全国的比重呈下降趋势，从2012年28.26%下降到2021年的24.23%，平均降速1.69%。

北部沿海利润总额合计除 2018、2019 两年外均排在第 2 位，2021 年为 1589.66 亿元，比上年降低 1.92%，是 2012 年的 1.97 倍，平均增速为 7.85%，并列排在第 4 位。利润总额合计占全国的比重呈上升趋势，从 2012 年 16.86% 上升到 2021 年的 18.77%，平均增速 1.20%。

长江中游利润总额合计除 2018、2019 两年外均排在第 3 位，2021 年达到 1489.57 亿元，是 2012 年的 2.21 倍，平均增速为 9.21%，排在第 2 位。利润总额合计占全国的比重呈上升趋势，从 2012 年 14.11% 上升到 2021 年的 17.58%，平均增速 2.48%。

西南地区利润总额合计除 2018 年外均排在第 4 位，2021 年达到 1199.93 亿元，比上年降低 4.95%，是 2012 年的 2.36 倍，平均增速为 10.01%，排在第 1 位。利润总额合计占全国的比重呈上升趋势，从 2012 年 10.65% 上升到 2021 年的 14.17%，平均增速 3.22%。

黄河中游利润总额合计 2012 年排在第 5 位，2014 年下降到第 6 位，2016 年上升到第 5 位，2017 年再次下降到第 6 位，2021 年重新回到第 5 位，达到 965.21 亿元，比上年增长 6.22%，是 2012 年 1.97 倍，平均增速为 7.85%，并列排在第 4 位。利润总额合计占全国的比重呈上升趋势，从 2012 年 10.23% 上升到 2021 年的 11.39%，平均增速 1.20%。

南部沿海利润总额合计 2012 年排在第 6 位，2014 年上升到第 5 位，2016 年下降到第 6 位，2017 年再次上升到第 5 位，2021 年重新回到第 6 位，达到 919.91 亿元，是 2012 年的 2.07 倍，平均增速为 10.87%，排在第 3 位。利润总额合计占全国的比重呈上升趋势，从 2012 年 9.32% 上升到 2021 年的 10.86%，平均增速 1.71%。

大西北地区 2012 年排在第 8 位，2020 年上升到第 7 位并保持至今，2021 年为 153.70 亿元，比上年上升 3.11%，是 2012 年的 1.37 倍，平均增速为 3.52%，排在第 7 位。利润总额合计占全国的比重呈下降趋势，从 2012 年 2.36% 下降到 2021 年的 1.81%，平均降速 2.87%。

东北地区利润总额合计 2012 年排在第 7 位，2020 年下降到第 8 位并保持至今，2021 年为 100.01 亿元，比上年降低 32.21%，是 2012 年的 0.25 倍，平均降速为 14.09%。利润总额合计占全国的比重呈下降趋势，从 2012 年的 8.21% 下降到 2021 年的 1.18%，平均降速 19.39%。

### 3.2.8 2021 年八大经济区域建筑业主要指标排序分析

2021 年八大区域建筑业主要指标位次排序、占全国比重排序结果如表 3-2 所示。

**2021 年八大经济区域建筑业主要指标位次排序**　　　　　　　　　表 3-2

| 区域 | 建筑业增加值 | | 营业收入 | | 建筑业总产值 | | 本年新签合同额 | | 资产总额 | | 利润总额 | |
|---|---|---|---|---|---|---|---|---|---|---|---|---|
| | 位次 | 占比(%) | 位次 | 占比(%) | 位次 | 占比(%) | 位次 | 占比(%) | 位次 | 占比(%) | 位次 | 占比(%) |
| 东部沿海 | 3 | 15.25 | 1 | 24.30 | 1 | 24.05 | 1 | 20.99 | 2 | 18.06 | 1 | 24.23 |
| 北部沿海 | 6 | 13.46 | 2 | 16.69 | 4 | 14.17 | 3 | 16.10 | 1 | 22.33 | 2 | 18.77 |
| 长江中游 | 2 | 17.83 | 3 | 16.62 | 2 | 17.97 | 2 | 18.28 | 4 | 14.02 | 3 | 17.58 |
| 西南地区 | 1 | 18.46 | 4 | 13.49 | 3 | 15.66 | 4 | 14.87 | 3 | 15.36 | 4 | 14.17 |
| 南部沿海 | 4 | 13.58 | 5 | 12.95 | 5 | 12.83 | 5 | 13.31 | 5 | 11.46 | 6 | 10.86 |
| 黄河中游 | 5 | 13.51 | 6 | 10.34 | 6 | 10.35 | 6 | 11.34 | 6 | 11.19 | 5 | 11.39 |
| 东北地区 | 8 | 3.81 | 7 | 2.84 | 7 | 2.60 | 7 | 2.63 | 7 | 3.87 | 8 | 1.18 |
| 大西北地区 | 7 | 4.11 | 8 | 2.76 | 8 | 2.37 | 8 | 2.49 | 8 | 3.71 | 7 | 1.81 |

## 3.3　三大地带建筑业发展状况分析

### 3.3.1　三大地带的构成

我国三大地带包括东部地带、中部地带和西部地带。东部地带包括北京、天津、河北、辽宁、上海、江苏、浙江、福建、山东、广东、海南11个地区；中部地带包括山西、吉林、黑龙江、安徽、江西、河南、湖北、湖南8个地区；西部地带包括内蒙古、广西、重庆、四川、贵州、云南、西藏、陕西、甘肃、青海、宁夏、新疆12个地区。

### 3.3.2　建筑业增加值

2012—2021年，我国三大地带建筑业增加值的情况如图3-13所示。

2012—2021年，三大地带建筑业增加值均保持增长态势。

东部地带建筑业增加值一直保持领先，2021年达到3.55万亿元，比上年增长10.21%，是2012年的2.13倍，平均增速为8.76%，排在第3位。建筑业增加值占全国的比重呈下降趋势，从2012年的47.32%下降到2021年的44.34%，平均降速0.37%。

中部地带建筑业增加值前些年一直排在第2位，但2020年被西部地带反超降到了第3位，2021年为2.24万亿元，比上年增长12.79%，又回归到第2位，

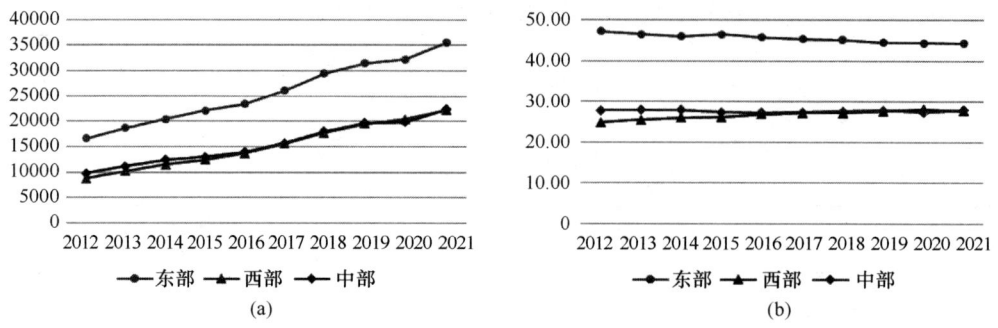

图 3-13　2012—2021 年三大地带建筑业增加值情况
（a）建筑业增加值（亿元）；（b）建筑业增加值占全国比重（%）
资料来源：国家统计局《国家数据》

是 2012 年的 2.29 倍，平均增速为 9.62%，排在第 1 位。建筑业增加值占全国的比重呈上升趋势，从 2012 年的 27.77% 上升到 2021 年的 27.93%，平均增速 0.06%。

西部地带建筑业增加值前些年一直排在第 3 位，2020 年超过中部地带排到第 2 位，2021 年达到 2.22 万亿元，比上年增长 8.83%，位次又回归到第 3 位，是 2012 年的 2.53 倍，平均增速为 10.87%，排在第 1 位。建筑业增加值占全国的比重呈上升趋势，从 2012 年的 24.91% 上升到 2021 年的 27.73%，平均增速 1.20%。

### 3.3.3　营业收入

2012—2021 年，我国三大地带建筑业营业收入的情况如图 3-14 所示。

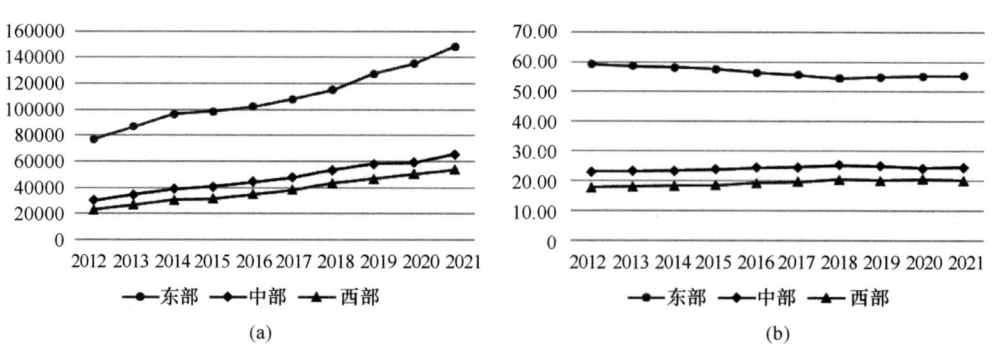

图 3-14　2012—2021 年三大地带建筑业营业收入情况
（a）营业收入（亿元）；（b）营业收入占全国比重（%）
资料来源：国家统计局《国家数据》《2022 中国统计年鉴》

2012—2021年,三大地带建筑业营业收入均保持增长态势。

东部地带建筑业营业收入一直保持领先,2021年达到14.85万亿元,比上年增长9.75%,是2012年的1.93倍,平均增速为7.57%,排在第3位。建筑业营业收入占全国的比重呈下降趋势,从2012年的59.16%下降到2021年的55.43%,平均降速0.72%。

中部地带建筑业营业收入一直排在第2位,2021年达到6.57万亿元,比上年增长10.81%,是2012年的2.19倍,平均增速为9.10%,排在第2位。建筑业营业收入占全国的比重呈微升趋势,从2012年的23.03%增长到2021年的24.52%,平均增速0.70%。

西部地带建筑业营业收入一直排在第3位,2021年为5.37万亿元,比上年增长6.83%,是2012年的2.32倍,平均增速为9.79%,排在第1位。建筑业营业收入占全国的比重呈上升趋势,从2012年的17.80%增长到2021年的20.06%,平均增速1.33%。

## 3.3.4 建筑业总产值

2012—2021年,我国三大地带建筑业建筑业总产值的情况如图3-15所示。

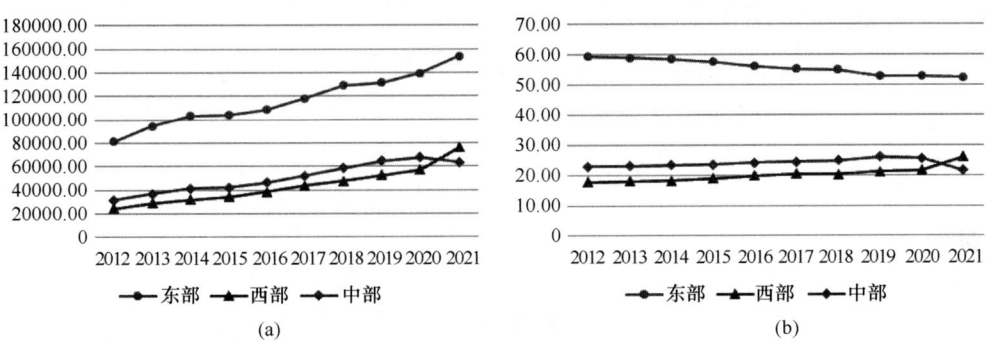

图3-15 2012—2021年三大地带建筑业总产值情况
(a) 建筑业总产值(亿元);(b) 建筑业总产值占全国比重(%)
资料来源:国家统计局《国家数据》

2012—2021年,三大地带建筑业总产值总体上均保持增长态势。

东部地带建筑业总产值一直保持领先,2021年达到15.37万亿元,比上年增长10.23%,是2012年的1.89倍,平均增速为7.32%,排在第3位。建筑业总产值占全国的比重呈下降趋势,从2012年的59.29%下降到2021年的52.44%,平均降速1.36%。

西部地带建筑业总产值一直排在第3位,但2021年反超中部上升到第2位,

2021年为7.61万亿元,比上年增长33.34%,是2012年的3.13倍,平均增速为13.50%,排在第1位。建筑业总产值占全国的比重呈上升趋势,从2012年的17.74%上升到2021年的25.97%,平均增速4.32%。

中部地带建筑业总产值一直排在第2位,但2021年被西部反超下降到第3位,2021年达到6.33万亿元,比上年降低6.17%,是2012年的2.01倍,平均增速为8.06%,排在第2位。建筑业总产值占全国的比重2019年以前一直呈上升趋势,但此后连续两年下降,从2012年的22.97%上升到2019年的26.01%,又下降到2021年的21.60%,平均降速0.68%。

### 3.3.5 本年新签合同额

2012—2021年,我国三大地带建筑业本年新签合同额的情况如图3-16所示。

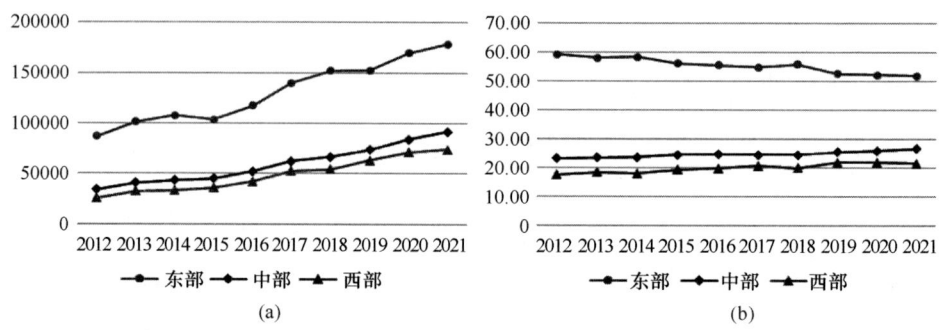

图3-16 2012—2021年三大地带本年新签合同额情况
(a) 本年新签合同额（亿元）;(b) 本年新签合同额占全国比重（%）
资料来源:国家统计局《国家数据》

2012—2021年,三大地带本年新签合同额均保持增长态势。

东部地带本年新签合同额一直保持领先,2021年达到17.86万亿元,比上年增长5.17%,是2012年的2.05倍,平均增速为8.31%,排在第3位。本年新签合同额占全国的比重呈下降趋势,从2012年的59.31%下降到2021年的51.84%,平均降速1.48%。

中部地带本年新签合同额一直排在第2位,2021年达到9.19万亿元,比上年增长9.11%,是2012年的2.71倍,平均增速为11.70%,排在第2位。本年新签合同额占全国的比重呈上升趋势,从2012年的23.14%上升到2021年的26.68%,平均增速1.60%。

西部地带本年新签合同额一直排在第3位,2021年为7.40万亿元,比上年增长4.19%,是2012年的2.87倍,平均增速为12.44%,排在第1位。本年新签合同额占全国的比重呈上升趋势，从 2012 年的 17.55% 上升到 2021 年的 21.48%，平均增速 2.27%。

## 3.3.6 资产总额合计

2012—2021 年，我国三大地带建筑业资产总额合计的情况如图 3-17 所示。

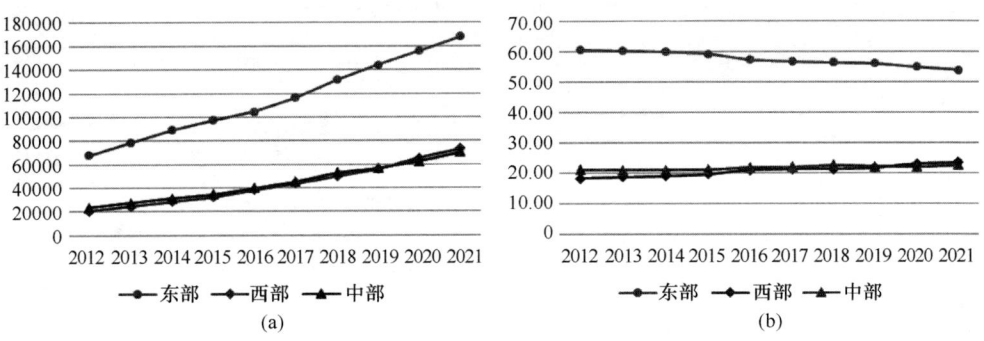

图 3-17　2012—2021 年三大地带资产总额合计情况
（a）资产总额合计（亿元）；（b）资产总额合计占全国比重（%）
资料来源：国家统计局《国家数据》《2022 中国统计年鉴》

2012—2021 年，三大地带资产总额合计均保持增长态势。

东部地带资产总额合计一直保持领先，2021 年达到 16.81 万亿元，比上年增长 7.95%，是 2012 年的 2.48 倍，平均增速为 10.62%，排在第 3 位。资产总额合计占全国的比重呈下降趋势，从 2012 年的 60.67% 下降到 2021 年的 53.99%，平均降速 1.29%。

西部地带资产总额合计前些年一直排在第 3 位，但 2020 年超过中部地带上升到第 2 位并保持至今，2021 年达到 7.31 万亿元，比上年增长 12.22%，是 2012 年的 3.58 倍，平均增速为 15.24%，排在第 1 位。资产总额合计占全国的比重呈上升趋势，从 2012 年的 18.27% 增长到 2021 年的 23.49%，平均增速 2.83%。

中部地带资产总额合计前些年一直排在第 2 位，但 2020 年被西部地带反超降到第 3 位并保持至今，2021 年为 7.01 万亿元，比上年增长 12.73%，是 2012 年的 2.98 倍，平均增速为 12.90%，排在第 1 位。资产总额合计占全国的比重呈微升趋势，从 2012 年的 21.06% 增长到 2021 年的 22.52%，平均增速 0.75%。

## 3.3.7 利润总额合计

2012—2021年,我国三大地带建筑业利润总额合计的情况如图3-18所示。

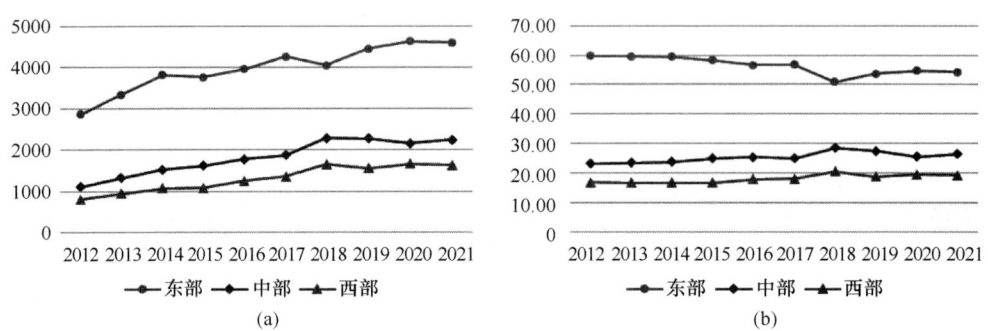

图3-18 2012—2021年三大地带利润总额合计情况
(a) 利润总额合计(亿元);(b) 利润总额合计占全国比重(%)
资料来源:国家统计局《国家数据》《2022中国统计年鉴》

2012—2021年,三大地带利润总额合计均保持增长态势。

东部地带利润总额合计一直保持领先,2021年达到4598.54亿元,比上年降低0.77%,是2012年的1.61倍,平均增速为5.43%,排在第3位。利润总额合计占全国的比重呈微降趋势,从2012年的59.80%下降到2021年的54.29%,平均降速1.07%。

中部地带利润总额合计一直排在第2位,2021达到2241.14亿元,比上年增长3.89%,是2012年的2.01倍,平均增速为8.09%,排在第2位。利润总额合计占全国的比重呈上升趋势,从2012年的23.29%增长到2021年的26.46%,平均增速1.43%。

西部地带利润总额合计一直排在第3位,2021年为1631.14亿元,比上年降低1.51%,是2012年的2.02倍,平均增速为8.12%,排在第1位。利润总额合计占全国的比重呈上升趋势,从2012年的16.91%增长到2021年的19.26%,平均增速1.45%。

## 3.3.8 2021年三大地带建筑业主要指标排序分析

2021年三大地带建筑业主要指标位次排序、占全国比重排序结果如表3-3所示。

**2021 年三大地带建筑业主要指标位次排序**  表 3-3

| 地带 | 建筑业增加值 | | 营业收入 | | 建筑业总产值 | | 本年新签合同额 | | 资产总额 | | 利润总额 | |
|---|---|---|---|---|---|---|---|---|---|---|---|---|
| | 位次 | 占比(%) | 位次 | 占比(%) | 位次 | 占比(%) | 位次 | 占比(%) | 位次 | 占比(%) | 位次 | 占比(%) |
| 东部 | 1 | 44.34 | 1 | 55.43 | 1 | 52.44 | 1 | 51.84 | 1 | 53.99 | 1 | 54.29 |
| 中部 | 2 | 27.93 | 2 | 24.52 | 3 | 21.60 | 2 | 26.68 | 3 | 22.52 | 2 | 26.46 |
| 西部 | 3 | 27.73 | 3 | 20.06 | 2 | 25.97 | 3 | 21.48 | 2 | 23.49 | 3 | 19.26 |

# 第4章 建筑业发展热点问题研究

本章根据政府官方网站发文以及行业主流媒体、相关报纸杂志发表的有关建筑业发展的学术论文,总结出建筑业高质量发展、建筑业企业转型升级、智能建造与建筑工业化、工程总承包、PPP模式、全过程咨询、建筑产业工人队伍培育、"双碳"目标下建筑业绿色发展研究等8个方面的23类突出问题和热点问题进行研讨。

## 4.1 建筑业高质量发展

### 4.1.1 建筑业高质量发展的挑战与路径研究

本部分围绕建筑业高质量发展的挑战与路径进行分析,专家普遍认为建筑业高质量发展应该聚焦于低碳可持续发展、智能化发展、高质量城镇化、企业竞争力提升等几个方面。

海通国际首席经济学家孙明春和海通国际ESG专业分析师夏韵[①]指出:"建筑是全球温室气体排放的重要来源。建筑物照明、供暖制冷设备和其他装置消耗了全球约40%的能源,这些能耗产生的碳排放相当于全球碳排放量的21%。因此,发展绿色建筑、加强低碳技术在建筑领域的创新、推广和应用是减少温室气体排放的主要路径,对中国实现'30·60'碳达峰、碳中和的目标尤为重要。"由此可见,低碳可持续发展是建筑业高质量发展的关键点之一。

全国政协委员、碧桂园董事局主席杨国强[②]指出:"传统建筑业因劳动强度大、工作环境差、安全风险高等特点对年轻人吸引力持续下降,建筑行业招工难、用工荒现象不断加剧。随着人工智能、机器人、5G、新材料等技术与建筑业的融合,智能建造时代正在到来。为进一步巩固创新发展成果,加快推动智能建造产品和技术的应用推广,应当:第一,大力支持建筑机器人及智能施工设备

---

[①] 孙明春,夏韵. 绿色建筑助力实现"双碳"目标 [N]. 第一财经日报,2021-11-17 (A11).
[②] 证券时报两会报道组. 加快智能建造产品应用 推动建筑业高质量发展 [N]. 证券时报,2022-03-08 (A04).

推广应用。第二，加快建立和完善智能建造创新监管机制与评定体系。建立适应智能建造特点的工程勘察设计、施工现场质量安全和合同履约监管制度。第三，加快建立智能建造相关标准体系。推动智能建造大规模应用。"与孙明春和夏韵的观点相比，杨国强认为智能建造是建筑业高质量发展的另一条道路。

江西省住房和城乡建设厅厅长卢天锡①表示："应当统筹推进住建领域各项工作，推动全省住建事业迈出高质量发展新步伐。加快推进城市高质量发展示范省建设。全面建立城市体检评估机制，实施中心城市培育、城市品质提升、生态城市建设、特色风貌塑造、城市韧性增强、智慧城市创新'六大工程'。加快推进建筑业转型升级高质量发展，全面提高绿色低碳建筑水平，大力发展装配式建筑，推动智能建造与新型建筑工业化协同发展，推进建筑业工业化、数字化、智能化升级，力争今年建筑业产值突破万亿元大关。"卢天锡除了肯定建筑工业化、数字化、智能化、绿色可持续是建筑业高质量发展的重要路径之外，还从城市发展的角度对建筑业高质量发展提出新的要求。

厦门市住房和城乡建设局党组书记、局长李德才②指出："提升效能要重在'优'字上下功夫，以'优'求效，不断优化营商环境，持续提升服务效能，真正实现高质量发展。优良的营商环境就是生产力，优质的政务服务就是竞争力。抓服务、抓招商，推动建筑业高质量发展。一是加快'扶大做强'，建立建筑行业龙头骨干企业名录库，从市场开拓、信用资质扶持、人才保障、融资、税收等多方面，全方位助力龙头骨干企业发展。二是加速'引优落地'，加强与部省沟通，加速新引进企业的资质审批落地。守好质量安全'底线'。加强市区联动，扎实开展安全生产专项整治三年行动，'严执法、强攻坚、促提升'，持续推进建筑施工安全隐患排查治理，强化重大危险源安全管控，鼓励企业提升质量，推动建设更多优质精品工程。"李德才认为人才保障有利于建筑业高质量发展，同时强调提升企业竞争力对建筑业高质量发展的重要意义。

全国政协委员、陕西建工控股集团有限公司董事长张义光③指出："我国人口众多，资源约束趋紧，只有以绿色为底色，发展才具有可持续性。建筑业要贯彻绿色发展理念，推广绿色化、工业化、信息化、集约化、产业化建造方式，实现绿色发展。建筑业的价值链复杂，链条上牵涉要素众多，这种产业属性导致建筑业的升级步伐一直比较缓慢。为此，陕建近年来不断提升信息化水平，为产业发展赋能。推动绿色发展，就必须转变大量建设、大量消耗、大量排放的建造方

---

① 徐黎明. 推动住建事业迈出高质量发展新步伐 [N]. 江西日报，2022-01-24 (002).
② 袁舒琪. 聚力"快""优""实"打造高质量发展引擎 [N]. 厦门日报，2022-03-24 (A02).
③ 甘甜，孙鹏. 陕西以新发展理念引领高质量发展 [N]. 陕西日报，2022-03-05 (001).

式。要大力发展装配式建筑，实现工业化、智能化建造，推动建筑业绿色转型升级。面对新时代绿色低碳发展的大趋势，企业需抓住机遇，迎接挑战，不断创新发展。同时，政府部门要加大政策支持，发挥政策的导向激励作用，降低企业转型升级成本，提高企业绿色发展积极性。"张义光肯定了绿色发展和工业化、智能化建造对建筑业发展的重大作用，与孙明春、夏韵、杨国强、卢天锡的观点一致。

### 4.1.2 建筑业高质量发展的评价标准

本部分围绕建筑业高质量发展的评价标准进行分析，专家观点普遍认为，建筑业高质量发展应该体现社会效益、环境效益、经济效益等几个关键点。

清华大学高华建、李小冬[①]立足建筑业发展现状和趋势，将建筑业高质量发展内涵定义为产业基础高级化、建筑产品高性能、社会效益显著化、发展格局国际化以及建造过程现代化，并以此为基础构建了包含5项一级维度、17项二级维度以及30项可测度指标的建筑业高质量发展评价指标体系。他们以北京、上海、天津与重庆4个直辖市为实例验证了指标体系的可用性和有效性。他们的研究从建筑产品本身性能与社会效益等方面衡量了建筑业高质量发展。

南京工业大学吴翔华[②]则认为，各省的建筑业发展情况相差较大，高质量发展定位和目标也不尽相同，有必要结合各省份实际开展建筑业高质量发展评价。以江苏省为例，其被称为"建筑铁军"，是建筑业产值相对较高的省份，在"强富美高"发展总目标下，建筑业高质量发展评价有其自身侧重。一是社会文明程度"高"。二是环境"美"，建筑业高质量发展须注重资源节约和生态环境保护，通过发展绿色建造实现高质量发展与环境保护。三是百姓"富"，建筑业高质量发展在百姓富层面的体现可以转化为坚持以人为本。四是经济"强"，即在确保一定产业规模的同时注重发展的综合效益。吴翔华在高华建、李小冬等人的基础上，强调了区域差异对建筑业高质量发展评价的影响，并考虑了环境效益与生态效益。

青岛理工大学姜吉坤和李晓冬[③]认为："要评价建筑业高质量发展，就要从'五大发展理念'出发，同时考虑经济效益，形成六维度指标体系，分别为经济

---

[①] 高华建，李小冬. 基于物元可拓模型的建筑业高质量发展评价研究 [J]. 建筑经济, 2021, 42 (11)：85-89.

[②] 吴翔华，张利婷. 建筑业高质量发展综合评价研究——以江苏省为例 [J]. 建筑经济, 2021, 42 (12)：20-26.

[③] 姜吉坤，李晓云，祝胜来，李晓冬. 基于模糊集对分析法的建筑业高质量发展评价研究——以山东省为例 [J]. 工程管理学报, 2022, 36 (03)：6-11.

发展、创新发展、协调发展、绿色发展、开放发展和共享发展。"姜吉坤和李晓冬从新发展理念——"五大发展理念"出发，在此基础上还考虑建筑业经济稳定性，建立了六维度评价体系，运用熵权—模糊集对分析模型，从动态的角度客观评价建筑业质量发展阶段，以期为建筑业高质量发展评价提供新的定量分析方法。

广州大学管理学院王泽宇[①]等研究者综合运用文献分析、专家咨询和三角模糊数改进层次分析法，根据建筑业高质量发展的内涵确立指标体系框架的设计思路，构建能够凸显建筑业有效性、协调性、持续性、创新性等发展质量要素的多维度综合性指标体系，一级指标包括规模增长、发展效益、绿色发展、创新发展、协调发展、对外开放、企业质量、产品质量。他们的研究结果表明：中国建筑业高质量发展水平存在明显的地区差异，整体上呈现"东强西弱""地区集聚"的现象；各发展要素在省间存在较大水平差异且省内协调性不足。总体而言，王泽宇等学者的评价指标体系较为全面，覆盖了当前较为主流的评价指标维度。

### 4.1.3 建筑业高质量发展的政策驱动

本部分围绕建筑业高质量发展的驱动性政策进行分析，当前专家普遍认为应该从资源优化、绿色发展、创新发展、提质增效等几方面出发，设计政策体系以刺激建筑业高质量发展。

ESI高被引学者袁红平[②]等专家认为："为了支撑建筑业的高质量发展阶段，在政策制定层面：第一，优化资源配置政策。面对不同区域的市场结构和需求的差异，各地方政府应打破僵化的资源配置方式，制定合理的资源配置政策，完善斜向区际资源协调机制，协调配置区域间的建设全要素，提高区际资源整合能力和配置效率。第二，完善产权保护政策。政府应完善产权保护政策，提升知识产权保护在建筑行业中的重要性，增强建筑业各主体对重要技术和建筑专利的维权保护意识，形成完善的产权保护机制。第三，创新绿色激励政策。针对高质量发展中强调的绿色创新发展方式，政府应积极倡导绿色发展观，制定有效的激励补偿政策与奖励机制，给予使用绿色建造技术的企业一定的政策支持；同时在企业资质评级中增加绿色指标，完善对污染超标项目的惩罚机制，充分激励建筑业参与主体积极开展绿色创新活动。"袁红平等认为要实现建筑业高质量发展就应当

---

① 王泽宇，郑凯玥，蒋俊杰，等. 我国省域建筑业高质量发展评价研究［J］. 工程管理学报，2022，36（04）：5-10.

② 王泽宇，蒋俊杰，宋向南，等. 建筑业高质量发展的内涵与政府治理职能研究［J］. 工程管理学报，2022，36（01）：12-17.

优化资源配置、完善产权保护、增强创新激励。

广联达科技股份有限公司总裁袁正刚[①]认为："当今世界，'不确定性'已成为常态。重塑核心竞争力，在'不确定性'中打造'确定性'的未来，是建筑业企业致力的重点。近年来，数字经济已经成为推动建筑业做大做强、提质增效的重要举措。在瞬息万变的时代，建筑业企业必须与产业链上下游企业建立合作伙伴关系，发挥各自优势，打造共生型合作伙伴生态系统。"从袁正刚的观点不难看出，要实现建筑业高质量发展，就应当通过政策激励，积极推动企业数字化转型。

山东省住房和城乡建设厅党组书记李力[②]表示："（山东省建筑业高质量发展）主要体现在5个方面：坚持塑强优势、富民增收，支柱产业地位持续巩固；坚持内培外引、龙头带动，企业综合实力显著增强；坚持深化改革、创新驱动，转型升级步伐持续加快；坚持绿色发展、降碳增效，建筑节能水平明显提升；坚持质量为本、聚势赋能。"李力认为要实现建筑业高质量发展就应当坚持深化改革，坚持绿色发展，突出龙头企业和整个行业的重要作用。

中国工程院院士肖绪文[③]指出："建筑业在未来5到10年甚至20年，一定是从高速发展转向高质量发展。为了实现高质量发展，要关注四个要素，即环保优先、资源节约、高效优质、用户满意。建筑业高质量发展，要推进四个转变。从数量取胜转向质量取胜，从粗放式经营转向精细化管理，从经济效益优先转向绿色发展优先，从要素驱动转向创新驱动。实现高质量发展关键在于'四个建造'。首先是绿色建造，基于美丽中国建设的绿色建造，落实国家绿色发展理念，做到环保优先；其次是精益建造，基于品质提升的精益建造，提高建造的管理能力和水平；然后是智能建造，基于现代化发展的智能建造，用现代化技术改造传统产业，使其焕发生机实现转型升级之必由之路；最后是国际化建造，基于可持续发展的国际化建造，用国际市场的增量补充国内市场的减量，保持规模的适度增长，是实现高质量发展的重要内容。"肖绪文认为要实现建筑业高质量发展就应当坚持绿色发展、创新驱动、优化管理，与袁红平和李力的观点比较相似。

---

① 袁正刚. 建筑业企业数字化转型需"系统性"推进［N］. 中国建设报，2022-03-11.

② 赵鸽. 山东这十年｜五方面推动建筑业规模总量、质量效益、核心竞争力大幅跃升［N］. 中宏网，2022-09-30.

③ 上游新闻记者. 中国工程院院士肖绪文：建筑业的未来，一定是高速发展转向高质量发展［N］. 上游新闻，2021-06-17.

## 4.2 建筑业企业转型升级

### 4.2.1 建筑业企业面临的机遇和挑战

本部分围绕建筑业企业面临的机遇和挑战进行分析，专家们的研究主要聚焦于国家化、城镇化、区域市场开发、低碳减排。

胡秋越和屈永平[1]指出："'一带一路'沿线相当一部分国家和地区正面临着重大的基础设施建设任务，未来几年，'一带一路'沿线铁路、公路、机场和水利建设等基础设施互联互通项目将优先发展，建筑业企业'走出去'大有可为；另一方面，机遇总是与风险并存，中国企业包括国际建筑企业'走出去'正遭遇到语言、人才、法律、宗教、国情、商务管理、建筑标准、文化冲突、国际化与本地化等各种各样的难题和挑战，这些挑战不断刷新着国人的认知、做法和经验。"由此可见，建筑业面临的机遇和挑战主要来源于国际化。

中建政研智库研究院马海顺和兰州建筑业联合会汪军[2]指出："新经济环境背景下建筑业的机遇在于：第一，城镇化建设推动建筑市场持续增长。中国城镇化率低于发达国家80%的平均水平，城镇化的人口将更多聚集到城市群都市圈。未来城市群地区的轨道交通、城际铁路、教育、医疗、5G等基础设施建设将提速。第二，建筑业面临区域性市场新机遇。完善产业政策和区域政策体系，构建区域协调发展新机制，完善国家重大区域战略推进实施机制，形成主体功能明显、优势互补、高质量发展的区域经济布局。第三，西部大开发基础设施建设蕴含商机。中共中央、国务院《关于新时代推进西部大开发形成新格局的指导意见》要求：强化基础设施规划建设，加快推进西部地区绿色发展。提高基础设施通达度、通畅性和均等化水平，推动绿色集约发展。"不同于胡秋越和屈永平聚焦国际的视角，马海顺和汪军认为建筑业面临的机遇来源于国内的城镇化和区域开发市场。

上海建工房产有限公司高级经济师朱立[3]指出："国家'双碳'战略为房地产行业带来了机遇和挑战。建筑及房地产行业在推进'双碳'战略中存在的问题在于支撑房地产行业绿色发展的营商环境体系还未成熟。综合来看，当前主要存在

---

[1] 胡秋越，屈永平. 关于当代建筑业发展与改革的初探[J]. 内江科技，2021，42（06）：138-139.
[2] 马海顺，汪军. 新经济环境背景下建筑业的机遇与挑战——宏观经济对建筑业的影响分析与对策建议[J]. 建筑，2021（05）：12-21.
[3] 朱立. "双碳"战略下房地产转型发展的挑战与机遇[J]. 建筑施工，2022，44（05）：1136-1139.

四方面的问题：1）政策的约束力度还不够，不少政策还停留于规划和纲要阶段。2）减排相关的技术、人才和产业支撑不足。3）整个建设行业绿色减碳的发展理念还需加强。4）支撑减排高额投资的政策储备和金融工具还比较缺乏。建筑业向绿色转型的基础环境还有待于进一步改善，并且需要政府通过整体部署来搭建有利于绿色建筑和绿色产业链发展的环境。"总体而言，朱立认为建筑业面临的机遇和挑战主要来源于绿色减碳。

中国市政工程中南设计研究总院有限公司高级工程师翟婷婷[①]指出："建筑行业大力发展低碳建筑、零碳建筑，是从自身优势和资源出发，本行业对建筑节能较为熟悉，并可以从低能耗建筑出发，逐步拓展到超低能耗、近零能耗、零能耗等建筑设计。从事建筑设计、施工（EPC）的大量设计、施工企业，其主要突破口在装配式建筑上。装配式建筑在建造过程中大量降低碳排放，缩短工期，对碳排放降低有立竿见影的效果。总体来说，建筑行业应打造高效、低碳、智慧的运营管理模式，形成建筑运行维护准则；打造高附加值产品，发展低碳建筑材料、设备。"翟婷婷也认为建筑业面临的机遇和挑战主要来源于建筑业节能，与朱立的观点较为相似。

### 4.2.2 建筑业企业转型升级的主要方向

本部分主要围绕工业化、绿色化、数字化三个方面展开分析，探讨建筑业企业转型升级的主要方向。

中国建筑股份有限公司原总工程师、中国建筑业协会专家委员会副主任毛志兵[②]指出："工业化是建筑企业重要的生产方式，建筑施工现场劳动生产效率较其他制造行业落后，施工现场标准化不一，施工技术差异化较大，建筑生产效率难以保障。同时，施工现场劳动力短缺和环保要求升级促推建筑行业推广工业化生产方式。工业化建造是解决以上紧迫问题的主要手段，相关经验已经在发达国家得到证明，以工业化的方式重新组织建筑业是提高劳动效率、提升建筑质量的重要方式，也是我国未来建筑业的发展趋势。"由此可见，毛志兵将工业化作为建筑企业转型升级的重要方向，强调了建筑施工现场技术对推动工业化建造的重要意义。此外，毛志兵还认为："绿色化是建筑企业的发展方向。中国二氧化碳排放力争于2030年前达到峰值，努力争取2060年前实现碳中和。建筑业是我国碳排放大户，建筑行业碳排放量约占全社会碳排放总量的40%，转变传统建造方

---

① 翟婷婷，龚锐. "双碳"背景下建筑业面临的机遇与挑战[J]. 居舍，2022（19）：157-160.
② 毛志兵，李云贵，黄凯. 关于建筑企业践行新型建造方式的策略研究[J]. 施工技术（中英文），2021，50（18）：1-6.

式,大力发展低碳技术和绿色建筑,是实现建筑领域碳减排的重要举措。在碳达峰、碳中和理念的指引下,未来'零碳'建筑、被动房、低能耗住宅将成为绿色建筑的重要发展方向。"由此可见,在"双碳"目标下,实现建筑领域的绿色化转型,也是企业重要的转型升级方向。

浙江省住房和城乡建设厅副厅长许峰[①]认为:"聚力推进工业化发展。要推进装配式建筑和绿色施工、智能建造深度融合,加快产能基地建设,推进建筑工业化全产业链整合,强化示范引领,持续开展省级建筑工业化示范城市、示范基地的评选认定等工作,培育一批国家装配式建筑生产基地。"许峰的观点和毛志兵比较相似,但其更加强调从装配式建造出发,推进建筑企业转型升级。

重庆大学土木工程学院教授乔振勇[②]指出:"住房和城乡建设部印发《'十四五'建筑节能与绿色建筑发展规划》明确,到 2025 年,城镇新建建筑全面建成绿色建筑,建筑能源利用效率稳步提升,建筑用能结构逐步优化,建筑能耗和碳排放增长趋势得到有效控制,基本形成绿色、低碳、循环的建设发展方式,为城乡建设领域 2030 年前碳达峰奠定坚实基础。建筑企业要制定企业自身的绿色方案,抓住城市的有机更新,积极布局新兴市场。"乔振勇的观点与毛志兵比较一致,在其基础上进一步强调了建筑企业应该如何绿色化转型。

全国人大代表徐征[③]指出:"深入推进建筑产品数字化和建筑产业数字化。积极将新一代信息技术与建筑业深度融合,持续推进 BIM 技术在工程全生命周期的集成应用,打造基于 5G、物联网、人工智能的数字工地,大力建设面向行业基于 BIM 的智慧设计、建造与运维的建筑产业互联网平台,努力打造数字化商业生态圈。"与之前的专家观点相比,徐征将数字化、信息化作为建筑企业转型升级重要突破点,强调了对建筑企业的设计、建造和运维全过程进行数字化分析。

浙江省建设投资集团股份有限公司总经理叶锦锋[④]认为:"推进数字化改革,从产业数字化、管控数字化和数字产业化三个方面实施,是以数字化思维打造企业发展大平台,强化数据分析决策能力建设,助力'走出去'发展,优化市场布局。推动数字治理。构建综合智慧大脑,加强'平台+大脑'的一体化建设。建设适应数字化时代潮流的高素质人才队伍。不断增强企业员工的数字化理念、数

---

① 许峰."四个聚力"推动浙江省建筑业转型升级[J].建筑,2022(18):24.
② 杨斌,杨海军,乔振勇,等."双碳"目标下国有大型建筑企业应对策略研究[J].四川建筑科学研究,2022,48(04):72-80.
③ 住宅产业记者.全国人大代表徐征:加快推动建筑产业数字化转型升级[J].住宅产业,2022(Z1):6.
④ 叶锦锋.建筑业企业如何做好数字化转型"大文章"[J].建筑,2022(18):32-34.

字化认知、数字化思维和数字化管理能力,为企业数字化转型集聚既精通业务又具备数字化能力的复合型人才队伍。"叶锦锋的观点与徐征一致,此外他还强调了数字化平台建设与人才培养对企业转型升级的重要性。

中铁建工集团有限公司建筑工程研究院院长曹少卫[①]指出:"为推动建筑业转型升级、促进建筑业高质量发展,住房和城乡建设部等13部门联合发布《关于推动智能建造与建筑工业化协同发展的指导意见》,明确要围绕建筑业高质量发展总体目标,以大力发展建筑工业化为载体,以数字化、智能化升级为动力,形成涵盖科研、设计、生产加工、施工装配、运营等全产业链融合一体的智能建造产业体系;提出了2025年和2035年发展目标以及七项重点任务、五项保障措施。这是当前和今后一个时期指导建筑业转型升级、实现高质量发展的重要文件。"

### 4.2.3 建筑业企业转型升级的关键路径

本部分主要围绕建筑业企业信息化、绿色化建设和企业内部管理机制改革这三个方面展开分析。

中国建筑业协会副秘书长景万[②]认为:"应以信息技术为支撑,通过构建供应链生态系统,实现行业数据共享,通过数字交付,打通建筑产业价值链掣肘环节,通过编制、推广、应用数字建造经典工艺,引导建筑企业高质量发展。"景万认为信息化技术是建筑企业转型升级的重要支撑点。

中国电建集团铁路建设有限公司杨骁[③]针对建筑企业信息化转型升级进行全面分析,提出了要构建大数据平台,加强大数据的应用,实现建筑企业的顺利转型和升级,对企业在日常管理中各方面的数据信息实施集成化管理,并通过深挖数据信息,从中找到企业的发展现状、问题和趋势,为企业管理中各项决策的制定提供更加详实的依据。需要从传统的被动管理模式向动态管理模式转变,通过应用信息技术,使得企业的管理模式朝着扁平化和网络化的转变,尤其是从传统的管理理念向服务理念转变,对客户开展集成化和专业化的信息化管理,通过优化企业现有的管理模式和业务流程,使得企业的内外部资源传输更加畅通,信息资源共享更加高效,不同部门沟通更加顺畅,通过信息化管理来推动建筑企业走向可持续发展。以信息技术为载体,优化建筑企业人力资源管理,以信息化的管理理念指导人力资源管理工作,发挥信息技术的优势,转

---

① 曹少卫. 推进数智化转型升级 加快高质量发展步伐 [N]. 中国建设报, 2021-06-01.
② 景万,李思琦. 建筑企业数字化转型的途径 [J]. 施工技术(中英文),2022,51(17):22-28.
③ 杨骁. "十四五"背景下建筑企业信息化转型升级之路 [J]. 数字通信世界,2021(07):178-179.

变管理人员的智能,从传统的管理人员向多元化的管理人员转变,为职工的发展、晋升和意见建议的提交等,提供信息化的交流平台。杨骁的观点与景万一致,在此基础上更加强调了信息化技术对企业日常管理流程、组织形式以及人力资源等方面的深远影响。

同济大学循环经济研究所所长杜欢政[①]认为:"企业应从建筑材料、施工、运营、建筑报废的整个生命周期链条来考虑能源消耗的问题,采用绿色建材,依托绿色施工,加快向低碳可持续的方式转型升级。企业通过对绿色材料的研发推广,实现建筑运行阶段的节能。设计阶段采用绿色建筑设计策略和技术,施工阶段加强管理,提高建筑垃圾的再生价值,减少材料浪费。在施工过程中通过科学的设计和技术手段降低能耗,对建筑垃圾进行资源化利用,促进节能减排,从而达到保护环境和节约能源的目的,加快实现绿色转型发展。"与景万和杨骁不同,杜欢政认为绿色低碳是企业转型升级的重要策略。

重庆大学管理科学与房地产学院教授杨海军[②]认为:"建筑企业应主动抓住建材绿色化发展带来的市场机遇,合理调整产业结构,发展与建筑主业相关的建材工业,促进生产应用技术革新,推动绿色建材产品和关键技术研发攻关,积极开展技术升级和改造,促进新产品、新技术应用,推动绿色建筑的高质量发展。"杨海军教授的观点与杜欢政一致,但是其观点主要针对绿色建材的重要性。

除了数字化与绿色化,也有专家认为应该推动企业内部管理机制改革。白宝君[③]指出:"当前建筑行业越发透明,竞争日益激烈,如何在竞争大、利润低的建筑红海中脱颖而出,除了技术革新之外,管理效能的提升是重要的方向。传统粗放型的施工组织方法因其成本浪费大、安全隐患多、质量缺陷多的问题,已经无法满足企业生存及发展的要求,同时在建筑劳动力日益紧缺的情况下都在呼唤更为细致的管理体系。"

## 4.3 智能建造与建筑工业化

### 4.3.1 智能建造的底层逻辑与核心框架研究

本部分主要围绕智能建造的概念和理论等方面展开论述。

---

① 杜欢政,胡晓轩,张晴. "双碳"背景下浙江进沪建筑施工企业的绿色转型[J]. 浙江经济,2022(05):68-69.

② 杨斌,杨海军,乔振勇,等. "双碳"目标下国有大型建筑企业应对策略研究[J]. 四川建筑科学研究,2022,48(04):72-80.

③ 白宝军. 新形势下建筑企业转型发展的思考[J]. 施工企业管理,2021(07):27-30.

华中科技大学管理学院王红卫[1]教授认为："智能建造是使用人工智能、大数据、云计算物联网等新兴技术实现数字化设计、建造和运维。智能建造可以赋予人员、设备、工程产品一定的自主性，改变了要素的交互方式和工程参与者的协作方式。一方面，出现基于数字孪生的虚实映射、基于物联网与人工智能的人机共融等新交互场景；另一方面，基于服务主导逻辑的服务化、基于互联网的平台模式潜入工程建造领域，带来资源按需分配、价值共创等新交互方式，突破性地变革了现有建造模式。"王红卫从人机共融、人机交互等视角出发，提出了智能建造的概念。

浙江省建设投资集团股份有限公司总经理叶锦锋[2]认为："智能建造要聚焦大型工程机械制造、钢结构制造产线、PC构件生产、商混智能生产等重点方向，以未来工厂、数字化车间/智能工厂为基础，进一步推动大数据、物联网、人工智能等数字技术与生产制造深度融合，打造'机器换人'应用场景。"叶锦锋的观点与王红卫相比，强调机器替代人的工作，而不是人机共融或人机交互。

中铁建发展集团有限公司于程水[3]认为："智能建造是以建筑机器人为核心工具，以人工智能为感知基础，通过信息融合与实际建造施工的信息反馈与动态调整，实现虚拟与现实的深度集成、实时反馈、决策优化与精准控制的智能体系，以应对建造过程中信息繁多、更新缓慢、协调配合不畅、资源浪费等问题。"于程水的观点与叶锦锋相似，强调了机器人在智能建造中的重要性。

中国工程院院士丁烈云[4]认为："智能建造是在实现工程要素资源数字化的基础上，通过规范化建模、网络化交互、可视化认知、高性能计算以及智能化决策支持，实现数字链驱动下的立项策划、规划设计、施（加）工生产、运维服务一体化集成与高效协同，交付以人为本、智能化的绿色可持续工程产品与服务。"丁烈云的观点与王红卫的一致，强调了"人"在智能建造中的核心地位。

中国华能集团有限公司樊启祥[5]指出："智能建造是指集成融合传感技术、通信技术、数据技术、建造技术及项目管理等知识，对建造物及其建造活动的安全、质量、环保、进度、成本等内容进行感知、分析、控制和优化的理论、方法、工艺和技术的统称，以促进安全、优质、绿色、高效建造。"樊启祥在丁烈

---

[1] 王红卫，钟波涛，李永奎，等. 大型复杂工程智能建造与运维的管理理论和方法[J]. 管理科学，2022，35（01）：55-59.

[2] 叶锦锋. 建筑业企业如何做好数字化转型"大文章"[J]. 建筑，2022（18）：32-34.

[3] 于程水. 智能建造的理论框架与核心逻辑[J]. 绿色环保建材，2021（11）：140-141.

[4] 陈珂，丁烈云. 我国智能建造关键领域技术发展的战略思考[J]. 中国工程科学，2021，23（04）：64-70.

[5] 樊启祥，林鹏，魏鹏程，等. 智能建造闭环控制理论[J]. 清华大学学报（自然科学版），2021，61（07）：660-670.

云观点的基础上,进一步强调了质量和安全等方面在智能建造中的重要性。

广联达科技股份有限公司研究院院长刘刚[①]认为:"智能建造是在工业化建造和数字化建造的基础上,通过信息技术与建造技术的深度融合,结合先进的精益建造理论方法,推动工程项目的全过程、全要素、全参与方的数字化、网络化、智能化,实现全数字化虚拟建造和工业化数字孪生建造,并交付数字虚体建筑和物理实体建筑两个建筑产品,从而推动生产力升级和生产关系重塑,实现让每个工程项目成功的产业目标。"刘刚对于智能建造的定义更加强调技术之间的关系,而不是人与技术的关系,他认为智能建造应该实现信息技术与建造技术的融合。

住房和城乡建设部原总工程师、中国建筑业协会第六届理事会会长、首都住房城乡建设领域新型智库首席专家王铁宏[②]指出:"要特别关注建筑产业智能建造的三个发展逻辑问题。第一,关于智能建造的应用基础。从绿色化与数字化发展趋势分析,应把握好'装配化+',其本质是在市场模式深刻变革下的绿色化+数字化。第二,关于智能建造的更高目标。这一定是装配化+AI,包括结构、机电、装饰装修的全装配化。装配化+AI,一定是在BIM基础上,与CIM、数字孪生、供应链、区块链技术等深度融合。现阶段'BIM+智慧工地'的全面普及只是当下建筑产业数字化转型的重要阶段,但不是终极目标,因此向传统建造+AI方向发展,还是向装配化+AI方向发展,应分析后确定。第三,关于推动智能建造的关键。为业主方创造价值,为企业自身创造价值,并且支撑智慧城市CIM建设。"王铁宏的分析也是立足于技术融合,强调了装配式、BIM、AI对智能建造的重要意义。

### 4.3.2 建筑工业化协同发展

本部分主要围绕建筑工业化协同发展的支持政策、核心概念、开展方式等几个方面展开分析。

广东省住房和城乡建设厅[③]认为,建筑工业化协同发展应从六个方面入手。一是发展数字设计。推进BIM技术全过程应用,提升BIM设计协同能力,构建数字化设计体系。二是推广智能生产。建立基于智能生产的标准化部品部件库、智能生产工厂、全过程质量溯源制度,提升项目管理水平,实现少人甚至无人化生产。三是推行智慧绿色施工。推动研发应用建筑机器人,建设智慧工地,实现

---

① 刘刚. 推动智能建造与建筑工业化协同发展 打造产业转型升级新动能 [J]. 中国建设信息化, 2021 (24): 32-35.
② 王铁宏. 建筑业智能建造的发展逻辑问题 [J]. 建筑, 2022 (18): 25-26.
③ 广东省住房和城乡建设厅. 广东:推动科技创新 升级建造方式 [J]. 中国建设信息化, 2022 (06): 48-49.

绿色建造，推动产业转型升级。四是发展建筑产业互联网。培育一批行业级、企业级、项目级建筑产业互联网平台，推动智能建造产业园区和产业集群建设。五是加强科技和人才支撑。从强化科技引领、加快成果转化、积极培育人才等方面提出具体要求，为智能建造与建筑工业化协同发展注入持续动力。六是创新行业监管服务。通过完善标准体系、建立评定机制、创新监管模式三方面着力提升监管数字化、智能化水平。总体而言，广东省住房和城乡建设厅在推行建筑工业化协同过程中，从技术、人才、创新监管等方面设定了具体的发展目标，涵盖了微观层面的设计与现场施工过程，以及宏观层面的产业互联网建设。

与广东省住房和城乡建设厅的分析视角不同，广州市住房和城乡建设局局长王宏伟[1]从基础设施和智慧社区改造等领域提出了建筑工业化协同发展的路径，并且强调了参与主体、融资模式等内容。王宏伟指出，在广州市政基础设施和智慧社区改造等领域，将探索社会资金参与模式，发挥国有企业在新城建中的引领作用，鼓励行业龙头企业带动中小企业特别是科技创新型企业以多种方式参与新城建。

山东省住房和城乡建设厅厅长王玉志的观点则更加侧重于创新驱动分析。王玉志[2]指出："强化创新驱动，加大新一代信息技术在工程建造领域创新集成应用力度，着力推动智能建造和建筑工业化基础共性、关键核心技术研发、推广和应用，加快推进智慧工地建设，提升施工质量安全管理水平。"

与以上几位专家不同，中国建筑股份有限公司原总工程师、中国建筑业协会专家委员会副主任毛志兵从行业、国家、国际影响等几个方面论述了建筑工业化协同的重要意义。毛志兵[3]指出："工业化是现代化的坚实基础。伴随着社会经济发展和城镇化水平的提高，国家对环保的要求越来越严格，施工现场的劳动力短缺和成本提升等问题在不断出现，对施工现场的作业方式、建筑节能降耗、建筑垃圾循环利用等提出了更高的要求，以工业化方式重新组织建筑业，是提高劳动生产率、提升建筑质量的重要方式，对带动建筑业全面转型升级、打造具有国际竞争力的中国建造品牌具有深远的历史意义。同时，新型工业化需要强调建筑、结构、机电、装修全专业一体化，规划设计、生产制造、施工装配、智慧运营的全流程一体化，其前提是设计与工艺标准。工业化建造也不应局限于装配式建筑，施工现场的工业化也是工业化的一种场景，比如空中造楼机、住宅造楼机等

---

[1] 万晓冉．"新城建"已至 智慧之城还有多远［J］．中华建设，2021（12）：30-33．

[2] 中华建设记者．装配式建筑高峰论坛暨智能建造与建筑工业化协同推进现场会在山东嘉祥召开［N］．中华建设，2021-12-06．

[3] 毛志兵．以新型建造方式支撑中国建造进入新时代［J］．建设机械技术与管理，2021，34（04）：18-22．

智能化产品就是施工现场工业化重要的表现方式"。

住房和城乡建设部标准定额司司长田国民从工程质量视角对建筑工业化协同提出新的要求。田国民强调："加快新型建筑工业化发展是引领建设工程领域高质量发展的重要方式，要进一步丰富装配式建筑的内涵和外延，整合工程全产业链、价值链和创新链，实行建筑产业的系统设计、工业化标准化的构建生产、精益化的施工与新一代信息技术深度的融合，不断提高建设工程质量。"

### 4.3.3 新型建筑工业化的核心理念

本部分主要围绕新型建筑工业化的核心理念展开分析，总体而言，当前专家在这一领域的关注点主要集中在工业化、自动化、信息化等几个方面。

湖北省住房和城乡建设厅一级巡视员张弘[1]指出："推进智能建造和新型建筑工业化，就要走依靠科技进步、提高劳动者素质、创新管理模式等内涵式、集约式的发展道路，以此减轻劳动强度、提升生产效率、突破发展瓶颈；就能够与现代工业化、信息化有机结合，大量应用新技术、新材料、新设备，提升产业品牌形象，增强行业吸引力，实现'体面就业'，维护合法权益，形成崇尚'工匠精神'的良性循环发展机制，推动建筑农民工向现代产业工人转变，逐步实现建筑产业现代化。这是时代的要求，也是必然的选择"。总体而言，其观点强调了科技进步、人才培养、创新模式以及集约式发展等四个要素对新型建筑工业化的重要影响。

与张弘的观点不同，中国建筑业协会副会长兼秘书长刘锦章[2]认为新型建筑工业化应该具备信息化与绿色化特点，他提出了"三化融合"的概念，从三个方面着重强调了新型建筑工业化的核心概念。所谓"三化融合"一是建筑工业化；二是建筑信息化，包括智能化、数字化；三是绿色化，主要是节能环保，实现"双碳"目标。

住房和城乡建设部建筑杂志社社长文林峰的观点与刘锦章在工业化与信息化方面形成共识，其更进一步强调了主管部门和主流媒体在新型建筑工业化推动过程中的重要作用。文林峰[3]指出："新型建筑工业化和智能建造协同发展，要从工业化、机械化、自动化、信息化逐步走向智能化。高质量发展是建设行业'十四五'期间发展的主题，建设高品质的建筑、实现提质增效是建设行业追求的目标

---

[1] 张弘．湖北：推进智能建造与新型建筑工业化协同发展［J］．建筑，2021（22）：34-37．
[2] 中国建筑业协会副会长兼秘书长刘锦章日前指出"三化融合"将是建筑业大势所趋［J］．中华建设，2021（11）：40．
[3] 姚琳．致敬百年征程 筑基新型建造——第四届新型建筑工业化发展国际（深圳）高峰论坛暨精品展会隆重举行［J］．住宅与房地产，2021（29）：34-51．

导向。各级建设主管部门、企事业单位要注意宣传引导，充分利用行业主流媒体搭建的宣传平台，全面宣传建设领域的发展成就。"

与文林峰的侧重点不同，中国建筑股份有限公司原总工程师、中国建筑业协会专家委员会副主任毛志兵则更关注新型建筑工业化背景下建造方式的转变。毛志兵①指出："新型建造方式是指在工程建设过程当中，以绿色化为目标、以智慧化为技术手段、以工业化为生产标志、以工程总承包为实施载体、以绿色建材为物质基础，实现建造过程的节能环保、提高效率、提升品质和保障安全等目标。"

## 4.4 工程总承包

### 4.4.1 工程总承包模式在我国的应用前景与核心挑战

本部分主要围绕工程总承包模式在我国的应用现状、存在问题、应用前景等方面展开分析。

中国石油和化工勘察设计协会理事长、中国勘察设计协会建设项目管理和工程总承包分会会长荣世立②提出："建设、设计和施工企业对勘察、设计、施工、制造平行发包非常熟悉，但对工程总承包较陌生，认识还比较模糊，经常和施工总承包、项目管理承包、代建制等混淆。从专业角度说，工程总承包在我国建筑市场的'成熟度'还不高，需要不断实践、认识、再实践、再认识。"荣世立从工程总承包模式目前的应用情况出发，指出了其发展所面临的问题，认为从业人员对于总承包熟悉程度不足。

中量工程咨询有限公司教授级高级工程师何丹怡③提出："工程总承包模式是大型项目普遍采用的一种项目组织实施模式，因大型项目技术复杂且涉及面广、项目周期长且投资规模大，发包方越来越青睐 EPC 模式。但是现阶段工程总承包项目的实践经验表明，项目前期发包方需求不明确、项目信息程度不足、发包方管控能力有限、特殊风险文化与责权利的不对等诱发工程总承包工程价款支付的'失控'。而里程碑支付简单、便捷、科学的特点，深受业主的青睐。根据社会偏好理论，在总承包模式下发包人设置合理的里程碑数量，更有利于提升承包商的努力程度，从而促进项目的顺利实施。"与荣世立的观点相比，何丹怡不仅

---

① 毛志兵.以新型建造方式支撑中国建造进入新时代 [J]. 建筑，2021 (17)：12-19.
② 中国建设报. 聚焦 2021 欧亚经济论坛暨第十九届中国建筑企业高峰论坛 [N]. 中国建设报，2021-10-26.
③ 何丹怡，卞继昌，陈金海，等. 工程总承包模式的里程碑支付节点分析 [J]. 建筑经济，2021，42（08）：40-43.

指出了工程总承包实施过程中遇到的常见问题,还从工程价款支付的角度出发提出改善方案,认为应用里程碑支付有利于工程总承包项目的顺利实施。

中建三局总承包公司党委书记、董事长邓伟华[①]表示:"国内外巨大的工程总承包市场空间,要求国内建筑企业由传统单维度施工承包向集成式工程总承包模式转型。然而国内建筑企业对工程总承包的认识依然处在初级阶段,主动谋求变革的企业不多,全产业链整合资源的总承包能力不足,总承包专业人才欠缺。对标国际优秀的工程总承包商,国内建筑企业普遍存在转型思路不清晰,处于建筑业微笑曲线低端,产业链整合能力不足,组织体系不适应,资源支撑能力不足等总承包能力欠缺问题。"邓伟华的观点与荣世立一致,认为国内建筑企业对工程总承包的认识不足,在其基础上进一步强调了国内工程总承包在人才储备、产业链整合等方面存在的不足。

住房和城乡建设部原总工程师、中国建筑业协会第六届理事会会长、首都住房城乡建设领域新型智库首席专家王铁宏[②]认为:"推行设计施工总承包(EPC)是市场模式改革的突破口。从微观经济学的基本原理来看,设计施工总包单位可单独或与业主共享优化设计、降低成本、缩短工期所带来的效益,既讲节约又讲效率,从根本上解决公共投资项目超概算、超工期严重,以及腐败时有发生的问题。EPC 是公共投资项目供给侧结构性改革的重要推进模式,在节约资源、节省投资、缩短工期、保证质量安全等方面发挥了明显优势。EPC 的关键在于形成真正意义上优化设计、缩短工期、节省投资的甲乙双方理性契约关系。"王铁宏的观点说明了 EPC 的诸多特点和优势,表明其是建筑业市场模式改革的突破口。

中建二局北方分公司党委书记、董事长刘建钊[③]提出:"EPC 模式将设计、采购和施工作为一个整体,极大满足抗疫应急工程的管理要求。以沈阳市第六人民医院隔离病房新建及改建一期项目为例,应用 EPC 模式,造了 9d 交付装配式病房楼,提前 2d 交付 4 号负压隔离病房楼的建设奇迹。EPC 模式在设计、采购和施工方面都展现了巨大的优越性。"刘建钊的观点进一步支持了王铁宏的观点,并以公司实际项目为例,展示了 EPC 模式的优越性。

中建三局集团北京有限公司党委书记、董事长[④]刘运胜提出:"近年来,随着

---

① 邓伟华,崔革. 工程总承包理念方法适用于所有施工总承包项目 [J]. 施工企业管理,2021(11):37-38.
② 王铁宏. 建筑产业深刻变革中的关键问题 [J]. 建筑,2022(03):30-31.
③ 刘建钊,毛锦来,司金龙,等. 抗疫应急工程总承包组织设计与管理 [J]. 建筑施工,2022,44(06):1441-1444.
④ 刘运胜. 以设计为龙头的工程总承包管理思路 [J]. 施工企业管理,2022(08):40-42.

国家政策的大力推动，我国工程总承包模式发展迎来飞速发展。但在发展过程中，遭受阻力，市场接受程度较低。关键原因在于工程总承包相关方目前是博弈关系，没有构成'命运共同体'，最终出现'各自为战'的结果。在EPC工程中，只有设计方与施工方形成合力，才会形成'设计优化施工，施工指导设计'的模式。"刘运胜从工程总承包中参与各方的合作与博弈角度出发，指出了工程总承包在我国发展受阻的原因。

中南控股集团董事局主席陈锦石[①]提出："国家要加大对装配式技术的扶持，鼓励地产和建筑企业走EPC、装配化道路。鼓励政府投资、民间投资项目实行工程总承包和全过程咨询服务。培育一批集设计、施工、生产为一体的龙头企业，大力推行装配式建筑工程总承包，整合工程建设过程中所需的前期咨询、招标代理、勘察设计、造价咨询、工程监理等服务。"陈锦石从国家政策支持角度，提出国家要进一步推进EPC模式发展，并建议EPC模式应该和装配式相结合，共同发展。

广东省市政行业协会常务副会长兼秘书长唐建新[②]表示："近年来党中央、国务院虽明确提出深化建设项目组织实施方式改革，但由于经验不足，管理人才匮乏，配套政策滞后，政府监管和行业协会指导力度不够等因素，导致我国现阶段在工程总承包实践中暴露了不少痛点难点问题，频频困扰着发承包双方以及咨询单位。"荣世立、邓伟华等专家从建筑企业视角出发，分析了工程总承包发展受阻的本质诱因，唐建新则从政府管理、行业协会指导等方面做出补充性分析，对工程总承包实践中的痛点难点进行了新的诠释。

### 4.4.2 工程总承包效能提升路径

本部分主要围绕工程总承包发展路径、企业工程总承包转型措施等方面展开分析。

中国勘察设计协会常务副秘书长汪祖进[③]提出："深刻理解EPC本质，E、P、C三者同是一个利益共同体；设计是整个工程的灵魂，应强化设计的作用和价值；建立完善的EPC项目管理体系；加强企业人才队伍建设，培育工程总承包综合管理能力的复合型人才；提升项目综合管理能力，采用新技术，运用科学

---

① 每日经济新闻. 全国人大代表、中南集团董事局主席陈锦石：鼓励地产和建筑企业走EPC、装配化道路 [N]. 每日经济新闻, 2022-03-16.

② 广东省住房和城乡建设法治研究会. 工程总承包合同价格风险管控研讨会在穗圆满举办 [N]. 广东省住房和城乡建设法治研究会（官方网站），2022-06-24.

③ 中国山东网. 学术大咖、行业标杆齐聚EPC（工程总承包）管理论坛在济南举行 [N]. 中国山东网, 2021-07-05.

管理方法，实现建筑行业健康可持续发展。"汪祖进的五项建议强调了组织、设计、人才、管理的重要性。

广东省勘察设计行业协会工程总承包分会秘书长、广东省建筑设计研究院有限公司副总工程师王华林①认为："总结我院设计牵头工程总承包的相关举措，在此基础上提出推行和完善工程总承包模式的思考和建议。一是发挥设计引领作用，优先推行设计牵头的工程总承包模式。二是设计院应当加快实现设计-施工双资质。三是应该加紧建立精细化的项目管理模式。"王华林的观点与汪祖进副秘书长具有一致性，都强调了设计与管理的重要性。

中亿丰控股集团建设集团张浩②提出："针对公司总承包的中亿丰未来建筑研发中心项目，EPC项目管理过程中五个方面的难题，以案例实施过程经验为基础，总结出五个方面应对优化措施。第一，建立合理项目管理架构，合理的项目管理架构是高效发挥项目部职能的先决条件。第二，强化项目成本控制。一是成本控制总体思路；二是采购、施工提前介入；三是限额设计，建立限额设计控制目标体系。第三，加强总包协调管理。一是以进度为主线开展总包管理；二是明确界面划分；三是全面应用信息技术。第四，关注风险管控。第五，着力人才培养。EPC项目复合型人才紧缺的问题，是行业共性问题，成熟人才稀缺，外部引进不现实，现阶段以内部培养为主更行之有效。"张浩肯定了前面几位专家的观点，并以实际项目为例，强调了风险管控对改善工程总承包绩效的重要性。

中电建路桥集团有限公司副总经理、总工程师李介立③认为："通过多年来的EPC项目管理实践，大型或特大型EPC项目管理一定要以合同工期及关键节点为主线。理顺合同管理及结算支付关系，理清人事行政管理关系，理顺内外协调关系（统一对外，独立核算，自负盈亏）。做好四项工作，一是要择优选取集团化社会化属地化资源配置；二是要加强设计征迁，安全质量，进度成本，绿色环保，廉洁健康等主要要素管理；三是要做好科技创新，工程创优，新技术应用工作；四是做好审计，回购确认，财务决算，竣工验收工作。"李介立强调了合同在EPC项目管理中的主线作用。

海南大学土木建筑工程学院教授李艳④提出："在低信任背景下，EPC项目

---

① 王华林，江志学，廖诗蔚，等. 设计院开展工程总承包业务的实践和思考——以设计牵头工程总承包项目为例 [J]. 建筑设计管理，2021，38（09）：16-22.
② 张浩，方施施，苏敏，等. 浅析EPC项目管理难点与变革——以未来建筑研发中心项目为例 [J]. 施工企业管理，2022（09）：90-92.
③ 李介立，马治国，孙晓冬. 大型EPC工程的项目管理经验 [J]. 施工企业管理，2021（11）：39-42.
④ 王钰，李艳，刘炳胜，等. EPC项目全过程价值共创路径研究——基于服务主导逻辑理论的视角 [J]. 建筑经济，2022，43（09）：89-96.

承发包双方之间的利益纠纷无法避免，交付成果的功能需求和使用需求落实不到位，项目经济价值以外的价值还有待挖掘。通过 EPC 项目中的价值共创，提高了业主方在项目实施过程中的参与程度，有效减少了由于需求变化导致的项目变更，实现了项目管理与合同管理的高度融合；同时，价值共创使得承发包双方可以在项目全过程进行资源共享与深度互动，营造了良好的合作氛围，有效提升了双方互信；价值共创下的项目成果不仅满足了合同的功能和质量要求，也落实了发包人独特的使用需求，不仅创造了项目的经济价值，承发包双方也通过价值共创过程得到了可观的社会价值。"李艳与李介立在观点上具有一致性，从 EPC 项目承发包双方关系的角度出发，强调了合同的重要性，认为价值共创能使承发包双方更好地完成项目。

华能新能源公司山西分公司总经理杨介立[①]提出："EPC 总承包模式的优化措施，一要提升设计优化理念，二要加强全面统筹及施工管理力度，三要夯实品控管理责任。EPC 总承包模式作为一个具有发展前景的基建管理模式，需要不断从设计、采购、施工等方面进行深入管理，进一步提升设计优化理念、加大施工管理力度、夯实品控管理责任，确保项目安全、质量、进度、成本得到全方面的有效控制，最终实现合同双方互利共赢的目的。"杨介立从设计、施工管理、品控管理三方面提出了 EPC 总承包模式的优化措施，与前序专家观点较为一致。

中建五局党委书记、董事长田卫国[②]提出："在 EPC 模式日渐被各界接受的背景下，在施工企业系统构架和实施'十四五'时期高质量发展战略的关键时期，推行 EPC 价值工程，对于施工企业谋求高质量发展、实现行稳致远，具有重要意义。中建五局近年来积极推行 EPC 价值工程，为打通价值创造路径，主要从'全组织协同、全方位策划、全资源保障、全专业联动、全过程融合'五个方面发力，取得了一定成效，目前 EPC 项目占到新签合同额的 30％左右，且呈持续上升态势。EPC 价值工程是一项系统工程，需要政府、业主、总包方以大视野谋划大格局，保持开放、融合的心态，打开项目管理的边界，形成基于顾客价值创造和跨领域价值网的高效合作组织形态，共同构建融合共生的社会、业主、总包、分包 EPC 价值工程利益共同体，从而推动企业、行业及社会的全面高质量发展！"田卫国指出推行 EPC 价值工程，实现互惠互利，对施工企业高质量发展有重要意义。

北京爱迪亚国际工程咨询有限公司总经理杨海林[③]提出："在工程总承包模式

---

① 杨介立．关于工程公司 EPC 总承包模式下的项目管理［J］．安装，2022（09）：7-9．
② 田卫国．EPC 价值工程［J］．建筑，2022（04）：32-34．
③ 杨海林．转型工程总承包如何补齐设计短板［J］．施工企业管理，2022（08）：28-30．

下，设计师将成为总承包商团队的成员，他们在满足业主需求的同时，还应考虑总承包商效益最大化这个目标。这既是工程总承包设计的突出特点，也是设计师们需要面临的重要挑战。针对施工企业目前存在的设计短板，提出五点措施。一是施工企业领导层和管理层必须转变思维模式。二是施工企业必须重新梳理企业项目管理体系。三是必须积极培养一批工程总承包能力的项目经理。四是组织开展项目全生命周期管理培训。五是应当努力打造合作型企业文化。"杨海林支持了前序专家的观点，强调了设计的重要性，并从施工企业转型的角度出发，提出了施工企业补足设计短板的五项措施。

中南建院党委副书记、总经理杨剑华[①]提出："勘察设计企业探索工程总承包组织模式，尤其需要解决风险管控、项目管理两个问题。中南建院主要通过以下几方面，来加强项目管理和风险管控。一是强化内控体系建设。高度重视 EPC 项目承接风险的研判和化解，制定从项目招标评审、合同评审到质量管理、安全管理、审计管理等覆盖全过程的一整套管理制度体系。二是强化监督检查和跟踪执行力度。对重大工程、重点项目，公司领导亲自挂帅上阵、亲自研究部署、亲自跟踪指导。三是强化数字化应用。打造工程总承包项目管理系统，提升总包项目数字化集成管理水平，构建'事前建标准、事中控过程、事后可分析'的全过程项目管理体系。"杨剑华从勘察设计企业的视角出发，强调了项目管理和风险管控对工程总承包绩效改善的重要性。

### 4.4.3 工程总承包卓越管理模式

本部分主要围绕工程总承包项目卓越管理的内容、优势、优化方法等方面展开分析。

中国建筑第五工程局有限公司副总经理邓尤东[②]提出："工程总承包项目卓越管理是一个复杂的系统工程，工程总承包部负责整个项目的管理，其核心管理要素及管理内容均与传统施工总承包有极大的区别，尤其是对设计、采购、建造等的整合与集成，应由专业总承包管理团队负责管理。工程总承包卓越管理的主要内容为，系统高效的设计管理；科学细致的采购管理；全面统一的建造管理；合法合规的合同管理；高效稳健的资金管理；平稳有序的进度管理；动态精细的成本管理；标准规范的质量管理；权责明确的安全管理；集成高效的协调管理；规范全面的试运行管理。"总体而言，邓尤东认为工程总承包项目卓越管理是一个

---

① 中国勘察设计协会．深化改革促发展　创新思路谋新篇——访中南建院党委副书记、总经理杨剑华［N］．中国勘察设计协会（官方网站），2022-05-15．

② 邓尤东．确定内核：卓越管理的十一项具体内容［J］．施工企业管理，2021（08）：96-98．

复杂的系统工程,并提出了十一项具体实施内容。

中建中原建筑设计院有限公司副总经理、高级工程师姚令恩[①]认为:"卓越设计管理工作的重难点在于优化和完善设计管理制度体系保障措施,如设计进度管理措施、图样质量保证措施、设计优化措施、专项深化设计等,以保证 EPC 项目的顺利运行。实现设计、采购、施工的深度融合。在 EPC 模式下,工程总承包方应将施工、采购、安装等环节与设计充分融合,从全局优化的角度出发,实现设计、采购、施工的深度交叉,并行推进。提高设计质量。设计质量一方面能够保证设计方案的合理性,从结构选型、受力等方面保证施工的安全性,同时能够保证图样符合相应的设计规范和技术标准,同时可有效提升设计水平。卓越设计管理的具体对策是:建立与总承包模式相匹配的设计管理组织机构和管理制度;对建设项目的投资、施工成本和利润进行有效控制;进行设计进度计划控制和管理质量控制;发扬设计管理信息化的优点。"姚令恩从设计的视角出发,识别了 EPC 管理的重点与难点,并给出具体对策,其核心是提升设计管理的有效性。

中冶长天国际工程有限责任公司高级工程师景涛[②]提出:"工程总承包模式的规范化发展道路依然困难重重,究其原因是有待增强认识的项目建设单位(发包人)、急需健全的行政监管体制机制、抗风险能力薄弱的承包单位等,这给工程总承包的项目管理,尤其是法律风险防范提出了更高要求。总承包管理办法、示范文本、建设工程企业资质管理制度改革方案等赋予了工程总承包企业和项目以活力,民法典、行政协议司法解释、保障农民工工资支付条例等法律法规及规范性文件的新变化给工程总承包敲响了警钟,必将对工程建设合同的订立、履行及相关争议解决产生重大而深远的影响。"与姚令恩不同,景涛从法律法规视角出发,分析了工程总承包模式项目管理面临的法律风险。

中交海洋投资控股有限公司副总经理于静[③]认为:"建筑工程的总承包管理效果对整个工程项目的功能作用和安全性等方面具有重要的影响。在现代化的总承包项目管理工作中,利用建筑企业的发展优势及各种管理形式有利于总承包项目在工程建设期间达到提高管控效果、构建高质量建筑物的目的。建筑工程总承包属于一种前沿性和专业性的工程建设形式,其能够协调建筑主体的各方关系,保证工程质量管理的效果。为了使建筑工程总承包模式拥有更加广阔的发展前景和

---

① 刘晓东,姚令恩,吕亚飞. 工程总承包项目设计管理难点与对策[J]. 项目管理技术,2021,19(10):63-66.

② 景涛,周鑫,周珈亦,等. 浅谈新法规体系下工程总承包项目的管理[J]. 工程建设,2022,54(07):64-68.

③ 于静. 建筑工程总承包项目管理中存在的问题及对策[J]. 房地产世界,2022(07):152-154.

更好的未来，企业应基于现阶段建筑工程总承包项目管理中的实际问题展开深入分析，从而有针对性地解决问题，实现全过程的管理状态。政府部门应不断编制和完善相关法律条例，企业应加大人才的培养力度，通过科学技术的助力来构建专业的信息化管理平台，从而更好地实现企业的全面发展。"与景涛相比，于静不仅强调了政府与法律对工程总承包卓越管理的重要性，还指出了企业的改善方向，认为应该在人才培养、项目管理、信息平台建设等方面提升工程总承包管理能力。

中建八局西北公司副总经理周英杰[1]认为："工程总承包模式是对工程项目全方位、全专业、全过程和全目标的综合管理，是建设的全生命周期的一个综合管理。一是要加强模式研究，推动服务升级。加大政策研究力度，密切关注各地的政策和市场环境变化，快速反应、抢抓机遇。二是加强体系建设，科学配置工程架构。强化顶层设计，统筹推进工程总承包管理制度制定、业绩考核、体系建设等工作；强化体系联动，相关部门和项目要无缝对接、形成合力，共同抓好过程履约。三是加强设计引领，聚焦设计管理提升。提升设计管理能力，促进设计与计划、采购、专业、施工组织等各环节深度衔接，才能真正做到项目的提质增效。四是加强资源集成，提高整合能力和配置效率。突出资源集成的系统性，同时瞄准 EPC 业务全产业链的高端资源、优势资源和稀缺资源，实现全资源整合。"周英杰认为工程总承包模式是对工程项目全方位、全专业、全过程和全目标的综合管理，与前序专家相比，其更加强调建设项目的多维度、全过程管理。

中建三局西北分局局长，西北公司党委书记、董事长卢华勇[2]提出："为实现EPC（工程总承包模式）深入融合企业基本总承包管理体系，在项目实施过程中，要更加注重六个'集成管理'。一是更加注重需求集成，通过策划阶段的需求集成管理，保证后续建设阶段、运维阶段的价值最优；二是更加注重设计集成，以全方位设计审查为抓手，以交付界面、设计界面的'渐进式'完善与确认为依托；三是更加注重资源集成，为项目资源集成管理提供支撑，保证项目整体目标实现，促进企业高质量资源整合；四是更加注重组织集成，进行组织结构创新，以实现大数量级组织间的高效协同；五是更加注重专业集成，打通跨专业协作渠道，为项目顺畅运行提供制度保障；六是更加注重过程融合集成，充分体现设计施工的融合管理原则，实现设计与建造高效融合。"卢华勇提出的六个"集成管理"思想支持了周英杰的观点，强调工程项目总承包全过程、多方面的无缝

---

[1] 中国建设新闻网记者. 提升 EPC 管理能力 增强企业发展动力［N］. 中国建设新闻网，2021-11-24.

[2] 中国建设报记者. 为新时代建筑业高质量发展蓄势赋能［N］. 中国建设报，2021-10-26.

衔接与系统集成。

## 4.5 PPP模式

### 4.5.1 PPP模式在我国的应用前景与核心挑战

本部分主要围绕PPP模式在我国应用的现状、优势、发展的前景及面临的挑战等方面展开分析。

清华大学PPP研究中心首席专家、建设管理系教授王守清[①]提出："全球PPP发展阶段不一，定义也不同，我国与国外也有区别，主要在第二个P；水利领域适合采用PPP（含TOT盘活存量），但不同项目适用度不同，要重视项目筛选、明确项目边界和产出要求、提高效率、挖掘项目的商业价值、减少政府支付/补贴并避免债务；我国PPP经过七八年实践，积累了很多经验可供水利领域借鉴，政策也趋成熟，项目各方也趋理性，目前可再加强部际之间协调，也是梳理完善政策并重启PPP立法/条例的最佳机会，利于贯彻落实中央最近经济精神。"王守清梳理了我国PPP近些年来的工程实践，分析了我国PPP项目与国际的差异，强调了政策和法律法规完善对PPP推广的重要性。

中建政研集团董事长梁舰[②]表示："PPP模式不仅是一种融资模式，更是一种项目管理模式，还是一种政企合作模式，符合现代财政管理制度，合规的PPP项目不应列为地方政府隐性债务。鉴于PPP模式在固定资产投资方面的重要作用，PPP模式在助力区域经济高质量发展方面将大有可为。"相比于王守清教授强调PPP在水利领域的作用，梁舰董事长认为未来PPP模式在助力区域经济高质量发展方面将起到重要促进作用。

财政部政府和社会资本合作中心负责人[③]表示："基础设施是经济社会发展的重要支撑。面对新冠肺炎疫情持续反复、全球经济复苏乏力、各国财政空间受限、基础设施投资缺口扩大的挑战，PPP模式在吸引和撬动社会投资、缓解财政支出压力、弥补基础设施不足、提供优质公共产品和服务方面的作用凸显，得到广泛认可和应用。PPP模式通过引入公平竞争、风险合理分配、全生命周期管理、绩效付费、信息公开等措施，可实现政府与社会资本平等合作，发挥社会

---

① 引自清华PPP研究中心《水利部召开推进水利基础设施PPP模式发展工作部署会议，中心首席专家王守清受邀作政策解读》一文。

② 梁舰. 新形势下投资建设领域政策热点观察和趋势研判[J]. 中国财政，2022（12）：82-83.

③ 中国财经报. PPP模式推动金砖国家可持续高质量发展——专访财政部政府和社会资本合作中心相关负责人[N]. 中国财经报，2022-06-28.

资本在资金、技术、管理和创新等方面的优势，激发市场主体活力，提高公共资源利用效率，实现基础设施提质增效。"财政部政府和社会资本合作中心专家的观点充分认可了PPP模式在吸引和撬动社会投资、缓解财政支出压力、弥补基础设施不足等方面的重要作用。

中国社会科学院政治学研究所研究员徐海燕[①]表示："中国公共服务供给市场化是在改革开放、简政放权、构建服务型政府的过程中推进的，对于建设服务型政府、保障社会主义公有制主体地位、实现社会主义现代化强国目标具有积极意义，但同时具有政府发挥绝对性作用、非公有制资本参与率低、行政管理越位、法规建构不完善等特征。公共服务供给市场化没有放之四海而皆准的模式。第三波民主化国家改革的经验表明，倘若在公共服务供给中一味追求民营化、私有化等一系列新自由主义模式，必然会给国家造成危害。当前，中国应当在全过程人民民主的进程中推进公共服务市场化，不断优化政府职能，完善法治建设，充分彰显社会资本参与公共服务供给市场化的独特优势。"徐海燕通过中西方比较，认为中国的PPP模式应在全过程人民民主的进程中推进公共服务市场化，不断优化政府职能，完善法治建设，其关于政策法制建设的部分观点与王守清的观点不谋而合。

财政部PPP中心风险绩效部主任黎蕾[②]认为："当前运用PPP模式支持绿色低碳发展，仍存在行业分布不平衡、民营企业参与不足、绿色低碳理念贯彻不到位等问题。个别领域支持减缓和适应气候变化的力度有限；民营企业参与绿色低碳PPP项目占比偏低；绿色低碳理念未深入贯穿项目全生命周期。'十四五'时期，我国生态文明建设进入了以降碳为重点战略方向、推动减污降碳协同增效、促进经济社会全面绿色转型、实现生态环境质量改善由量变到质变的关键时期。PPP项目也应立足新发展阶段，更好地服务于我国生态文明建设。"黎蕾指出了PPP模式在绿色低碳领域应用中的问题及未来展望，强调了PPP模式应该服务于我国生态文明建设。

上海交通大学设计研究总院副院长兼城市开发综合设计研究院院长、PPP研究中心咨询部主任赵国华[③]表示："新基建本质上是供给侧结构性改革，重点是补齐科技创新领域基础设施的短板。与传统基础设施最大的不同在于，新基础设施更加依赖于数字化技术，这并不是地方政府和政府平台公司的核心能力，因此，只有少数新基建项目可以单独由地方政府或其平台公司投资实施，更多的将

---

① 徐海燕．比较视角下社会资本参与公共服务市场化的经验与路径[J]．深圳大学学报（人文社会科学版），2022，39（04）：86-95.
② 欧阳璐，黎蕾．PPP模式助力绿色低碳发展显成效[J]．环境经济，2022（11）：46-49.
③ 陈辰．吸引民间资本 PPP市场稳步发展[N]．中国商报，2021-12-16（002）.

由具备技术能力的市场主体通过市场化模式实施，或者与地方政府合作实施，这给 PPP 模式带来了新的内涵和应用空间。"赵国华认为 PPP 模式在新基建浪潮中将迎来新的应用。

上海财经大学公共经济与管理学院教授方芳表示①："落实适度超前开展基础设施投资，PPP 模式大有可为。PPP 模式通过引导社会资本进入，既可以解决适度超前开展基础设施投资项目尤其是重大项目的资金需求，又能够鼓励其在终端的应用中创新探索，还能大大加强政府'裁判员'的角色，在恰当的位置发挥作用，更加尊重技术发展规律和市场规律。"与赵国华观点一致，方芳认为 PPP 模式在基础设施项目中大有可为。

中央财经大学政信研究院院长安秀梅②提出："近年来 PPP 模式主要聚焦'两新一重'项目，是我国近年来持续推进产业结构优化的一个体现，中央相关会议中多次提及新基建、新型城镇化等，这不仅仅是应对当前经济下行压力、稳定经济增长的短期举措，更是在全球范围新一轮科技革命和产业变革中抓住机遇、建设智慧社会和实现'两个一百年'奋斗目标的长期举措。今年 PPP 市场签约落地、开工建设还能有进一步提速。疫情对项目开工建设的影响将随着疫情的有效防控而减少，同时在投资提振经济的鼓励政策下，以及前期对项目规范化的严格甄别把关下，优质项目应当能加速落地。"安秀梅将 PPP 模式的推广与高质量应用与国家"两个一百年"的重大战略相联系，突出了其对新基建与新型城镇化建设的重要意义。

中央财经大学党委副书记、副校长马海涛教授③表示："作为基础设施和公共服务供给方式重大创新的 PPP 模式能够激活社会资本、激发民间投资，有助于增加基础设施项目投资资金来源，缓解政府增加预算、扩大债务的压力。以人民为中心的共同富裕对公共基础建设质量和公共服务品质量提出了更高的要求。促进共同富裕规范的 PPP 模式大有作为。"马海涛与梁舰、财政部政府和社会资本合作中心的观点一致，肯定了 PPP 模式激活社会资本、激发民间投资等作用，并认为其能促进我国共同富裕事业。

### 4.5.2 PPP 模式的效能提升路径

本部分围绕影响 PPP 未来发展的因素、优化措施、可持续发展途径、管理

---

① 经济日报. 2021 年前 11 月开工项目 478 个、投资额近 9000 亿元——PPP 成稳增长重要抓手[N]. 经济日报，2022-01-10.
② 证券时报. PPP 模式迎发展新浪潮 项目开工热料将延续[N]. 证券时报，2022-07-26.
③ 马海涛. 2022 中国 PPP 投资论坛暨《中国 PPP 行业发展报告（2021）》新书发布会[C]. 2022 中国 PPP 投资论坛暨《中国 PPP 行业发展报告（2021）》新书发布会，2022-01-11.

体系建设等方面展开分析。

　　国家发展改革委投资司副司长韩志峰[①]提出："影响 PPP 模式未来发展有五个关键因素。一是政策因素。党中央国务院的一系列重要文件、'十四五'规划纲要、今年中央经济工作会议等，为 PPP 发展指明了方向。二是人口因素。人口的总量、结构、区域分布等因素，直接影响到 PPP 项目建设的适当性及盈利性。三是金融因素。用好基础设施 REITs 有助于解决 PPP 项目融资难题，而基础设施 REITs 也对 PPP 项目的运营管理、方案设计等提出了更高要求。四是技术因素。投资建设必须顺应数字化转型趋势，PPP 项目也迫切需要推行投资建设数字化。五是社会责任投资（ESG）因素。ESG 的实质是不能仅考虑商业回报，还要考虑社会效益。我国的社会责任投资将持续大踏步发展，应高度重视如何推动投资项目开展 ESG 评价，引导金融机构依据评价结果对投资项目提供融资支持。"韩志峰提出了影响 PPP 模式未来发展的五个关键因素，为 PPP 健康可持续发展提供方向指导。

　　财政部政府和社会资本合作中心副主任夏颖哲[②]认为："（提升 PPP 效能）第一，加强顶层设计，确保统一规范，推动 PPP 条例出台；第二，坚持高质量 PPP 项目，充分发挥 PPP 综合信息平台的'放管服'功能；第三，加强与中央部门横向合作和协同配合，强化对地方 PPP 工作的指导和技术支持，加强与金融机构的纵向合作，创新金融产品；第四，加强与科研院校的智力合作，夯实理论研究基础。"夏颖哲提出了四条 PPP 模式发展的建议，其中强调了顶层设计、政府支持、多主体合作的作用。

　　昆明理工大学管理与经济学院教授沈俊鑫[③]提出："从以下五个方面推动 PPP 可持续发展。第一，结合可持续发展理念，建议全生命周期开展 PPP 绩效评价，并在现有经济效益指标基础上，增加创新与成长性、示范性、公众满意度、环境可持续性等社会效益和生态效益指标，防止社会资本'重建设、轻运营'，真正实现按效付费，推动公共服务提质增效。第二，建议加强 PPP 信息公开，进一步公开清库项目信息和清库原因，建立'负面清单'，详细披露项目出库的原因，包括但不限于不适合 PPP 模式、落地困难、进展缓慢、再融资困难、运作不规范等，按照行业特性、项目性质等分析清库情况，为地方政府发起项目、社会资本和融资方选择项目提供借鉴。第三，从 GDP 水平及落地率的变量统计可以看

---

[①] 韩志峰. 面向"十四五"的 PPP 健康可持续发展[C]. 第六届中国 PPP 论坛，2021-10-26.
[②] 夏颖哲. 2022 中国 PPP 投资论坛暨《中国 PPP 行业发展报告（2021）》新书发布会[C]. 2022 中国 PPP 投资论坛暨《中国 PPP 行业发展报告（2021）》新书发布会，2022-01-11.
[③] 沈俊鑫，卢雨鑫，王晓萍. 清库政策对 PPP 可持续发展的影响研究[J]. 建筑经济，2022，43（08）：5-14.

出，各省基础发展条件差距较大，宏观政策的调控效应在实际效果评估方面存在一定差异，应根据各省实际因地制宜制定发展政策。第四，建议从严审核财政承受能力论证，从顶层建立地方政府财政、债务等共享数据库，与PPP项目信息库联动，为社会资本和融资方提供更加可靠、准确的数据参考，提高PPP项目的可融资性。第五，建议根据行业特性进行流程优化或配套措施研究，在总结项目特性的基础上分类施策。对于环保绿色低碳、数字经济有利于'双碳'目标领域及乡村振兴领域，社会资本的参与积极性较低，可适当提高政府补贴比例，对于'两新一重'战略性领域则可以降低社会资本门槛，激发民间投资参与此类PPP项目，提高落地率推进PPP可持续发展。"总体而言，沈俊鑫教授提出了可持续发展理念、信息公开、因地制宜发展、可融资性和理论研究五方面措施推动PPP可持续发展。

中国投资咨询有限责任公司副总经理谭志国[①]认为："PPP模式在生态环境领域的应用已相对成熟，生态环境一直是PPP模式应用的重点行业之一。后续，PPP相关工作的推进还需要多种方式支持，重点包括以下几个方面，一是资金支持，包括专项债资金支持、中国PPP基金支持、开发性政策性金融机构资金支持等；二是用地支持，生态环境类PPP项目特别是采用EOD（生态环境导向的开发）模式项目一般都需要配套土地政策支持；三是立法支持，尽快推进PPP立法工作，出台PPP条例，做到有法可依，给地方政府和市场主体一颗'定心丸'。"谭志国提出了PPP在生态环境领域应用推进需要三方面的支持，加快立法、资金支持等观点与夏颖哲一致。

财政部PPP中心主任焦小平[②]表示："信息公开是构建新发展格局、促进高质量发展的重要手段。强化PPP信息公开，有利于促进国家治理体系和治理能力现代化，有利于提高政府管理水平，提升经济运行效能。最新修订的PPP信息公开管理办法进一步丰富公开内容、扩展责任主体、优化公开方式和时点、夯实监管措施、建立动态调整机制，将引领和保障PPP信息公开迈上新台阶。财政部将围绕落实新办法，按照各方共建共治共享原则，不断深化细化相关工作。"焦小平从信息透明角度分析了PPP效能提升路径，认为最新修订的PPP信息公开管理办法使PPP信息公开工作迎来了新发展。

财政部PPP专家库专家范永芳[③]表示："加强PPP信息公开，可以促进政府、社会资本、金融机构、咨询机构等PPP项目参与方信息对称，增强市场透明度，

---

① 央广网. 稳投资、促基建持续发力 多领域[N]. 央广网, 2022-06-07.
② 中国财经报. 中国PPP市场：更透明 更规范 更高效[N]. 中国财经报, 2022-01-18.
③ 经济日报. PPP成稳增长重要抓手[N]. 经济日报, 2022-01-10.

降低市场交易成本，提高市场资源配置效率。参与PPP项目投资经营对于社会资本而言都属于重大的决策，甚至可以完全说是企业战略层面的重大决策。为了确保决策质量，社会资本需要有效、真实、全面、及时的信息及对信息的正确分析作为其决策基础。"范永芳与焦小平主任观点一致，认为加强PPP信息公开对PPP发展有重要意义，在焦小平研究的基础上指出了信息公开对PPP发展的具体促进作用。

国家发展改革委投资研究所研究员、博士生导师吴亚平[①]提出："在共同富裕新的进京赶考路上，中国PPP可以从城市群基础设施的互联互通、城市群之间资源和环境承载能力、城镇化新载体建设三个方面有所作为。乡村振兴应该是中国PPP未来发展方向。提出以下四点建议，第一，要围绕'十四五'规划的目标任务去谋划项目；第二，要做深入的可行性研究，回答是否需要政府投资、政府投资模式是什么的问题；第三，鼓励社会资本根据'十四五'规划要求提出项目；第四，完善机制保障PPP知识体系的传承。"与前序专家强调PPP在新型城镇化领域的应用不同，吴亚平认为乡村振兴也是中国PPP未来发展方向，并提出了四点建议。

北京中泽融信管理咨询有限公司总经理赵仕坤[②]提出："面对经济下行压力，地方政府只能在现有制度约束和财力范围内尽力而为、量力而行。PPP是推进国家治理体系和治理能力现代化的关键性举措，是政府投资项目理想的投融资模式，也是以时间换空间的投融资模式，并且能够充分发挥财政资金'四两拨千斤'作用，提高财政资金使用效益。各地在探索采用PPP模式盘活存量资产时，要注意以下几点：一是存量资产须产权清晰，权属明确；二是存量资产具备长期稳定经营性收益，且资产收益权未被质押；三是资产转让程序需符合国资管理及PPP操作流程的要求；四是资产转让前需开展资产评估等相关工作；五是社会资本需具备资产运营与管理能力。"赵仕坤和焦小平观点一致，认为PPP是推进国家治理体系和治理能力现代化的关键性举措，并提出了采用PPP模式盘活存量资产时要注意的五点问题。

海南大学法学院副院长、教授王琦[③]提出："建构基于争议评审机制的PPP项目合同争议解决机制。围绕争议评审机制完善PPP项目合同争议解决机制。一是修改PPP条例的争议解决条款。完善PPP立法，既是推动PPP良好发展的

---

① 中央财经大学政信研究院. 迈向共同富裕的中国PPP之路[N]. 中央财经大学政信研究院（官方网站），2022-01-11.
② 敖阳利. 以PPP促投资盘存量稳经济[N]. 中国财经报，2022-06-07（006）.
③ 王琦，刘思瑞. 基于特性契合考察的PPP项目合同非诉纠纷解决机制建构——以争议评审机制为例[J]. 中国行政管理，2022（06）：102-108. 争议评审机制为例.

基本保障，也是政府治理法治化的应有之义。二是重新制定项目合同指南。目前我国较为权威的PPP项目合同指南都有关于争议解决的规定，但详尽程度不一，并且均未采用争议评审机制。对此，可在已公布的指南的基础上对有关争议解决的内容进行调整。三是建立争议评审专家库并保持开放式的专家推荐。财政部可以建立PPP争议解决专家库供政府与社会资本方选任争议评审委员会成员，并允许政府与社会资本方共同选择专家库以外的专家作为委员会成员。"王琦从解决PPP项目合同争议的角度，提出了三点完善PPP项目合同争议解决机制的意见。其完善PPP立法等观点与王守清、谭志国、夏颖哲等一致。

财政部PPP中心[1]提出："深化PPP项目绩效管理的具体思路。一要加快完善顶层制度。推动PPP条例制定，加快发布PPP操作指南，更新财政承受能力、物有所值等指引，稳定市场预期。二要深化全生命周期绩效管理。引导地方严格按要求科学设定PPP项目绩效目标及指标体系，加强绩效运行监控，强化绩效评价及其结果应用。三要加强各参与方能力建设。加强PPP绩效与预算绩效融合、分行业指标体系等前沿问题研究。四要提升信息管理和服务水平。完善绩效管理系统，加强信息联通、统计分析、外部系统对接等功能建设，通过信息化手段实现地区、行业数据和系统内财政支出数据的同步核验和对比分析，检验PPP项目各环节绩效管理工作成效。"财政部PPP中心提出了四条深化PPP项目绩效管理的具体思路，其中顶层设计、信息管理等观点与夏颖哲一致。

东南大学土木工程学院建设与房地产系主任袁竞峰教授[2]提出："我国PPP模式公共治理绩效提升方向。一是促进PPP绩效管理体系建设，高速度转为向高质量发展。二是坚持创新驱动科技发展，优化PPP模式公共治理技术手段。三是优化PPP资源配置，促进PPP高质量发展。四是实现动态监管，融合新型监管技术。"袁竞峰从公共治理与技术创新的角度出发，提出了PPP模式的优化路径。

### 4.5.3　PPP模式中的治理问题

本部分主要围绕PPP模式发展应用中出现的问题展开分析。

中建政研集团董事长梁舰[3]表示："PPP模式急需要模式创新，真正可以通过PPP模式发挥社会资本在公共产品供给方面提质增效的作用。其中，尤其以PPP模式推进综合开发类项目，是需要市场去摸索并创新的方面，以此有效补

---

[1] 加强全过程绩效管理 促进PPP事业高质量发展 [J]. 中国财政，2022（03）：55-56.
[2] 刘加敏，袁竞峰，卢文飞，等. 城市化进程中区域PPP模式公共治理绩效研究——以我国31个省市为例 [J]. 工程管理学报，2021，35（06）：73-78.
[3] 经济参考报. 2022年的PPP，会走向何方？[N]. 经济参考报，2021-11-15.

充当前我国地方政府对于大体量投资项目投资融资模式的空白。如何以市场为导向，更好地在现行PPP的体制机制下，利用好PPP模式的政策优势，推动大投资体量综合开发类项目的实施急需破局。"梁舰董事长认为当前我国PPP模式急需治理模式创新，应该发挥市场作用，刺激社会资本在公共产品供给中起积极作用。

北京大岳咨询有限公司董事长金永祥[①]认为："PPP发展过程中遇到的各种问题受到了中央的重视，未来在推进PPP模式时将得到解决。比如，基础设施建设的前期论证、基础设施的回报机制、社会资本运营能力建设及专业化、地方政府的监管能力建设、重建设轻运营问题、市场化过程中充分竞争和合理竞争问题，以及客观评价PPP及与其他政策的比较问题等。"金永祥提出从市场竞争与主管部门监管方面出发，对PPP治理问题进行了分析。

经济日报报道[②]提出："在快速发展的同时，PPP模式在前些年出现不少问题和挑战。比如，一些地方把这一模式简单化地作为政府的投融资手段，出现了明股实债、政府变相兜底等容易产生政府隐性债务的情况。同时，不少地方重建设轻运营、绩效考核不完善，影响公共服务的有效提供。此外，PPP项目履约周期长、涉及领域广、复杂程度高，一些地方存在'新官不理旧账'、随意变更或终止合同等情况。在制度建设方面，我国PPP推广运用的时间不长，其内涵外延、监管职责、具体运行等尚不统一，亟待完善，需要加快构建严密的制度规则体系，确保各个层面有章可循。"经济日报观点总结了地方政府在运用PPP模式中的一些治理问题，具体包括权责分配问题与监管问题，对"新官不理旧账"现象进行批判。

中国财经报报道[③]提出："一些地方政府不能准确理解PPP的本质，对PPP模式应用存在疑虑。例如，由于担心无法规范实施好PPP项目而造成问题和风险，特别是隐性债务问题等，因此选择对PPP避而远之；或者仅把PPP模式当成'先借钱、后还钱'的融资工具，重工程建设、轻运营管理，对于项目的回报机制等不作深入、细致的研究，导致一些基础设施建设领域的PPP项目投资回报率过低，影响了社会资本的投资热情。此外，相比于直接投资等模式，PPP项目旨在提高项目建设效率和运营效果的论证程序相对更充分、复杂，对地方政府科学谋划、打包项目等提出了更高要求。一些地方政府实施PPP模式的能力不足，有一定畏难情绪。"

---

① 第一财经. 事关十多万亿项目，中央再提推动PPP模式，释放什么信号？［N］. 第一财经，2022-04-27.

② 曾金华. PPP应守牢规范发展底线［N］. 经济日报，2022-05-09（005）.

③ 敖阳利. 以PPP促投资盘存量稳经济［N］. 中国财经报，2022-06-07（006）.

对外经济贸易大学国家对外开放研究院国际经济研究院教授郭桂霞[①]提出："在中国当前的PPP项目实施过程中，有诸多因素可能会滋生双边道德风险问题，从而影响PPP项目的有效执行：第一，相关法律法规有待完善，难以对参与主体产生有效的约束。第二，中国的PPP模式实践经验不足，使得PPP项目契约不成熟，不能对合作机制、融资结构、激励和监督约束、控制权和风险的分担以及收益的分配做出完善的约定，不完全契约问题突出。第三，PPP项目大多是长期投资，而政府部门短期内决策者的变更，使得政府部门可能出现长期目标与短期利益的冲突。第四，政府部门和社会资本的合作中，无论是事前甄别项目质量还是事后监督项目执行，双方之间都存在信息不对称。"郭桂霞从四方面分析了我国当前PPP项目实施过程中的治理问题，并认为双边道德风险是这些问题产生的根本原因。

农发行支持PPP项目课题组[②]提出："由于PPP模式项目融资条件先天不足，加之地方政府、社会资本与金融机构差异化目标和多方博弈，导致PPP项目融资仍存在较多问题，一定程度上影响了PPP模式的推广和项目落地。"农发行支持PPP项目课题组从金融机构的视角出发，分析了PPP项目融资存在的多方博弈治理问题。

## 4.6 全过程咨询

### 4.6.1 全过程咨询在我国建筑业的应用前景与发展状况

本部分围绕全过程咨询在我国工程建设产业中的发展形势展开分析，主要聚焦于全过程咨询的发展机遇、现存挑战和应用前景等问题。

任振洋[③]认为："2017年2月24日国务院办公厅发布《国务院办公厅关于促进建筑业持续健康发展的意见》（国办发〔2017〕19号），提出了培育全过程工程咨询的基本政策和发展思路，明确要求政府投资工程项目带头试点推行。截至目前，四川省、广东省、福建省等多个地区开展了较全面的政府投资项目的全过程工程咨询试点工作。由于我国全过程工程咨询处于探索阶段，各层级与全过程

---

① 郭桂霞，赵芳，庄芮. 中国PPP项目的双边道德风险研究［J］. 产经评论，2022，13（04）：147-160.

② 农发行支持PPP项目课题组. 发挥政策性银行作用推动PPP模式规范发展［J］. 农业发展与金融，2022（05）：31-33.

③ 任振洋，吴龙梁，王帅，向卫国. 政府投资项目推行全过程工程咨询面临的问题及建议［J］. 工程经济，2021，31（10）：56-60.

工程咨询相关的政策主要为宏观的引导性意见，缺乏精细化的配套政策和规范引导。就投资人而言，总结全过程工程咨询的实践经验，规范全过程工程咨询管理是现阶段的关键性工作。"任振洋认为政府应当加强对全过程咨询的宏观管理，同时强调投资人应该总结实践经验，规范全过程咨询管理内容。

上海建科工程咨询有限公司项目经理严荣爱[①]指出："全过程工程咨询是为了有效实现工程建设项目价值目标，从项目整体价值增值的角度，对工程建设项目提供全方位和全生命周期工程咨询服务的一种模式，这也是国际惯例。随着我国工程建设行业的快速发展，工程项目的规模不断扩大，工程的复杂性持续增强，这对我国工程咨询行业带来严峻挑战，以往片段式的工程咨询模式已经不适应新的国情，也无法应对我国工程咨询行业对内对外的国际化发展。与国际工程咨询行业无缝接轨，大规模实施全过程工程咨询模式势在必行。"严荣爱的观点和任振洋相比，更加侧重了全过程咨询国内发展状况的分析，从与国际接轨的角度展现全过程咨询的发展方向。

王碧剑[②]指出："全过程工程咨询作为一种新型的建设工程咨询组织模式，具有综合性、高效性、集成化、一体化等明显优势，能够有效地提升工程咨询服务的效率，解决业主的需求。在我国，全过程工程咨询还处于探索发展阶段，需要我们不断深化工程领域咨询服务供给侧结构性改革，破解工程咨询市场供需矛盾，破除制度性障碍，完善政策措施，创新咨询服务组织实施方式。"王碧剑的观点与任振洋相似，在其基础上进一步强调了政府在政策端对全过程工程咨询进行引导和管理的重要性。

《中国勘察设计》编辑部[③]指出："全过程工程咨询项目中，以监理企业牵头的居多，设计主导的全过程工程咨询缺乏市场认可度，包含设计或真正以设计为主导的全过程工程咨询项目更少。从全国范围来看，全过程工程咨询发展呈现地区发展不平衡、冷热不均的局面。南方省份和地区比北方省份和地区好、东部比西部好，尤其是东南沿海地区热度最高，其中又以浙江、江苏、广东、山东等地发展势头最好。在诸项咨询服务业态中，监理、咨询、项目管理3项咨询业务受重视程度最高，招标采购和工程设计次之。勘察设计企业在全过程项目管理能力、资源整合能力、策划咨询能力等方面存在的诸多不足，成为开展全过程工程咨询服务的一大挑战。"《中国勘察设计》编辑部的观点和任振洋相比，强调了全过程咨询服务牵头单位过多的弊端，并且认为其在地区和业务发展上存在不

---

① 严荣爱. 全过程工程咨询模式实施策略研究 [J]. 现代商贸工业，2022，43（17）：246-248.
② 王碧剑，贾华杰. 全过程工程咨询发展研究 [J]. 中国工程咨询，2022（07）：35-39.
③ 本刊编辑部. 全过程工程咨询在路上 [J]. 中国勘察设计，2022（09）：1.

平衡。

广东诚誉工程咨询监理有限公司高级工程师欧镜锋[①]指出："通过全过程工程咨询项目管理能力成熟度模型评估,反映出我国全过程工程咨询还处于起步阶段,采用全过程工程咨询的建设项目不多,团队项目管理能力还不够强,尚需各工程咨询企业加大投入,培养一大批具备项目管理能力的团队,特别是要促进监理企业向全过程工程咨询方向转型升级。"欧镜锋的观点和《中国勘察设计》编辑部相比,将成熟度概念引入研究,更加侧重了全过程咨询团队的项目管理能力分析。

中建西南咨询顾问有限公司董事长弋理[②]指出："开展全过程工程咨询服务是新时代建设工程咨询行业改革的方向。在国家大力推行全过程工程咨询模式的政策背景下,各地纷纷出台政策推进全过程工程咨询服务,很多企业也行动起来开展全过程工程咨询服务。但是,我们也应看到,现阶段全过程工程咨询组织运行还存在专业融合难、从业人员思维转变难等问题,如何建立适合自身的应对方案,进一步提升全过程工程咨询的规范性,进而推动工程项目的持续健康发展,成为摆在广大行业企业面前的重要课题。"弋理的观点和严荣爱相比,更加关注全过程咨询在组织运行中存在的问题,从专业融合、思维转变等视角出发,指出未来全过程咨询改革方向。

### 4.6.2 全过程咨询的模式研究

本部分主要围绕全过程咨询发展模式展开分析,强调全过程咨询发展模式应适应国内建筑业实际运营环境。

乔俊杰[③]指出："全过程咨询服务能力是一种由内而生、内外呼应的综合能力的体现,它涵盖了两个层面的含义。对内是企业拥有资源的整合,是企业综合能力的体现;对外是企业向业主提供建设服务能力的体现,包含招标代理、勘察、设计、监理、造价、项目管理等工程咨询服务。全过程工程咨询服务能力应该是整合、运用内外部各种资源满足业主需求,实现工程项目价值增值所应具备的服务能力。"乔俊杰的观点主要强调全过程咨询应当侧重整合能力提升,合理利用各种内外部资源满足业主需求创造价值。

---

① 欧镜锋.全过程工程咨询项目管理能力成熟度模型应用研究[J].建设监理,2022(02):17-20+28.
② 弋理,李凯,袁春林,等.全过程工程咨询组织运行模式探析[J].中国勘察设计,2022(09):32-37.
③ 乔俊杰.全过程工程咨询服务能力提升路径研究[J].中国招标,2021(11):36-37.

王碧剑[①]认为："全过程工程咨询服务的发展与推广需要政府部门从建设工程的全局出发、着眼市场，从更加宏观的视角出发，进行政策性的支持和引导，运用间接性的管理手段，进行市场指导和监管。为了给全过程工程咨询企业提供更全面更优质的政策支持和引导，全面提升全过程工程咨询企业的集成管理能力，行业行政主管部门还需要克服传统的对工程咨询服务行业条块式分割管理的现状，破除制度性障碍，打通部门之间的壁垒，消除由于多部门多头管理造成的咨询业松散状、碎片化、交叉化管理影响，从市场监管的角度促进专业咨询服务业态的整合，提升全过程工程咨询企业的咨询管理能力。"王碧剑的观点和乔俊杰相比，更关注政府的角色，强调通过政策性支持解决全过程咨询碎片化问题，打破部门壁垒。

赵家莹[②]认为："设计管理是全过程工程咨询的重要环节，由设计引领全过程工程咨询以提升工程质量，是全过程工程咨询的核心目标之一。结合建筑师负责制，开展全过程工程咨询是行业对实现这一目标的探索实践。借助GIS、城市信息模型、BIM等技术对设计条件、设计成果进行数字化表达，并将数字化设计成果在项目信息管理平台上进行集成，最终实现对设计过程的集约化管理，是设计质量与咨询服务质量的共赢。在设计管理与信息化技术相结合的过程中，当下的工程实践已基于BIM技术进行了积极探索并形成了一定的市场基础。"赵家莹的观点和王碧剑相比，强调了设计的重要性，认为国际上盛行的"建筑师负责制"可以成为全过程咨询的主要模式。

李志[③]指出："由于造价、监理、设计皆贯穿于项目工程全过程，因此已提出造价方、监理方、设计方主导全咨服务的观点。其中造价主导全咨服务有利于投资、建设过程、盈利回收等全阶段的资金控制；监理的有利于项目策划、勘察、设计、采购、施工、竣工验收等全过程的细节处理和各参与方的协调。设计主导全咨服务是以设计贯穿全局管理为理念，以利益相关人需求为服务对象，主导并协调投资、勘察、造价、专项、招标代理、监理、项目管理、运维等专项咨询，在项目全过程阶段提供组织、管理、经济和技术等各有关方面的工程咨询服务。"

袁芸[④]指出："全过程咨询管理是一项系统性工程，其对于工程项目专业化的要求较高，在现代工程项目管理模式下，为提升项目全过程咨询服务的整体质

---

[①] 王碧剑，贾华杰. 全过程工程咨询发展研究[J]. 中国工程咨询，2022（07）：35-39.

[②] 赵家莹. 全过程工程咨询设计管理信息化初探[J]. 建设监理，2022（02）：9-11+16.

[③] 李志，罗舒予. 设计主导的全过程工程咨询集成化管理模式研究[J]. 建筑经济，2021，42（07）：23-27.

[④] 袁芸. 关于全过程工程咨询发展路径的思考[J]. 居舍，2022（18）：150-153.

量，还应深化信息技术在项目咨询服务管理中的应用，创建信息化、智慧化的项目咨询服务管理平台。"袁芸与赵家莹的观点相似，强调全过程咨询应当建立信息化、智慧化的服务管理平台。

同济大学经济与管理学院何清华教授①对设计主导型全过程工程咨询模式做出分析："设计主导型全过程工程咨询模式在强调全过程跨阶段的整合服务的同时强化了设计角色对于项目整体价值实现的重要性，体现了设计角色可以在项目全过程各阶段提供引领性的服务与支持，与国际全过程工程咨询业的发展围绕设计为核心不谋而合。设计主导使得全过程工程咨询单位对项目的控制权、管理力度都得到很大的提升，使得其管理能力、工程经验和产业链整合能力都可以很好地在项目中得到落地。"何清华的观点和赵家莹比较相似，都强调了设计的重要性。

中国建设监理协会会长王早生②指出："全咨服务新天地，管理技术加经济，提供全过程工程咨询服务，管理、技术和经济三者缺一不可，技术主要是设计的范畴，专业性很强，管理主要是监理的特长，通用性比较强。经济也很重要，尤其在市场经济条件下，不讲经济就不能持久，就不能持续发展。并且这三者要尽可能地融合，如果一步做不到融合，可以先合作，后组合，最后再深度融合。"王早生的观点和前序专家相比，强调管理、技术和经济融合的重要性。

中建西南咨询顾问有限公司董事长弋理③指出："全过程工程咨询是集成化建设项目组织实施的典型模式，当建设单位选择全过程工程咨询服务后，就形成了业主、全过程工程咨询、承包方的三方责任主体，建设项目呈现出三边治理的组织结构。新三角关系的建立，将会打破原来固有的咨询服务模式和工作方式。全过程工程咨询不能仅是输出经验和专业技术服务，更是要以建设单位视角和思路开展项目工作，以承包方生产客观需要分析问题，从项目整体出发，解决建设单位和项目面临的各类问题并推动项目建设，在项目实践中不断展现全咨服务价值，逐步让市场认可和广泛接受全过程工程咨询服务模式。"弋理的观点较为全面，既强调了全咨服务三方关系治理的重要性，又突出了价值创造的核心地位。

---

① 谢坚勋，张宗玮，潘德雄，等. 设计主导型全过程工程咨询模式的探讨 [J]. 工程管理学报，2022，36（02）：29-34.
② 王早生会长在监理企业发展全过程工程咨询服务交流座谈会上的讲话。
③ 弋理，李凯，袁春林，等. 全过程工程咨询组织运行模式探析 [J]. 中国勘察设计，2022（09）：32-37.

## 4.6.3 全过程咨询的绩效评价

本部分主要围绕全过程咨询对项目管理绩效的影响和全过程咨询自身水平的评价两个方面展开分析。

刘文智[1]指出:"相较于传统的造价管理模式,全过程造价咨询具有管控系统性、成本可控性和管理动态化的特点。对建设项目进行整体调控,提高项目的风险管理效果。缩短了项目建设工期,避免了三超问题,降低了项目资金管控成本。随着城市基础设施项目的建设规模扩大和项目精细化管理要求的提高,全过程造价咨询已成为工程项目有效发挥经济效益和社会效益的一项重要因素。"刘文智的观点主要强调了全过程咨询在成本、进度、风险上相对传统造价管理模式的优势。

王碧剑[2]认为:"工程建设全过程工程咨询包含了从项目投资概念的提出到项目缺陷责任期结束的整个项目全寿命周期,全面提升了工程项目各个环节的管理水平,有利于工程项目管理集成化,更是实现了各专业咨询服务工作的有机结合,真正实现了工程咨询服务的整体性和集成化管理,有助于提升投资决策的科学化和项目管理的效率。"王碧剑的观点和刘文智相比,更加侧重全过程工程咨询对项目决策和管理质量的提升。

陈建凯[3]指出:"采用基于决策+设计的全过程工程咨询服务,提供了可靠的决策支持,咨询服务清晰定位了项目的功能与建设规模,为项目投资决策提供了可靠的支撑,并且优化项目投资及其效益,此外全过程工程咨询服务贯穿项目全周期,加快项目的全过程推进,在规划、设计、施工中层层传导项目的建设意图,统一各阶段、各专业的目标,利于缩短项目整体建设周期。"陈建凯的观点和王碧剑基本一致,在其基础上进一步强调了全过程咨询对项目决策优化和管理效率提升的重要性。

秦进[4]指出:"在建立工程咨询管理绩效体系时,必须要遵循一定的原则。首先是全面性的原则。全面性是指要将项目的全生命周期作为研究对象,并对不同阶段的绩效与项目的影响关系进行深入的分析,对于选取的指标要具有逻辑性及关联性,从而使之能够具备系统性。其次就是合理性。合理性是指选取的指标必

---

[1] 刘文智. 建设项目全过程造价咨询服务的重点及实施效果研究 [J]. 建筑经济, 2021, 42 (09): 42-46.

[2] 王碧剑, 贾华杰. 全过程工程咨询发展研究 [J]. 中国工程咨询, 2022 (07): 35-39.

[3] 陈建凯, 覃鹏, 肖亮. 交通枢纽工程全过程工程咨询服务研究与实践 [J]. 建筑经济, 2021, 42 (08): 32-35.

[4] 秦进. 全过程工程咨询项目管理绩效评价研究 [J]. 四川冶金, 2021, 43 (04): 2-4.

须与工程建设的操作流程与客观规律相符合，能够全面地反映出工程的实际情况。还应当注重指标的可获得性和操作性。可获得性是指对指标数据进行收集的难易程度。选取的指标应该能够通过一定的方法进行数据的收集，如果无法进行收集，则指标的确定毫无意义。可操作性是指收集到的用于考核的资料，能够作为定性的指标进行赋值，从而保证指标具有真实可靠性，以方便于今后的利用及处理。"秦进的观点和王碧剑相比，提出了具体的评价指标体系。

戚振强[①]认为："'没有度量就没有管理'，客观衡量全过程工程咨询服务的水平成为其发展过程中的重要课题，全过程工程咨询成熟度是对全过程工程咨询服务水平成熟状态的一种度量，是反映全过程工程咨询服务水平的成熟程度，能够实现对当前服务水平的量化评估。评价和提升全过程工程咨询的成熟度是助推其高质量发展的要求，通过对项目全过程工程咨询成熟度的测评和分析，可以找到有效提升和改善服务水平的路径与方法。"戚振强的观点和王碧剑相比，强调全过程工程咨询应当通过成熟度测评分析进行绩效评价。

## 4.7 建筑产业工人队伍培育

### 4.7.1 建筑业劳动力现状与发展趋势

本部分主要围绕全过程咨询对当下建筑工人供需状况和建筑业劳动力发展方向两个方面展开分析。

南通大学交通与土木工程学院教授级高级工程师张军[②]指出："改革开放以来，建筑产业发展迅速，劳动力需求数量持续增长。但随着人口增速放缓和年龄结构老化等问题的产生，农村剩余劳动力正逐年减少，由无限供给转变为有限供给。同时，随着人民生活水平的提升，劳动者对工作环境、社会地位等有了更高的诉求，新生代劳动者进入建筑业的意愿较低，建筑业劳动力供需失衡问题逐渐凸显。"张军的观点揭示了当下我国建筑业劳动力供需失衡的问题及其根本诱因。

浙江大学建筑工程学院研究员苏星[③]指出："我国建筑业作为典型的劳动密集型产业，却没有足够的行业吸引力吸纳更多的年轻劳动力，也面临着劳动力老龄化的严峻考验。目前从事建筑行业的劳务工作者主要集中在35～55岁这一年龄

---

① 戚振强，韦彩益. 基于AHP-可拓测度模型的全过程工程咨询成熟度评价研究[J]. 工程管理学报，2022，36（02）：35-40.

② 孙卓文，张军，陈敏. 我国建筑业劳动力供需预测研究[J]. 工程经济，2021，31（12）：60-63.

③ 蔡楚瑜，张琦睿，苏星. 我国建筑业劳动力老龄化问题的跨区域分析及应对策略研究[J]. 土木工程与管理学报，2021，38（04）：63-69.

段，80、90后所占比例很低，劳动年龄出现断层现象，这意味着当老一辈的农民工从建筑市场退出的时候，建筑行业用工荒的问题将进一步被激化。在高老龄化率和低'人口红利'的市场环境下，建筑业农民工年龄结构趋于老龄化。"苏星的观点与张军的观点存在一致性，认为建筑业劳动力存在供需失衡，但其更加关注劳动力在年龄结构上存在的问题。

赵国良[①]指出："长期以来受传统观念影响，我国农民工职业具有稳定性差、社会保障弱以及受经济波动影响大的缺陷。对建筑行业供给侧结构改革的要求，建筑业农民工职业技能匮乏问题越来越突出。推动农民工职业化的前提就是要让农民工掌握技能，参加各种职业技能培训是拥有技能或者提升技能水平的前提。"赵国良的观点与前序专家相比，更加强调建筑业农民工职业化的必要性，突出了社保以及技术培训对农民工队伍建设的重要性。

董成[②]指出："从目前建筑工人实际工作开展情况来看，虽然已经购买了相应的社会保险，可是因为社会保险的类型较少，使建筑工人在社会保障中依旧有着诸多的不足之处，这是因为建筑工人和建筑企业之间的劳务合同关系没有全面落实，社会保障体系不具备完善性，导致建筑工人难以维护自身利益；由于该项工人工作不稳定，经常出现跳槽现象，具备人员流动性大的特征，建筑行业职业培训市场规范化和标准化缺失，政府对该方面监督较弱。"董成的观点与张军在农民工社保上存在一致性，此外还强调了劳动合同的重要性。

清华大学教授方东平[③]表明："目前满足高质量建造发展需求的专业人才紧缺。中共中央、国务院及住房和城乡建设部围绕行业人员素质提升、人员管理、权益保障、技能培养、技能鉴定等方面出台了一系列改革政策。在政府层面上顶层制度设计相对完善，但缺少配套保障措施，制度之间衔接不顺畅；行业层面上，行业吸引力持续下降，职业院校培养与企业需求无法融合；企业层面上，受制于成本、工期等制约，在职业能力培养中参与度不高。从而，导致了我国建筑业从业人员水平参差不齐，总体质量不高。专业人才理论基础不均衡，能力提升途径不清晰、不系统，是制约我国建造高质量发展的重要因素之一。"方东平的观点和张军相比，更侧重建筑业劳动力质量及素质的提升。

---

① 赵国良，赵晓毅，王雷，等. 建筑业农民工职业培训制约因素及解决对策 [J]. 中国产经，2021 (13)：154-155.

② 赵国良，申建国，王诚杰，等. 建筑工人职业化发展现状 [J]. 商业文化，2021 (14)：48-49.

③ 高晓江，郭红领，方东平. 基于德国经验的建筑业职业教育发展建议 [J]. 土木工程与管理学报，2021, 38 (04)：30-33+40.

同济大学经济与管理学院教授王广斌[①]指出："由于计划生育、生育理念等原因，中国人口态势开始转变，刘易斯拐点已经出现，劳动力将出现大量缩减，由此可以推断，建筑业劳动力将面临'供不应求'的状况。而建筑工人老龄化严重、整体素质较低、流动性较大等问题都制约着建筑企业劳动生产率的提高和项目规模的扩大。建筑业市场面临'用工荒'的困境，阻碍了建筑业经济可持续发展。产业规模的快速扩张增大了行业劳动力需求，但是人口老龄化、行业吸引力低下等原因造成了建筑业劳动力供给减少，在自然情景下预计到2035年，中国建筑业劳动力供求缺口将达到1097万人，我国建筑业劳动力供求失衡问题日益严峻。通过预测情景分析，调节产业规模扩张速度、建筑业工业化渗透率、数字化渗透率、产业培训率以及建筑业参与率，最快能够在2027年实现建筑业供求平衡。"王广斌的观点与苏星的观点基本一致，在其基础上进一步强调了我国建筑业劳动力结构老龄化的问题，并提出了相应解决方案。

人民数据研究院[②]的研究结果显示："2021年，住房和城乡建设部等12部门联合印发《关于加快培育新时代建筑产业工人队伍的指导意见》就加快培育新时代建筑产业工人队伍明确提出，到2025年，中级工以上建筑工人达1000万人以上。到2035年，形成一支秉承劳模精神、劳动精神、工匠精神的知识型、技能型、创新型建筑工人大军。这就意味着，单纯依靠'低技术、低成本'的劳动密集型模式难以满足推动建筑业高质量发展的时代需要，这将倒逼建筑业加快向工业化、标准化、信息化方向转变。"人民数据研究院的观点与方东平的观点基本一致，在其基础上进一步强调了我国建筑业劳动力应当从劳动密集型向智力密集型转变。

### 4.7.2 建筑业产业工人的核心技能与素质

本部分主要围绕我国建筑业发展过程中，建筑工人所需掌握的技能与所应具备的素质展开分析。

住房和城乡建设部建筑市场监管司相关负责人[③]指出："到2025年，符合建筑行业特点的用工方式基本建立，建筑工人实现公司化、专业化管理，建筑工人权益保障机制基本完善；建筑工人终身职业技能培训、考核评价体系基本健全，中级工以上建筑工人达1000万人以上。到2035年，建筑工人就业高效、流动有

---

① 王广斌，徐可，曹冬平.2035年中国建筑业劳动力需求情景预测及应对措施［J］.土木工程与管理学报，2021，38（04）：15-22.

② 人民数据研究院.建筑业劳务用工现状大数据分析报告（2021）［N］.人民数据（官方网站），2022.

③ 中国建设新闻网记者.加快培育新时代建筑产业工人队伍［N］.中国建设新闻网，2021.

序，职业技能培训、考核评价体系完善，建筑工人权益得到有效保障，获得感、幸福感、安全感充分增强，形成一支秉承劳模精神、劳动精神、工匠精神的知识型、技能型、创新型建筑工人大军。"住房和城乡建设部建筑市场监管司负责人的观点主要强调建立我国建筑业工人职业培养体系的必要性。

北京建筑业人力资源协会名誉会长刘哲生[1]表明："完善职业（工种）类别。探索开展智能建造相关培训，加大对装配式建筑、建筑信息模型（BIM）等新兴职业（工种）建筑工人培养力度，有效提高建筑业工人队伍素质。"刘哲生将智能建造、装配式建筑等新兴技术列为建筑工人培训内容，对建筑工人素质提出了更高的要求。

云南银塔电力建设有限公司高级工程师晏剑明[2]指出："建筑产业技能型人才，主要是指在建设行业的某个领域或工种中具有初级以上职业资格的建筑工地现场操作性工人。建筑产业技能型工人队伍，是产业技能型工人队伍的一个重要分支，是以掌握建筑行业技能技术为核心技能的一支专业型队伍，由庞大的建筑技能工人群体组成，能够满足于建设产业发展中各个工种的要求。随着建筑业正式步入绿色、节能与可持续的全新发展阶段，行业发展需要大批产业专业技术型人才。因此，建筑业应当积极响应国家号召，加强创新型、应用型、技能型专业人才的建设与培育"晏剑明的观点与住房和城乡建设部建筑市场监管司相关负责人基本一致，在其基础上进一步强调了建筑业工人素质应当向创新型、应用型和技能型等方向发展。

重庆大学管理科学与房地产学院教授曾德珩[3]认为："农民工职业化是指从事非农产业的农民工经过市场竞争，成为具备一定从业技能和职业资格的新型产业工人，农民工职业化是实现建筑产业转型、创新驱动发展的人力资本保障。农民工市民化是指农民工的社会身份向市民转变时，获得并运用市民权的基本资格和能力，适应城市并具备市民基本素质的过程。建筑农民工市民化水平与职业化水平是其产业工人化程度的直接前因变量；建筑业发展水平、政策制度环境共同影响着建筑农民工职业化水平和市民化水平的提升。"曾德珩对农民工身份进行了重新定位，突出了其对行业转型升级的重要性。

---

[1] 中国建设新闻网记者. 建设高素质产业工人队伍保障建筑业高质量发展 [N]. 中国建设新闻网，2021.

[2] 晏剑明，方明，申庆朝. 新时期建筑产业技能型工人队伍的建设与培育研究 [J]. 四川建材，2022，48（04）：250-251＋256.

[3] 曾德珩，陈春江，杜永杰. 中国建筑业农民工向产业工人转型动力机制与传导路径研究 [J]. 重庆大学学报（社会科学版），2021，27（03）：288-299.

### 4.7.3 建筑业产业工人队伍培育方式

本部分主要围绕建筑业工人培养要求、人才培养体系建设两个方面展开分析。

浙江省住房和城乡建设、浙江省发展和改革委员会等10部门[①]联合表示："鼓励企业建立稳定的自有核心技术工人队伍，扩大技能人才队伍规模，逐步提高自有建筑工人比例；注重发挥建筑类专业职业院校的人才培养和智力支撑优势，强化企业的培训主体作用，推进技能培训和职业教育；优化职业技能评价机制，建立和完善与建筑业转型发展、农房质量安全管理等要求相适应的建筑产业工人和农村建筑工匠职业技能等级标准及评价体系；建立技能导向激励机制，鼓励建筑企业将技能水平与建筑工人的薪酬和职业提升挂钩。"浙江省的相关政策强调了产业工人自有化和职业化培训的重要性。

四川省住房和城乡建设厅、四川省发展和改革委员会等11部门[②]联合表示："加强自有建筑工人队伍建设，引导建筑企业适应建筑工业化、数字化、智能化转型需求，加快自有核心技术工人队伍培育，提高企业核心竞争力。完善职业技能培训体系，鼓励建筑企业、职业院校、社会培训机构开展就业技能培训、岗位技能提升培训和创业创新培训，建立以政府补贴培训、企业自主培训、市场化培训为主的多层次职业技能培训体系。完善相关职业技能等级认定、专项职业能力考核等多元化评价方式，形成布局合理、结构优化、载体多元、方式科学的培训组织实施体系。加大对装配式建筑、建筑信息模型（BIM）等新兴、紧缺职业（工种）建筑工人培养，增加高技能人才供给。将符合条件的职业技能培训按规定纳入补贴性职业技能培训范围，扩大享受补贴人员范围，减轻企业经营负担。"四川省政府的观点与浙江省政府观点基本一致，都强调了职业化、专业化工人队伍对建筑业发展的重要性，但其对建筑产业工人提出了更高的职业化要求，包括工业化、数字化、智能化能力。

赵国良[③]指出："建筑企业开展农民工职业培训工作过程中需要紧紧围绕企业发展需求和农民工自身需要方面出发，一是提升企业开展农民工职业培训工作理念。二是注重培训教师的选择。企业在为农民工选择培训教师过程中，需要充分

---

① 浙江省住房和城乡建设厅. 关于加快培育新时代浙江建筑产业工人队伍的实施意见［N］. 浙江省住房和城乡建设厅（官方网站），2021-11-18.

② 四川省住房和城乡建设厅. 四川省加快培育新时代建筑产业工人队伍的实施方案［N］. 四川省住房和城乡建设厅（官方网站），2021-11-11.

③ 赵国良，赵晓毅，王雷，等. 建筑业农民工职业培训制约因素及解决对策［J］. 中国产经，2021(13)：154-155.

结合农民工所需特点。教师的讲课水平思路、方式等直接关系着学员的学习效果和培训质量。可以通过企业技术人员与班组中技能水平较高的师傅级人才中进行结合选用，技术人员着重教授新技能和新方法，师傅级人才更注重授课内容的实用性和实际问题的解决。通过教师间的相互交流以及培训过程中和学员间的良好沟通，切实提升培训效果。三是注重农民工个体间的差异性。以班组形式开展的培训不仅要注重其整体技能水平的提高，更要注重学习能力较差，进步较慢人员的培训和管理。通过运用更加通俗易懂和简单易学的方式来对相对落后人员开展针对性教育，确保全部人员接受到符合自身需求的培训，切实提升个人能力。"赵国良的观点和浙江、四川两省相比，更强调以建筑产业工人自身需求为核心的理念，提出建筑企业培训要从建筑产业工人自身需求出发，解决产业工人面临的实际问题。

华中科技大学教授骆汉宾[1]认为："基于区块链技术，通过对接建筑工人产业化建设的各参与方，形成基于区块链的建筑产业工人信息管理框架，构建建筑工人信息的集成和共享环境，提升工人的技能水平，优化资源配置，促进自我激励，保障合法权益，为建筑工人队伍向产业化转型提供技术支撑。"骆汉宾的观点和前序专家相比，强调了信息化对建筑产业工人队伍建设的重要性。

人民数据研究院[2]指出："培育新时代产业工人，提高产业工人的就业能力与质量是一项系统性工程。技能培训影响着工人的安全意识、专业素质以及工程的质量，对产业工人就业起着重要作用。在技能培训方面，相关部门还需加强顶层设计。例如，可搭建建筑产业工人培育基地，加强产业工人的实操训练，探讨'实操＋理论'的授课模式；引进第三方培训机构，充分发挥市场主体的作用，分担一定的培训压力；完善技能培训补贴政策，用好工人培训专项经费，让劳务工人无培训后顾之忧；完善专业技能激励体系，让劳务工人自愿参与培训。"人民数据研究院为建筑产业工人培训提供了较为具体的实施措施。

首都经济贸易大学教授陈大伟[3]指出："提高建筑工人组织化程度和归属感，加快自有建筑工人队伍建设，企业直接和建筑工人确定一种稳定的雇佣关系，建立相对稳定的核心技术工人队伍；健全职业技能培训体系，建立长效的校企合作机制，引导建筑行业建立建筑工人职业技能培养的校企合作关系，形成校企结合

---

[1] 盛达，钟波涛，骆汉宾. 基于区块链的建筑产业工人信息管理框架研究［J］. 建筑经济，2021，42（10）：89-94.

[2] 人民数据研究院. 建筑业劳务用工现状大数据分析报告（2021）［N］. 人民数据（官方网站），2022.

[3] 陈大伟，路禹轩，刘杰，等. 面向高质量建造的建筑工人职业能力提升实施路径［J］. 土木工程与管理学报，2021，38（04）：52-57.

的建筑工人培养平台,共同筹措建筑工人培训的相关费用,引导新型建造方式探索与应用,顺应建筑业高质量发展对建造方式的新需求以及所衍生的新业态和新技术,在新专业设计、现有专业优化和融合方面开展研究和实践;建立职业技能鉴定体系,由其他具有一定相应技术知识和专业资格的认证鉴定单位和组织机构,在建设行政主管部门的指导和监督下,对建筑工人专业技术资格评审,根据其技术认证、考核和鉴定的成绩来决定其技术等级,构建全国统一的建筑业工人信息管理平台。"陈大伟的观点与浙江、四川省政府观点基本一致,都强调企业自有建筑工人队伍和高质量信息化工人培训平台的重要性。

## 4.8 "双碳"目标下建筑业绿色发展研究

### 4.8.1 "双碳"目标下建筑业的机遇与挑战

本部分围绕"双碳"目标下我国建筑业的发展机遇、发展趋势、面临挑战等方面展开分析。

住房和城乡建设部标准定额司司长田国民[1]表示:"当前,在全面推动城乡建设绿色、低碳发展方面,应该重点关注三件事,一是开源,二是节流,三是转方式。所谓'开源',就是要充分利用可再生能源,减少对化石能源的依赖;所谓'节流',就是节能,把建筑领域运行阶段的能耗降下来;所谓'转方式',就是彻底转变过去那种粗放型的建设方式。"田国民司长认为在全面推动城乡建设绿色、低碳发展方面,应重点关注开源、节流、转方式三件事,通过技术手段迎来建筑业的美好明天。

中国工程院院士、清华大学建筑节能研究中心主任江亿[2]认为:"建筑节能是实现碳达峰碳中和的重要举措。预计未来我国人均住房面积约为$55m^2$,将超过日本、韩国等亚洲发达国家的人均房屋拥有量。所以,我们应该把重点从大规模盖房转为维修功能提升,转为修房子。现在很多建筑的平均寿命不到30年,这同样是一个高碳排放的重要问题。我们一定要避免大拆大建,通过精装修、延寿改造、提升功能,核心由盖房转到维修房、提升功能加固,这样对钢材、水泥等高碳建材的需求量就会大幅度降低,同样也可为实现'双碳'目标作贡献。建筑行业的低碳发展战略:一是减少新建建筑规模、严格控制总量,实现软着陆;二

---

[1] 田国民. 住房和城乡建设部标准定额司司长田国民大会致辞[C]. P20 中国建造(2022)管理创新峰会,2022-08-26.

[2] 江亿. 建筑领域的低碳发展路径[J]. 建筑,2022(14):50-51.

是解决既有建筑问题,在不拆除的前提下进行功能完善和提升改造。现在我国房屋建造、运行的碳排放占比每年大致是4∶6,六成是运行碳排放,四成是建造碳排放。未来,预计建筑建造、运行的碳排放之比将为1∶4,控制建筑运行过程中的碳排放将成为我们工作中的重中之重。"江亿院士认为控制建筑运行过程中的碳排放将成为"双碳"工作的重中之重,并建议严格把控建筑总规模,尽量通过改造、维护方式延长既有建筑寿命,降低新建建筑碳排。

中国建筑节能协会会长武涌[①]表示:"区别于工业、交通等其他重点领域,建筑减排有自己的特征。一是碳锁定效应。在一定条件下,建筑从生产建材、施工再到运行、拆除阶段,全生命周期碳排放量整体是固定的。这意味着建筑一旦建成,后期再想做大的改变十分困难,这就要求我们从设计规划阶段提早切入,充分考虑未来如何实现更低排放。二是长尾效应。建筑千栋万栋,我们只能一栋一栋实施节能改造。事实上,少量的单体建筑对改变排放量并没有什么影响,只有达到一定量的积累,减碳效果才能凸显出来。因此,我们就要考虑有序达峰,有能力的先达峰,通过开发可再生能源建筑、电气化等手段,削减峰值、平稳过渡。同时还要尽可能缩短平台期,让迈向碳中和的斜率尽可能小,尽量平缓。三是路径依赖带来的连锁效应。比如,改变目前供暖方式的燃料来源十分困难。不少地区长期使用燃煤供暖,除了供暖站本身,输配管网、建筑构造及技术等配套也难以同步改造,导致建筑对能源本身的路径依赖较严重。"武涌会长指出了建筑业碳排的三项特征,并提出相应的低碳减排实施措施。

全国人大代表、中国建筑业协会工程项目管理与建造师分会会长陈华元[②]提出:"由于建筑业具有体量大、链条长、环节多、精细管理难的特点,在碳减排目标约束下,与先进制造业相比,工业化、数字化、绿色化和国际化程度还不足,低碳化发展刻不容缓又任重道远。"陈华元会长分析了建筑业的产业特征,认为建筑业低碳化发展刻不容缓又任重道远。

中国工程院院士、中国建筑设计研究院有限公司名誉院长、总建筑师崔愷[③]表示:"以前我们注重降低建筑能耗,现在更想提高居住的舒适度,希望让老百姓有绿色的感知,我觉得这一点更为重要。我和团队在这方面进行了一系列的尝试,通过设计思路、方法的改变,使建筑从消耗型转变为节能型,再转变为低碳型。如何变成低碳型?就是从建筑的全寿命周期关注减少能源的消耗,提高能效,降低二氧化碳的排放,并且关注建筑的综合品质、绿色品质,引领绿色建筑

---

① 武涌. "双碳"背景下建筑发展战略及实施路径[J]. 建筑,2022(14):53-54.
② 陈华元. 加强我国建筑业减碳工作[J]. 施工企业管理,2022(04):45+14.
③ 崔愷. "双碳"形势下绿色建筑的转型发展[J]. 建筑,2022(14):52.

进入高质量发展阶段。"崔愷院士提出了建筑从消耗型转变为节能型，再转变为低碳型绿色建筑的高质量发展路径。

中国建筑股份有限公司原总工程师、中国建筑业协会专家委员会副主任毛志兵[①]提出："'双碳'将对建筑业产生巨大的影响，同时也蕴藏着广阔的市场空间。第一，挑战前所未有。我国新建和存量建筑规模巨大，数据显示，约650亿$m^2$的既有城镇建筑中，大量存在高耗能、高排放问题。新建建筑目前的建造技术等有待改进。因此建筑领域的减碳难度非常大，成本代价也很高。第二，全产业链颠覆。绿色生产方式和建设模式涉及建筑设计、施工及运营的全过程产业链，将面临全面变革。第三，未来机遇空前广阔。住房和城乡建设部印发《'十四五'建筑节能与绿色建筑发展规划》提出到2025年，完成既有建筑节能改造面积3.5亿$m^2$以上，建设超低能耗、近零能耗建筑0.5亿$m^2$以上，装配式建筑占当年城镇新建建筑的比例达到30%，不难预见，未来在节能建筑、装配式建筑、光伏建筑、建筑垃圾循环利用等方面，市场空间巨大。"总体而言，毛志兵认为"双碳"将给建筑业带来巨大挑战，同时又创造广阔机遇，强调了节能建筑、装配式建筑、光伏建筑、建筑垃圾循环利用等领域在未来的巨大发展空间。

原住房和城乡建设部副部长仇保兴[②]表示："根据联合国的研究结果显示，城市在人为温室气体排放中占比达75%，以城市为主体开展'双碳'战略具有明显优势，可使'从下而上''生成'碳中和体系，与'从上而下''构成'行业碳中和体系进行互补协同。建筑业历来是能耗大户，是能否实现'双碳'目标的关键领域之一。通过梳理建筑单体和建筑集合体（城区）的耗能情况和碳排放特点，从建筑全生命周期来看，要实现建筑乃至城区的碳中和，需要利用正能建筑、立体园林建筑、分布式污水处理、社区'微电网'等创新性事件，夯实建筑减碳实施基础，引导建筑和城区从易到难、分阶有序实现高质量绿色转型。"总体而言，仇保兴认为建筑和城区高质量绿色转型需要从易到难、分阶有序实现，最终为"双碳"目标服务。

清华大学建筑学院教授、中国绿色建筑与节能专业委员会委员兼青年委员会主任林波荣[③]提出："我国民用建筑工程建设标准尽管均是围绕隐含、直接和间接碳排放3方面的节能减碳目标而展开的，但面向'双碳'目标要求，仍存在如下问题：一是现行标准体系以节能为导向，需强化碳减排力度、向低碳技术体系转

---

① 毛志兵."双碳"目标下中国建造的实现路径[J].建筑，2022（14）：59-60.
② 仇保兴.城市"双碳"战略与绿色建筑[C].2022（第十八届）国际绿色建筑与建筑节能大会，2022.
③ 林波荣，周浩."双碳"目标下的我国建筑工程标准发展建议[J].工程建设标准化，2022（02）：28-29.

型。二是现行标准以控制分项技术内容为主,建筑总的能耗和碳减排指标目标不明确。三是现行标准基本覆盖建筑全过程,但行业间不系统、覆盖面有待拓展。四是'双碳'背景下建筑的碳排放计算边界和方法有待进一步拓展和完善。"林波荣教授从标准体系的角度提出面向"双碳"目标的行业要求,指出"双碳"背景下建筑业仍存在的四大问题。

中国工程院院士、中国钢结构协会会长岳清瑞[①]表示:"建筑业全寿命周期碳排放占我国碳排放总量的近一半、土木工程材料生产全过程碳排放占碳排放总量的四分之一、土木工程材料生产全过程碳排放总量大于建筑运行阶段碳排放总量。因此,'双碳'目标的实现必须优先重视建筑全寿命周期碳减排,仅仅重视建筑运行阶段碳减排是不够的,建筑业碳减排必须优先实施土木工程材料碳减排。我国土木工程材料虽已取得较大进步,但距离'双碳'目标和可持续发展要求还远远不够。"岳清瑞院士的观点和江亿院士有所不同,他认为建筑业碳减排必须优先实施土木工程材料碳减排,而不是建设过程碳减排。

中建政研集团董事长梁舰[②]表示:"'双碳'成为建筑行业发展的政策背景。2021年,国家陆续发布了《关于完整准确全面贯彻新发展理念做好碳达峰碳中和工作的意见》《关于印发的2030年前碳达峰行动方案的通知》。实现碳达峰碳中和,是一场广泛而深刻的经济社会系统性变革。在'双碳'目标的影响下,将颠覆涉及建筑设计、施工及运营全过程的产业链,并将加强工业化、绿色化的趋势。建筑业围绕全生命周期的'双碳'目标将走向深化,全生命周期、全产业链面临外部政策约束,降低碳排放将贯穿规划、设计、建设、运营、维保等建筑全生命周期。'十四五'期间,绿色将成为建筑业改革发展的'底色'。"梁舰的观点与毛志兵一致,认为建筑业将迎来深刻变革,"十四五"期间,绿色将成为建筑业改革发展的"底色"。

### 4.8.2 "双碳"目标下绿色建造技术研究

本部分主要围绕"双碳"目标背景下衍生出的绿色建造技术展开分析。

中国建筑第八工程局有限公司总工程师亓立刚[③]指出:"清华大学通过对国内一些建筑的实测观测,发现建筑运行使用过程中的碳排放是建筑碳排放的主要构成,其约占约为89.4%,因此,运行阶段是建筑领域'双碳'目标的重中之重,而建筑低能耗运营的保障基础,则是设计、施工阶段的环保理念植入,例如在设

---

① 岳清瑞.土木工程材料要为"双碳"目标作出贡献[J].建筑,2022(02):9.
② 梁舰.高质量发展背景下的建筑业发展趋势与分析[J].中国勘察设计,2022(04):41-43.
③ 亓立刚,刘盟盟,王晓丽,等."双碳"背景下大型公共建筑绿色建造技术研究[C]//中国土木工程学会总工程师工作委员会2021年度学术年会暨首届总工论坛会议论文集,2021:13-16.

计阶段，应有计划的选用性能适宜建筑布局及结构形式、具备长期低碳或固碳优势的建筑材料，围绕运营阶段节碳的目标来进行总体设计；在施工阶段，除严控施工质量、满足建筑功能要求外，应发挥建造阶段的主观能动性，积极开发与应用高效、机动性强、可周转的节碳、固碳技术，比如利用屋顶光伏发电技术，实现自然光和灯光照明有效整合，建造无动力屋顶通风设备，调节风流风速并带动风机发电。"亓立刚的观点主要强调了在降低建筑碳排放应当重视运行、设计和施工阶段的技术提升。

中国建筑科学研究院建筑环境与节能研究院院长徐伟[1]认为："建筑领域碳达峰的主要工作是降低峰值和提前达峰，而碳中和则是实现深度脱碳，它们的技术路径并非一致，但无论如何都要节能减碳，要加大节能工作力度，要加强新型墙体外保温、建筑外遮阳、建筑用能电气化、高比例可再生能源应用、直接电供暖、光储直柔等技术和稳定高效的光伏新材料、建筑分布式光伏能源系统的研究。"徐伟的观点和亓立刚相比，更加侧重了双碳目标的实现路径，指出了绿色建造技术的具体研究发展方向，即新型墙体外保温、建筑外遮阳、建筑用能电气化、高比例可再生能源应用、直接电供暖、光储直柔等技术和稳定高效的光伏新材料、建筑分布式光伏能源系统。

中国建筑第四工程局西北公司高级工程师王明亮[2]指出："在绿色建筑中，需要实现对水资源的有效回收利用，从而对水资源的浪费情况进行有效控制，进一步提升水资源的使用效率。中水回收技术是一种能够对污水以及雨水高效回收利用的技术。在建筑工程中，中水回收技术可以将中水处理到两种不同的程度，一种处理方式流程较为简单，可将回收后的水用于冲厕、绿化以及清洁，但不可以直接饮用；另一种回收处理方式相对复杂，但是经处理后的水质可以达到饮用要求，实现对水资源的完全循环利用。在对中水进行处理的过程中，中水原水会首先经过格栅以及曝气调节池进行预处理，在曝气调节池中的中水会与氧气融合产生溶解氧，从而阻止中水中的悬浮物下沉，随后，中水进入滤池，在滤池中，水里的杂质能够得到过滤，然后经过毛发收集器，由一级提升泵到达中水一体化设备，再由二级提升泵依次达到石英砂过滤器、活性炭过滤器、中水蓄水池（与雨水共用），以达到净化水质的效果，最终向建筑的全部卫生间供水，从而实现对水资源的回收利用。"王明亮与徐伟的研究视角不同，从水资源利用的角度阐述新型绿色建造技术。

---

[1] 澎湃新闻. 聚焦'双碳'，建筑业低碳技术研发和规模化应用任重道远 [N]. 澎湃新闻，2021-11-26.

[2] 王明亮，董迪，雷凯，等. 常见绿色建筑技术分析 [J]. 居舍，2022（13）：80-82.

中国金茂控股集团有限公司高级工程师张庆勇[①]指出："建筑工艺方面，应大力推广运用建筑环保新技术，如3D打印、装配式临时道路、装配式建筑、钢结构建筑、保温装饰（或者结构保温）一体化、虹吸式排水等先进工艺，采用建筑工业化的生产与施工结合方式以及智慧化工地、互联网大数据等科学先进的施工组织和管理技术，加快绿色环保节能技术更新换代，全面践行绿色建筑理念；材料选用方面，优化与组合施工工艺，优先选用高效保温隔热外墙体系、高效门窗系统与构造技术、热桥阻断构造技术、整体厨卫等整体模块，选取预制轻钢龙骨内隔墙、纸蜂窝石膏板隔断墙等可循环和可重复利用材料，限制使用纸面石膏板、加气混凝土、混凝土砌块、实心砖等重污染材料，尽量就地取材，减少建筑材料在运输过程中造成的损坏及浪费，减少建筑垃圾的产生；热源利用方面，在冷热源系统规划设计中，利用地源热泵可再生能源技术，使用地球表面的浅层地热资源作为供能，通过土壤、地下水等的运转产生新的能量，合理组合干盘管、毛细管网、溶液除湿系统，进行科学合理排布和能量交换，保证整个系统的功能分布到每一个房间，充分利用现有资源。某恒温恒湿系统使用循环地源热泵系统的技术，利用地表浅层地下土壤中的热能，与室内进行热量交换。"张庆勇认为应从建筑工艺、材料选用和能源利用等方面实现绿色建筑技术突破。

江苏省绿色建筑与结构安全重点实验室主任许锦峰[②]指出："当前我国正处于'3060''双碳'目标实现的关键时期，江苏省根据气候特点和资源禀赋，进一步推进具有江苏地方特色的'以人为本'绿色建筑技术，既能节能降碳、提升建筑品质，又能切实增强人民群众的获得感、幸福感和安全感，典型技术包括：（1）声环境优化技术。高品质绿色建筑的室外声环境优化技术主要有合理的住区规划与布局，隔声屏障技术及运用，场地绿化减噪技术，低噪声路面及建筑外墙与外窗隔声技术等。室内声环境优化技术主要有楼板隔声、分户墙隔声、设备隔振、低频噪声控制、门的隔声、保温隔声窗技术等。（2）光环境优化技术。应将控制眩光和提高室内照明均匀度作为重要因素加以考虑，并优化设计，同时应将视野要求作为考量指标；通过设置调光板等，结合可调节遮阳百叶等技术措施，合理调节入射光线，降低眩光、提升房间深处的照度，提高有效采光深度。（3）热湿环境优化技术。因地制宜采用围护结构保温隔热技术；在供冷供热方面，集中热源或分户热源均分室使用；通过合理的室外环境设计、建筑平立面和窗户开启设计来加强室内自然通风，以改善室内热湿环境技术等。（4）空气品质改善技术。

---

[①] 张庆勇．绿色建筑技术优化策略分析［J］．智能城市，2022，8（08）：66-68．
[②] 许锦峰，魏燕丽．"双碳"目标时期江苏省绿色建筑技术综述［J］．江苏建筑，2022（02）：7-11．

采用安全、节能、健康的绿色建筑材料；最大化地营造室内自然通风改善室内品质；采用新风系统技术等。(5)可再生能源应用技术。办公建筑可优先采用地源热泵空调系统，其次是太阳能光伏发电建筑自用，也可采用光伏柔性直流用电技术、光伏瓦、光伏幕墙等分布式太阳能光伏技术等；工业建筑建议最大化采用太阳能光伏技术；居住建筑首先采用太阳能热水系统，当居住建筑不满足太阳能热水系统设置要求时，可采用空气源热泵热水系统。"与前序专家相比，许锦峰教授还强调了空气品质改善技术的重要性。

# 第5章　建筑业行业发展大事记

## 1月

【住房和城乡建设部召开推进新型城市基础设施建设工作视频会议】1月25日，住房和城乡建设部召开推进新型城市基础设施建设工作视频会议，通报工作进展，交流经验做法，部署安排下步工作。住房和城乡建设部党组成员、副部长姜万荣出席会议并讲话。会议通报了新城建工作启动以来取得的积极进展，介绍了各省（区、市）采取的有关落实措施，以及试点城市在建立工作机制、明确发展目标、确定工作任务、探索商业运作模式、保障建设资金等方面的典型做法。会议强调，推进新城建是贯彻落实习近平总书记重要指示精神和党中央决策部署的重要举措，是实施扩大内需战略的重要抓手，是满足人民美好生活需要的重要着力点，是促进城市发展方式转变和提升城市治理效能的有效途径，要进一步深刻认识推进新城建的重要意义，切实增强工作责任感和紧迫感。

## 2月

【国家发改委等11部门下发《关于建立健全招标投标领域优化营商环境长效机制的通知》】2月20日，为深入贯彻党的十九届五中全会关于坚持平等准入、公正监管、开放有序、诚信守法，形成高效规范、公平竞争的国内统一市场的决策部署，落实《优化营商环境条例》精神，进一步深化招标投标领域营商环境专项整治，切实维护公平竞争秩序，根据国务院办公厅政府职能转变办公室深化"放管服"改革优化营商环境工作安排，国家发展改革委、工业和信息化部、住房和城乡建设部、交通运输部、水利部、农业农村部、商务部、国家广播电视总局、能源局、铁路局、民航局联合下发了《关于建立健全招标投标领域优化营商环境长效机制的通知》。通知要求：

一、充分认识建立健全招标投标领域优化营商环境长效机制的重要性；二、严格规范地方招标投标制度规则制定活动；三、加大地方招标投标制度规则清理整合力度；四、全面推行"双随机一公开"监管模式；五、畅通招标投标异议、投诉渠道;六、建立营商环境问题线索和意见建议常态化征集机制;七、落实地方主体责任。

## 3月

【住房和城乡建设部办公厅印发《绿色建造技术导则(试行)》】3月16日,住房和城乡建设部办公厅下发了《关于印发绿色建造技术导则(试行)的通知》。通知指出:为落实《国务院办公厅关于促进建筑业持续健康发展的意见》(国办发〔2017〕19号)、《国务院办公厅转发住房城乡建设部关于完善质量保障体系提升建筑工程品质指导意见的通知》(国办函〔2019〕92号)要求,推动建筑业高质量发展,推进绿色建造工作,住房和城乡建设部组织编制了《绿色建造技术导则(试行)》,现印发各地,请各地结合实际认真贯彻落实。

导则分为总则、术语、基本规定、绿色策划、绿色设计、绿色施工、绿色交付7项内容,适用于新建民用建筑、工业建筑及其相关附属设施的绿色建造,既有建筑的改建或扩建也可参照执行。

住房和城乡建设部明确,绿色建造应将绿色发展理念融入工程策划、设计、施工、交付的建造全过程,充分体现绿色化、工业化、信息化、集约化和产业化的总体特征。同时,应统筹考虑建筑工程质量、安全、效率、环保、生态等要素,实现工程策划、设计、施工、交付全过程一体化,提高建造水平和建筑品质;应全面体现绿色要求,有效降低建造全过程对资源的消耗和对生态环境的影响,减少碳排放,整体提升建造活动绿色化水平;宜采用系统化集成设计、精益化生产施工、一体化装修的方式,加强新技术推广应用,整体提升建造方式工业化水平;宜结合实际需求,有效采用BIM、物联网、大数据、云计算、移动通信、区块链、人工智能、机器人等相关技术,整体提升建造手段信息化水平;宜采用工程总承包、全过程工程咨询等组织管理方式,促进设计、生产、施工深度协同,整体提升建造管理集约化水平。

## 5月

【住房和城乡建设部办公厅下发《关于开展施工现场技能工人配备标准制定工作的通知》】5月8日,住房和城乡建设部办公厅下发《关于开展施工现场技能工人配备标准制定工作的通知》。通知要求,新建、改建、扩建房屋建筑与市政基础设施工程建设项目,均应制定相应的施工现场技能工人配备标准。2025年,力争实现在建项目施工现场中级工占技能工人比例达到20%、高级工及以上等级技能工人占技能工人比例达到5%，初步建立施工现场技能工人配备体系；2035年，力争实现在建项目施工现场中级工占技能工人比例达到30%、高级工及以上等级技能工人占技能工人比例达到10%，建立施工现场所有工种技能工人配备体系。

通知指出，技能工人包括一般技术工人和建筑施工特种作业人员。一般技术工人等级分为初级工、中级工、高级工、技师、高级技师；工种类别包括砌筑工、钢筋工、模板工、混凝土工等。建筑施工特种作业人员包括建筑电工、建筑架子工、建筑起重信号司索工、建筑起重机械司机、建筑起重机械安装拆卸工、高处作业吊篮安装拆卸工和经省级以上人民政府住房和城乡建设主管部门认定的其他特种作业人员等。

通知明确了四项主要任务：

（一）科学合理制定标准。在调研基础上，根据本地区工程建设管理和建筑工人技能实际水平情况，按照工作目标及项目类型、规模和实施阶段，制定相应的配备标准，明确施工现场技能工人占工人总数比例及不同工种、技能等级工人配备比例要求。同时，在配备标准中明确不同等级工人之间相应的代换计算方法，在计算工人配备时，高等级技能工人可按一定比例代换低等级技能工人。定期完善配备标准，逐步提高本地区高等级技能工人在所有技能工人中的占比。

（二）认真开展技能培训。按照住房和城乡建设部统一部署和要求，完善本地区建筑工人技能培训组织实施体系。充分发挥企业技能培训主体作用，推动实现技能培训与现场施工相互促进，鼓励企业和行业协会积极举办各类技能竞赛，以赛促练、以赛促训。

（三）加强监督检查。加强市场、现场两场联动，建筑市场监管部门会同工程质量安全监管部门等制定检查手册，将配备标准达标情况作为在建项目建筑市场及工程质量安全检查的内容之一，动态开展日常巡查和随机检查，不满足要求的要限期整改。将配备标准达标情况按照有关规定纳入本地区行业质量安全评优评先以及相关企业、项目负责人的诚信评价体系，推动形成现场决定市场的良性环境。建立定期通报机制，对未满足配备标准要求的在建项目进行公示。

（四）强化信息化应用。不断完善本地区建筑工人实名制及智慧工地等管理系统，增加配备标准达标考核功能。加强与住房和城乡建设行业从业人员培训管理信息系统信息共享，及时分析记录建筑工人技能等级、培训考核评价、工资薪酬、用工评价等情况，推动企业发布建筑工人市场化价格等信息，引导建筑业企业合理确定建筑工人薪酬标准，并将薪酬待遇与建筑工人技能等级以及用工评价挂钩。

住房和城乡建设部要求，各地要提高认识，加强组织领导，尽快制订具体工作实施方案，明确工作任务、责任分工、时间安排等，在 2021 年年底前制定出台配备标准，并报住房和城乡建设部备案。要深入基层、施工现场开展调研，准确掌握本地区建筑工人技能水平情况，确保配备标准落地见效。

【住房和城乡建设部等 15 部门联合印发《关于加强县城绿色低碳建设的意见》】5 月 25 日，住房和城乡建设部、科技部、工业和信息化部、民政部、生态环境部、交通运输部、水利部、文化和旅游部、应急部、市场监管总局、体育总局、能源局、林草局、文物局、乡村振兴局联合印发了《关于加强县城绿色低碳建设的意见》（建村〔2021〕45 号）。文件提出，要充分认识推动县城绿色低碳建设的重要意义。各地要立足新发展阶段，贯彻新发展理念，推动构建新发展格局，坚持以人民为中心的发展思想，统筹县城建设发展的经济需要、生活需要、生态需要、安全需要，推动县城提质增效，提升县城承载力和公共服务水平，增强县城综合服务能力，以绿色低碳理念引领县城高质量发展，推动形成绿色生产方式和生活方式，促进实现碳达峰、碳中和目标。要严格落实县城绿色低碳建设的有关要求，包括严守县城建设安全底线，控制县城建设密度和强度，限制县城民用建筑高度，县城建设要与自然环境相协调，大力发展绿色建筑和建筑节能，建设绿色节约型基础设施，加强县城历史文化保护传承，建设绿色低碳交通系统，营造人性化公共环境，推行以街区为单元的统筹建设方式。要切实抓好组织实施，细化落实措施，加强组织领导，积极开展试点。

【住房和城乡建设部办公厅印发《关于集中式租赁住房建设适用标准的通知》】5 月 27 日，住房和城乡建设部办公厅印发《关于集中式租赁住房建设适用标准的通知》。《通知》将在工程建设标准方面为集中式租赁住房设计、施工、验收等提供依据，对推动增加保障性租赁住房供给具有重要意义。

近两年，在发展租赁住房过程中，地方和企业反映，由于国家层面对宿舍型、公寓型租赁住房适用的工程设计标准不明确，各地执行工程建设标准不统一，有的城市没有明确相关标准，有的城市仅明确消防适用的标准，导致地方相关部门缺乏审批依据或对审批的把握尺度不一。

针对这一情况，《通知》将集中式租赁住房分为宿舍型租赁住房（包括实践中的公寓型租赁住房）、住宅型租赁住房两类。新建宿舍型租赁住房执行《宿舍建筑设计规范》及相关标准，新建或改建住宅型租赁住房执行《住宅建筑规范》及相关标准。由于实践中很多宿舍型租赁住房是由旅馆、酒店、商业办公楼等存量闲置房屋改建的项目，《通知》明确改建宿舍型租赁住房执行《宿舍建筑设计规范》或《旅馆建筑设计规范》及相关标准，从而在满足使用安全要求的前提下增加集中式租赁住房房源。

同时，为更好地满足新市民、青年人等群体的租赁需求，确保租赁住房居住安全、适宜长期居住，《通知》要求，集中式租赁住房可根据市场需求和建筑周边商业服务网点配置等实际情况，增加相应服务功能；按《旅馆建筑设计规范》及相关标准进行改建的宿舍型租赁住房，采光、通风应满足《宿舍建筑设计规范》的相关强制性要求；严格把握非居住类建筑改建为集中式租赁住房的条件；加强运营安全管理。

住房和城乡建设部将指导督促各地认真落实《通知》要求，做好标准适用相关工作，规范集中式租赁住房建设管理。

# 6月

【国务院印发《关于深化"证照分离"改革进一步激发市场主体发展活力的通知》】6月3日，国务院印发《关于深化"证照分离"改革进一步激发市场主体发展活力的通知》（国发〔2021〕7号）。文件提出，要大力推动照后减证和简化审批。同时，省级人民政府可以在权限范围内决定采取更大力度的改革举措。地方层面设定的涉企经营许可事项，由省级人民政府统筹确定改革方式。文件提出，要强化改革系统集成和协同配套。实施涉企经营许可事项清单管理，清单之外一律不得限制企业进入相关行业开展经营。深化商事登记制度改革，开展经营范围规范化登记，为企业自主选择经营范围提供服务。推进电子证照归集运用，2022年底前全面实现涉企证照电子化。文件强调，要创新和加强事中事后监管。落实放管结合、并重要求，明确监管责任，防止出现监管真空。坚持政府主导、企业自治、行业自律、社会监督，压实企业主体责任，健全多元共治、互为支撑的协同监管格局。分领域制定全国统一、简明易行的监管规则，为监管提供明确指引。完善监管方法，建立健全严重违法责任企业及相关人员行业禁入制度，增强监管威慑力。文件要求，省级人民政府对本地区改革工作负总责，要健全工作机制，制定实施方案，强化责任落实，扎实推进改革。

【住房和城乡建设部、农业农村部、国家乡村振兴局联合印发《关于加快农房和村庄建设现代化的指导意见》】6月8日，住房和城乡建设部、农业农村部、国家乡村振兴局联合印发了《关于加快农房和村庄建设现代化的指导意见》（建村〔2021〕47号）。文件提出，要充分认识农房和村庄建设现代化的重要意义，落实农房和村庄建设现代化的有关要求，包括坚持"避害"的选址原则，坚持生态友好、环境友好与邻里友好，提升农房设计建造水平，营造留住"乡愁"的环境，提升村容村貌，推进供水入农房，因地制宜推进农村生活污水处理，倡导农村生活垃圾分类处理，推动农村用能革新，完善公共服务设施，加强农房与村庄建设管理，深入开展美好环境与幸福生活共同缔造活动。

【住房和城乡建设部召开住房和城乡建设领域安全生产视频会议】6月16日，住房和城乡建设部召开住房和城乡建设领域安全生产视频会议，认真学习贯彻习近平总书记重要指示精神，贯彻落实李克强总理等中央领导同志批示要求，深刻汲取湖北省十堰市"6·13"燃气爆炸事故教训，部署开展住房和城乡建设领域安全隐患排查整治工作。会议由部党组成员、副部长张小宏主持，部党组书记、部长王蒙徽，副部长黄艳，总工程师李如生出席会议，王蒙徽作讲话。王蒙徽强调，要认真学习贯彻习近平总书记重要指示批示精神，切实增强政治敏锐性，强化防范化解重大安全风险的紧迫感责任感。要深刻认识到习近平总书记关于安全生产的重要指示批示，充分体现了我们党以人民为中心的发展思想，体现了党的初心使命和执政理念，无论是规划、建设还是管理工作，都要始终把人民生命安全放在首位。要深刻认识到安全是发展的前提，发展是安全的保障，既要以安全促发展，又要以发展保安全，做到两手抓，两手都要硬。要深刻认识到抓好安全生产是践行"两个维护"的具体行动，是党史学习教育"我为群众办实事"实践活动的重要组成，切实把安全生产政治责任扛在肩上、放在心中、抓在手里。

【国家发展改革委下发《关于加强基础设施建设项目管理 确保工程安全质量的通知》】6月19日，国家发展改革委下发了《关于加强基础设施建设项目管理 确保工程安全质量的通知》。通知指出：近年来，各地方不断加强基础设施等领域建设项目管理，工程安全质量水平不断提高。但仍有一些项目管理不严，相关管理规定落实不到位，造成工程质量下降、安全隐患增加。

为进一步加强基础设施建设项目管理，坚持质量第一，保障人民群众生命财产安全，文件就如下事项进行了通知：

一、加强项目审核把关。（一）规范履行项目审批（核准、备案）程序；（二）在前期工作阶段进一步加强工程质量管理；（三）严把超高层建筑审查关；（四）落实项目决策咨询评估制度。

二、严格执行项目管理制度和程序。（一）严格落实"项目四制"；（二）科学确定并严格执行合理建设工期；（三）严格工程造价和建设资金管理；（四）严格组织项目竣工验收；（五）严格做好项目档案工作。

三、加强项目实施事中事后监管。（一）加强投资法规执法；（二）加强中央预算内投资项目监管；（三）发挥审计、督查等监督作用；（四）加强社会监督。

四、强化工程安全质量问题惩戒问责。（一）加强安全质量事故惩戒问责；（二）加强中央预算内投资项目工程质量问题惩戒问责。

【住房和城乡建设部召开进一步推进房屋安全排查整治工作视频会议】6月24日，住房和城乡建设部召开进一步推进房屋安全排查整治工作视频会议，深入学习贯彻习近平总书记关于安全生产工作的重要指示精神，贯彻落实住房和城乡建设领域安全生产视频会议部署和要求，深刻汲取"6·19"湖南郴州汝城县房屋倒塌事故教训，进一步推进农村房屋安全隐患排查整治、违法建设和违法违规审批专项清查工作，坚决防范和遏制房屋安全事故，为庆祝建党100周年营造良好氛围。住房和城乡建设部党组成员、副部长张小宏出席会议并讲话。会议强调，要坚决把思想和行动统一到习近平总书记关于安全生产工作的重要指示精神上来，进一步提高政治站位，坚持以人民为中心，统筹发展和安全，增强抓好房屋安全排查整治工作的责任感和紧迫感，坚决防范房屋安全事故，切实保障人民群众生命和财产安全。

【住房和城乡建设部办公厅印发《关于取消工程造价咨询企业资质审批加强事中事后监管的通知》】6月28日，住房和城乡建设部办公厅印发了《关于取消工程造价咨询企业资质审批加强事中事后监管的通知》（建办标〔2021〕26号）。文件指出，为贯彻落实《国务院关于深化"证照分离"改革 进一步激发市场主体发展活力的通知》（国发〔2021〕7号），要持续深入推进"放管服"改革，取消工程造价咨询企业资质审批，创新和完善工程造价咨询监管方式，加强事中事后监管。文件提出，要取消工程造价咨询企业资质审批。按照国发〔2021〕7号文件要求，自2021年7月1日起，住房和城乡建设主管部门停止工程造价咨询企业资质审批，工程造价咨询企业按照其营业执照经营范围开展业务，行政机关、企事业单位、行业组织不得要求企业提供工程造价咨询企业资质证明。2021年6月3日起，住房和城乡建设主管部门不再办理工程造价咨询企业资质延续手续，到期需延续的企业，有效期自动延续至2021年6月30日。文件提出，要健全企业信息管理制度，推进信用体系建设，要构建协同监管新格局，提升工程造价咨询服务能力，要加强事中事后监管。

【住房和城乡建设部办公厅印发《关于做好建筑业"证照分离"改革衔接有关工作的通知》】6月29日，住房和城乡建设部办公厅印发了《关于做好建筑业"证照分离"改革衔接有关工作的通知》（建办市〔2021〕30号）。通知指出，按照国发〔2021〕7号文件要求，自2021年7月1日起，各级住房和城乡建设主管部门停止受理本文附件所列建设工程企业资质的首次、延续、增项和重新核定的申请，重新核定事项含《住房城乡建设部关于建设工程企业发生重组、合并、分立等情况资质核定有关问题的通知》（建市〔2014〕79号）规定的核定事项。2021年7月1日前已受理的，按照原资质标准进行审批。

通知强调，为做好政策衔接，自2021年7月1日至新的建设工程企业资质标准实施之日止，附件所列资质证书继续有效，有效期届满的，统一延期至新的建设工程企业资质标准实施之日。新的建设工程企业资质标准实施后，持有上述资质证书的企业按照有关规定实行换证。

通知指出，自 2021 年 7 月 1 日起，建筑业企业施工劳务资质由审批制改为备案制，由企业注册地设区市住房和城乡建设主管部门负责办理备案手续。企业提交企业名称、统一社会信用代码、办公地址、法定代表人姓名及联系方式、企业净资产、技术负责人、技术工人等信息材料后，备案部门应当场办理备案手续，并核发建筑业企业施工劳务资质证书。企业完成备案手续并取得资质证书后，即可承接施工劳务作业。

通知指出，对于按照实行告知承诺方式改革的许可事项，各级住房和城乡建设主管部门应当明确实行告知承诺制审批的资质目录，制定并公布告知承诺书格式文本、告知承诺内容、核查办法和办事指南。对通过告知承诺方式取得资质证书的企业，要加强事中事后监管，经核查发现承诺不实的，依法撤销其相应资质，并按照有关规定进行处罚。

通知明确，对于按照优化审批服务方式改革的许可事项，各级住房和城乡建设主管部门要进一步优化审批流程，推动线上办理，实行全程电子化申报和审批。要精简企业申报材料，不得要求企业提供人员身份证明和社保证明、企业资质证书、注册执业人员资格证书等证明材料，切实减轻企业负担。

## 7 月

【住房和城乡建设部召开深入开展房屋建筑安全隐患排查整治视频会议】7月 16 日，住房和城乡建设部召开深入开展房屋建筑安全隐患排查整治视频会议，认真学习贯彻习近平总书记重要指示精神，贯彻落实李克强总理等中央领导同志批示要求，深刻汲取江苏苏州吴江区四季开源酒店"7·12"坍塌等近期多起房屋建筑安全事故教训，部署开展房屋建筑安全隐患排查整治工作。会议由总工程师李如生主持，部党组成员、副部长张小宏出席会议并讲话。会议强调，要深入学习贯彻习近平总书记关于安全生产工作的重要指示精神，按照 6 月 16 日王蒙徽部长在住房和城乡建设领域安全生产视频会议上的部署要求，坚持以人民为中心的发展思想，坚持人民至上、生命至上，从讲政治的高度，进一步强化责任担当，抓好房屋建筑安全隐患排查整治，坚决防范重特大安全事故，切实保障人民群众生命和财产安全，以实际行动践行"两个维护"。要深刻认识当前住房和城乡建设领域安全生产面临的严峻复杂形势，进一步增强开展排查整治工作的责任感使命感，按照《关于深入开展房屋建筑安全隐患排查整治的紧急通知》要求，切实加强房屋建筑安全管理，着力抓薄弱、补短板、堵漏洞，以最坚决的态度和最严格的措施确保排查整治全面、彻底、到位，防风险于未然。

【国务院总理李克强签署国务院令，公布《建设工程抗震管理条例》】7 月 19

日，国务院总理李克强签署国务院令，公布《建设工程抗震管理条例》，自2021年9月1日起施行。

党中央、国务院高度重视建设工程抗震工作。建设工程抗震工作直接关系人民群众生命和财产安全，事关经济发展和社会稳定。为了提高建设工程抗震防灾能力，降低地震灾害风险，《条例》重点从五个方面就进一步加强建设工程抗震及其监督管理作出规定。

一是明确新建、扩建、改建建设工程抗震设防达标要求及相关措施。《条例》规定，新建、扩建、改建建设工程，应当符合抗震设防强制性标准，建设工程勘察、设计、施工、工程监理等相关单位和人员应当依法对建设工程抗震负责，位于高烈度设防地区、地震重点监视防御区的重大建设工程等应当编制抗震设防专篇，建筑工程根据使用功能等因素实行分类设防制度，超限高层建筑工程应当进行抗震设防审批，国务院有关部门应当推动隔震减震装置相关技术标准的制定并明确通用技术要求。

二是规范已建成建设工程的抗震鉴定、加固和维护。《条例》规定，国家实行建设工程抗震性能鉴定制度。根据抗震性能鉴定结果需要进行抗震加固且具有加固价值的，应当进行抗震加固，抗震加固时间、后续使用年限等信息应当公示。对建设工程抗震构件、隔震沟、隔震缝、隔震减震装置及隔震标识等应当进行检查、修缮和维护，任何单位和个人不得擅自变动、损坏或者拆除。

三是加强农村建设工程抗震设防。《条例》规定，加强农村建设工程抗震设防的管理，提高抗震性能。对农村村民住宅和乡村公共设施建设工程的抗震加固给予政策支持，实施农村危房改造、移民搬迁、灾后恢复重建等，应当保证建设工程达到抗震设防强制性标准。政府应当编制、发放适合农村的实用抗震技术图集，并加强指导服务、技术培训、示范引导等。

四是强化保障措施与监督管理。《条例》规定，有关地方人民政府对未采取抗震设防措施或者未达到抗震设防强制性标准的老旧房屋抗震加固给予必要的政策支持，支持建设工程抗震相关产业发展和新技术应用，明确建设工程安全应急评估和建设工程震害调查制度。有关职能部门应当加强对抗震设防强制性标准执行情况的监督检查，建立完善抗震设防数据信息库并实时共享数据，明确监管部门有权采取的监督检查措施，建立建设工程抗震责任企业及从业人员信用记录制度。

五是强化法律责任。《条例》对违反本条例规定的行为设定了严格的法律责任，强化责任追究，特别是加大了对建设单位及相关责任人的处罚力度。

【住房和城乡建设部召开住房和城乡建设领域防汛救灾工作视频会议】7月27日，住房和城乡建设部召开住房和城乡建设领域防汛救灾工作视频会议，认真贯彻落实习近平总书记关于防汛救灾工作的重要指示精神，贯彻落实李克强总理就抗洪抢险救灾和防汛工作提出的要求，部署住房和城乡建设领域防汛救灾工作。会议指出，当前我国正处于防汛关键期，防汛救灾、灾后恢复保供、安全生产任务都十分繁重。各地各相关部门要牢牢守住安全底线，始终把保障人民群众生命财产安全放在第一位，全力以赴做好住房和城乡建设领域防汛救灾、防台风等工作，保障城市安全度汛和人民群众生命财产安全。会议要求，各地各相关部门要做好城市排水防涝工作，提升城市防洪排涝能力。加强多部门协调联动，提升预警研判水平。做好汛期值班值守和应急处置，对薄弱环节和易涝点位，强化物防、人防，做到"雨未来、人先到，水不退、人不撤"。一旦出现极端天气等紧急情况，该停工的停工、该停运的停运，坚决杜绝发生群死群伤事故。

## 8月

【人力资源社会保障部等7部门联合印发《工程建设领域农民工工资保证金规定》】8月17日，人力资源社会保障部、住房和城乡建设部、交通运输部、水利部、银保监会、铁路局、民航局联合印发《工程建设领域农民工工资保证金规定》（人社部发〔2021〕65号），文件明确了工资保证金存储、使用、监管等内容，以及工资保证金的概念、适用范围、监管部门及管理层级等。文件明确，工资保证金可以用银行保函替代，有条件的地区还可探索引入工程担保公司保函或工程保证保险。除现金存储工资保证金这种形式外，施工总承包单位可以自主选择用银行保函等方式替代，监管部门不得限制。文件提出了工资保证金存储规则，主要规定了工资保证金的存储主体、存储方式、存储比例及差异化存储机制等；文件提出了工资保证金使用方法，主要规定了工资保证金的使用、返还机制和权利救济渠道；文件提出了工资保证金监管办法，主要明确了工资保证金的监管责任，不履行工资保证金存储义务的法律责任。

【住房和城乡建设部办公厅印发《关于全面加强房屋市政工程施工工地新冠肺炎疫情防控工作的通知》】8月31日，住房和城乡建设部办公厅印发了《关于全面加强房屋市政工程施工工地新冠肺炎疫情防控工作的通知》（建办质电〔2021〕45号）。文件指出，要加强组织领导，完善疫情防控体系；要加强施工工地人员排查，从严做好风险管控；要加强现场防疫，严格工地内部管理；要加强培训教育，做好疫情防控宣传；要抓好工程质量安全管理，坚决防止盲目抢工期；要严格值班值守，强化应急准备。

【住房和城乡建设部办公厅印发《关于开展工程建设领域整治工作的通知》】8月31日，住房和城乡建设部办公厅印发了《关于开展工程建设领域整治工作的通知》(建办市〔2021〕38号)。文件提出本次工作的工作目标，通过整治工作，到2022年6月底，工程建设领域恶意竞标、强揽工程等违法违规行为得到有效遏制，招标投标乱象和突出问题得到有效整治，招标投标监管制度进一步完善。文件强调本次工作的整治重点，包括投标人串通投标、以行贿的手段谋取中标、挂靠或借用资质投标等恶意竞标行为，以及投标人胁迫其他潜在投标人放弃投标，或胁迫中标人放弃中标、转让中标项目等强揽工程行为。文件提出本次工作的工作措施，包括制定整治工作方案，集中整治行业乱象，以及健全源头治理长效机制。文件提出本次工作的组织保障，包括组织保障，强化监督指导，构建联动机制，加强正面宣传，以及及时总结上报。

## 9月

【国家发展改革委、住房和城乡建设部下发《关于加强城镇老旧小区改造配套设施建设的通知》】9月2日，国家发展改革委、住房和城乡建设部下发了《关于加强城镇老旧小区改造配套设施建设的通知》。通知指出：加强城镇老旧小区改造配套设施建设，关乎人民群众生命财产安全，关乎满足人民群众美好生活需要，是"我为群众办实事"的一项生动实践。为贯彻落实党中央、国务院决策部署，加强城镇老旧小区改造配套设施建设与排查处理安全隐患相结合工作，现将有关要求通知如下：

一、加强项目储备。(一)进一步摸排城镇老旧小区改造配套设施短板和安全隐患；(二)科学编制年度改造计划；(三)规范履行审批程序。

二、强化资金保障。(四)政府投资重点保障；(五)落实专业经营单位责任；(六)推动多渠道筹措资金。

三、加强事中事后监管。(七)加强项目实施工程质量安全监管；(八)强化项目建设统筹协调；(九)严格组织项目竣工验收。

四、完善长效管理机制。(十)压实地方责任；(十一)充分发挥党建引领作用；(十二)推行物业专业化管理。

通知要求各级发展改革、住房和城乡建设部门要高度重视城镇老旧小区改造，加强城镇老旧小区改造配套设施建设与排查处理安全隐患相结合工作，强化项目全过程管理，强化事中事后监管，节约集约规范用好中央预算内投资，加快推进城镇老旧小区改造配套设施建设，切实提高人民群众安全感、获得感、幸福感。

## 10月

【国务院印发《关于推动城乡建设绿色发展的意见》】10月21日,国务院印发了《关于推动城乡建设绿色发展的意见》。文件提出总体目标:到2025年,城乡建设绿色发展体制机制和政策体系基本建立,建设方式绿色转型成效显著,碳减排扎实推进,城市整体性、系统性、生长性增强,"城市病"问题缓解,城乡生态环境质量整体改善,城乡发展质量和资源环境承载能力明显提升,综合治理能力显著提高,绿色生活方式普遍推广。到2035年,城乡建设全面实现绿色发展,碳减排水平快速提升,城市和乡村品质全面提升,人居环境更加美好,城乡建设领域治理体系和治理能力基本实现现代化,美丽中国建设目标基本实现。

文件指出,要推进城乡建设一体化发展,促进区域和城市群绿色发展,建设人与自然和谐共生的美丽城市,打造绿色生态宜居的美丽乡村。要转变城乡建设发展方式,建设高品质绿色建筑,提高城乡基础设施体系化水平,加强城乡历史文化保护传承,实现工程建设全过程绿色建造,推动形成绿色生活方式。要创新工作方法,统筹城乡规划建设管理,建立城市体检评估制度,加大科技创新力度,推动城市智慧化建设,推动美好环境共建共治共享。要加强组织实施,加强党的全面领导,完善工作机制,健全支撑体系,加强培训宣传。

【住房和城乡建设部、应急管理部联合印发《关于加强超高层建筑规划建设管理的通知》】10月22日,住房和城乡建设部、应急管理部联合印发了《关于加强超高层建筑规划建设管理的通知》(建科〔2021〕76号)。文件指出,要严格管控新建超高层建筑,从严控制建筑高度,合理确定建筑布局,深化细化评估论证,强化公共投资管理,压紧夯实决策责任。要强化既有超高层建筑安全管理,全面排查安全隐患,系统推进隐患整治,提升安全保障能力,完善运行管理机制。

【住房和城乡建设部在长沙市召开全国装配式建筑现场推进会】10月22日,住房和城乡建设部在长沙市召开全国装配式建筑现场推进会。会议为落实中央城市工作会议精神,交流北京、上海、湖南等省市装配式建筑发展经验,部署以装配式建筑高质量发展为主线推进城乡建设绿色低碳发展相关工作,会议内容包括但不限于:工作进展,主要经验做法,存在问题。

## 11月

【住房和城乡建设部办公厅下发《关于简化监理工程师执业资格注册程序和条件的通知》】11月5日,住房和城乡建设部办公厅下发了《关于简化监理工程师执业资格注册程序和条件的通知》。通知明确：为深入推进建筑业"放管服"改革，优化审批服务，提高审批效率，住房和城乡建设部决定自2022年1月1日起，进一步简化监理工程师执业资格注册程序和条件。具体事项包括：

一、取消公示审核意见环节。取得监理工程师职业资格证书的人员通过国家政务服务平台申请初始注册，经聘用单位确认，由双方对申报材料真实性进行承诺。我部审核后不再公示审核意见，直接公告审批结果。任何单位和个人对审批结果持有异议，均可向我部反映。

二、取消相关职称注册条件。取得监理工程师职业资格证书的人员通过国家政务服务平台申请监理工程师执业资格注册，无需申报本人职称情况。我部在注册审查中不再考核职称条件。

【水利部印发《水利工程责任单位责任人质量终身责任追究管理办法（试行）》】11月8日，为加强水利工程质量管理，强化质量终身责任，提高质量责任意识，保证水利工程建设质量，水利部印发了《水利工程责任单位责任人质量终身责任追究管理办法（试行）》。通知指出：为加强水利工程质量管理，强化质量终身责任，提高质量责任意识，保证水利工程建设质量，水利部组织编制了《水利工程责任单位责任人质量终身责任追究管理办法（试行）》，已经部务会审议通过，现印发相关单位，请遵照执行。

管理办法共包括五章四十八条。第一章对办法的编制目的、编制依据、适用范围、责任单位和责任人进行了阐述；第二章对终身责任及其责任承担者进行了明确规定；第三章阐述了相关管理制度；第四章明确了责任追究的方式；第五章介绍了相关附则。

# 12月

【住房和城乡建设部办公厅下发《关于印发危险性较大的分部分项工程专项施工方案编制指南的通知》】12月8日，为进一步加强和规范房屋建筑和市政基础设施工程中危险性较大的分部分项工程安全管理，提升房屋建筑和市政基础设施工程安全生产水平，住房和城乡建设部办公厅下发了《关于印发危险性较大的分部分项工程专项施工方案编制指南的通知》。通知指出：为进一步加强和规范房屋建筑和市政基础设施工程中危险性较大的分部分项工程安全管理，提升房屋建筑和市政基础设施工程安全生产水平，住房和城乡建设部组织编写了《危险性较大的分部分项工程专项施工方案编制指南》。现印发给各地，请各地结合实际参照执行。

指南针对基坑工程、模板支撑体系工程、起重吊装及安装拆卸工程、脚手架工程、拆除工程、暗挖工程、建筑幕墙安装工程、人工挖孔桩工程、钢结构安装工程九类分部分项工程，从工程概况、编制依据、施工计划、施工工艺技术、施工保证措施、施工管理及作业人员配备和分工、验收要求、应急处置措施、计算书及相关施工图纸九个方面提出了专项施工方案的编制指南。

【住房和城乡建设部办公厅、国家发展改革委办公厅、财政部办公厅联合印发《关于进一步明确城镇老旧小区改造工作要求的通知》】12月14日，住房和城乡建设部办公厅、国家发展改革委办公厅、财政部办公厅联合印发了《关于进一步明确城镇老旧小区改造工作要求的通知》（建办城〔2021〕50号）。文件指出，要把牢底线要求，坚决把民生工程做成群众满意工程，市、县应建立政府统筹、条块协作、各部门齐抓共管的专门工作机制，明确工作规则、责任清单和议事规程，形成工作合力，避免把城镇老旧小区改造简单作为建设工程推进。要聚焦难题攻坚，发挥城镇老旧小区改造发展工程作用，市、县应当结合改造完善党建引领城市基层治理机制。鼓励结合城镇老旧小区改造成立小区党组织、业主委员会，搭建居民沟通议事平台，利用"互联网＋共建共治共享"等线上手段，提高居民协商议事效率。鼓励下沉公共服务和社会管理资源，按照有关规定探索适宜改造项目的招标投标、奖励等机制。要完善督促指导工作机制，科学评价工作质量和效果，建立巡回调研指导机制，健全激励先进、督促落后机制，加强宣传引导。

【住房和城乡建设部帮扶办公室召开定点帮扶工作专题会议】12月23日，住房和城乡建设部帮扶办公室召开定点帮扶工作专题会议，深入学习习近平总书记关于定点帮扶工作的重要指示精神，总结2021年定点帮扶工作开展情况，研究持续支持定点帮扶县巩固拓展脱贫攻坚成果同乡村振兴有效衔接工作。部定点帮扶工作领导小组各成员单位联络员参加会议，驻部纪检监察组有关同志到会指导。会议指出，部党组高度重视定点帮扶工作，坚决扛起持续帮扶湖北红安和麻城、青海湟中和大通（以下简称"四地"）的政治责任，深入学习贯彻习近平总书记的重要指示和重要讲话精神，认真落实党中央、国务院关于坚持做好中央单位定点帮扶工作的决策部署，有力支持了四地巩固拓展脱贫攻坚成果、全面推进乡村振兴，定点帮扶工作取得显著成效。会议强调，要进一步提高政治站位，严格落实"四个不摘"要求，把帮扶四地巩固拓展脱贫攻坚成果作为重要任务抓紧抓实，坚决守住不发生规模性返贫的底线。要深化组团帮扶机制，凝聚行政、技术、行业力量，发挥资源优势，努力将定点帮扶的"责任田"打造成为乡村振兴的"示范田"。要坚持党建引领，加强支部结对共建，深入推广"共同缔造"理念，发动群众共建美好家园，助力乡村全面振兴。会议要求，要统筹做好岁末年初工作，推动今年定点帮扶工作圆满收官，确保明年工作开好局、起好步，以优异成绩迎接党的二十大的胜利召开。